黑土恋

第一书记驻村记

吕维彬◎著

哈尔滨工程大学出版社
Harbin Engineering University Press

图书在版编目（CIP）数据

黑土恋:第一书记驻村记/吕维彬著. -- 哈尔滨：哈尔滨工程大学出版社, 2019.1
ISBN 978-7-5661-2160-8

Ⅰ.①黑… Ⅱ.①吕… Ⅲ.①扶贫—工作概况—中国 Ⅳ.①F126

中国版本图书馆CIP数据核字（2018）第275133号

黑土恋 第一书记驻村记
HEITU LIAN DIYI SHUJI ZHUCUNJI 吕维彬◎著

选题策划 张　玲
责任编辑 张林峰
责任校对 葛　雪
封面设计 文思天纵
出版发行 哈尔滨工程大学出版社
地　　址 哈尔滨市南岗区南通大街145号
邮政编码 150001
发行电话 0451-82519328
传　　真 0451-82519699
经　　销 新华书店
印　　刷 哈尔滨市石桥印务有限公司
开　　本 787 mm × 1 092 mm 1/16
印　　张 21.25
字　　数 304 千字
版　　次 2019年1月第1版
印　　次 2019年1月第1次印刷
定　　价 68.00元

http://www.hrbeupress.com
E-mail:heupress@hrbeu.edu.cn

龙江最美人物

——最美驻村干部

龙江最美人物
——最美驻村干部
龙江最美人物
(驻村干部)

龙江最美人物
(驻村干部)
最美
村干部
黑龙江省委宣传
龙江广播电视网络

序

在沃野茫茫的黑土地上，有许多黑土金融文学作家脚踏黑土，扎根农村。厚重的黑土地，为这些黑土文学作家提供了博大的创作源泉，他们靠自己的大脚板丈量着黑黑的土地，用手中的笔启迪和影响人们的文化和精神，再现波澜壮阔的生活，书写属于人民的人生乐章，讴歌时代的主旋律。黑龙江省金融作家协会副主席吕维彬就是其中的典型代表。

我记得那是一个冬天，东北的天空飘着飞舞的雪花，大地上覆盖着一层厚厚的白纱。我尽管也生长在北方，对这样的气候环境并不陌生，但呼号的寒风已让我浑身瑟瑟颤抖，这也是我多年没有遇到过的天气。就在这个日子，也就是黑龙江省金融作家协会成立不久，我应邀到黑龙江省金融作家协会举办的第一次培训班上做创作知识讲座。在这次培训班上，我结识了吕维彬，当时他负责培训班的筹备、组织、协调等工作。他虽然是土生土长的北方人，在外形上我倒觉得他有南方人的特征，一米七十多的个子，瘦瘦的身材，戴着一副金丝边儿眼镜，脸上始终挂着笑容，性格比较直率，谈吐诙谐幽默，办事缜密利索，透着一股灵气和按捺不住的朝气。也许是俩人三观相近或者磁场相通，反正我和他一见如故。随着交流的日益增多，我对他的了解就更多更深。

维彬是一名生活底蕴深厚的小说作家，在黑土地上的许多单位、部门和岗位都留下了他深深的足迹，可谓生活阅历丰富。他当过中学教师和团委书记，在县政府从事过调研秘书、文教秘书、文教组长、综合组长、经济委员会副主任、项目办主任等工作。他有在黑龙江省委政策研究室进行政策研究和为省委书记撰写讲话的五年经历，到中国农业发展银行黑龙江省分行担任过宣传处长、信息技术处长、调研处长、办公室主任、客户二处处长、二级分行党委书记兼行长，也在中国农业发展银行总行第一巡视组任过巡视员、办公室和政策研究室资深行政副经理。这些履职经历在金融作家中可谓凤毛麟角。正因为他有在不同领域工作、生活和奋斗的基础，才使他在文学道路上有了取之不尽的生活素材，攫取了用之不完的创作营养，更让他以独特的视角、多维的视野、高远的视觉，义无反顾地拥抱黑土，体味生活，驾驭创作。加之他对生活的热爱，对文学创作的钟情，以及对社会的责任感，他仅用4年业余时间，伏案夜幕下，挥笔写人生，硕果累累。他勤奋地耕耘在文学的土壤里，用绣花功夫绣出了一个属于黑土地文学精神的精彩世界。在金融文学创作队伍里他是一名高产作家，创作了近200篇短篇小说，1 000多篇散文、随笔，这其中有许多作品在全国获奖，短篇小说《这个夜》荣获“第三届中国金融文学奖”最高奖，《石漠山里的人》获得全国“金融人写金融事”征文小说奖，《古董的传说》《难》荣获“金融文坛优秀作品大奖赛”小说奖，他的作品受到了金融文学界的瞩目和社会各界的关注。所有这些都给了他在文学这条“通天大道”上越走越宽广、越走越久远的源泉和力量。

多年的生活阅历，多部门的工作经历，为维彬铸造了文学创作的“蓄水池”。黑土地及生活战斗在黑土地上的人们，构成了他笔下用之不竭的一串串动人心弦的故事。他用典型的生活来再现辽阔空旷的黑土之歌，记录生活在那片黑土地上的人们的发展史、奋斗史。他用清新的文字、个性的方言、细腻的笔法、多样的表现方式和有温度的意境，栩栩如生地刻画了依靠黑土生存的众多典型人物形象，大跨度地书写每个人心灵里都无法忘却的典型事件。他善于在描写自然、借力环境、搭建场面、烘托氛围和人物对话中把有血有肉的人物活灵活现地展现在人们眼前。经过黑土地洗礼的一群人，抑或是几代人，那善良、那开朗、那热情、那智慧、那勇敢、那执着、那豪迈，都流露在他的小说中，包含在他的作品里。他的每一篇作品，无论是小说还是随笔，读了以后都给我留下了对生活的回味和深刻的记忆，体现着斑斓的色彩和无穷的张力。

2018年初，北方文艺出版社出版了他的短篇小说集《黑土情》，该书带着浓郁的黑土芳香，走向了市场，也走进了广大读者。这部短篇小说集中精选收录了他61篇短篇小说，他的小说创作善于以小人物反映大事件，以精致的细节描写烘托大场面。有的描绘了“闯关东”年代的悲壮历史，有的书写了抗日战争时期黑土地上的百姓为民族事业而奋起抗争的感人事迹，有的再现了轰轰烈烈且又自强不息的垦荒岁月，有的彰显了人间纯净唯美的爱情故事，有的揭示了与现代社会先进理念格格不入的社会现象，也有的反映了形形色色的百态官场。不管小说属于哪一类题材，在他的作品里始终站着一个具有时代特征的作者的影子。他用科学的、接地气的创作态度，对人格、人生、人性进行剖析和评判，这是一名具有正义感和责任感的作家必须具备的境界和精神。

众所周知，生活在大千世界，每个人都离不开自然和社会。作为金融工作者，重要的是要敢于承担社会责任。在举国上下开展轰轰烈烈的脱贫攻坚战这个重要的历史时期，维彬毅然决然地站在了这场输不起的“无烟战役”最前沿，深入到黑龙江省桦川县悦来镇苏苏村任驻村第一书记。他在脱贫攻坚一线开始了新的战斗，他所定点扶贫的苏苏村是一个让人头疼的软弱涣散村、贫困村、难点村、上访村，历史上曾经有过“血、泪、汗”三大教训。他和他的战友结合村情民情实际，探索实践了“抓党建促扶贫”的路子，提出了“扶心、扶志、扶风气，扶业、扶才、扶精神”的“六大策略”，在抓班子、带队伍、扶志气、上产业、搞建设等诸多方面做出了卓越的成绩。通过他的苦心奋斗，彻底改变了苏苏村老百姓“等靠要”的思想，改变了苏苏村落后的面貌。他的扶贫事迹在黑土地上广为传颂，也得到了各级党组织的充分肯定。维彬在扶贫期间被评为“龙江最美人物”“全国最美农发行人”“黑龙江省百名优秀驻村第一书记”“农发行黑龙江省分行文明家庭”、佳木斯市“双十佳”书记、“桦川县优秀驻村干部”和“桦川县优秀共产党员”。可以说，他始终以一种积极、阳光的心态，如醉如痴地沉迷于扶贫大业，为壮丽的脱贫攻坚事业做出了突出贡献。

读了吕维彬的作品，我深深地感受到了，是人格的魅力赋予了他作品的感召力和生命力。他在驻村扶贫期间，利用业余时间创作了大量的驻村随笔，他把这些随笔汇集成《黑土恋——第一书记驻村记》一书，这是全国第一部由驻村第一书记亲笔创作的现实题材的纪实文学集。书中分为四大板块：驻村随笔、驻村日记、驻村专访、驻村方略。我看了这部随笔集以后，为维彬激情飞扬的文采所感动，为他的文学创作精神所感动，更为他追求扶危解困的意志和能力所感动。他新作中的随笔和日记，因为容量和含量都特别大，我不能逐篇进行品评，但每篇作品印在我脑海里的都是真实的画面、生动的场面。这本新书记录了吕维彬等扶贫干部辉煌战斗的“烽火”历程，通过苏苏村一个扶贫点，从深度贫困、艰难起步到脱贫致富，从党建统领到思想扶贫、健康扶贫、教育扶贫、金融扶贫、产业扶贫，从“两不愁”到“三保障”，从一个小村落发生的点点滴滴的小事情到中央实施的大决策，反映了脱贫攻坚战的全部概貌，体现了每一名驻村扶贫干部扛得住使命、担得起责任的品质和韧劲，也足见吕维彬在精准扶贫过程中付出的心血和汗水。正如他所说：打好脱贫攻坚战是党之大计、国之大策、民之大事，只能打赢，不能失败。他用洒脱靓丽、柔情似水的文字，记下了他对苏苏村贫困民众浓浓的爱、深深的情。

在这部新作中，他为作品选配了精美的照片，添加了人名索引，使作品增色不少。

金融扶贫是当前的热点问题，也是能唱大的戏，然而唱好这出戏不是一件容易的事。说实话，一名作家写好历史并不难，写好小说也不难，难的是如何写好当下，如何写好扶贫的精神境界，这需要作家拿出勇气和毅力，更需要作家的创作功底和赤诚情怀。维彬虽然在当地金融界和文学界已是颇具实力和颇有名气的作家了，但他在艰辛的脱贫攻坚战中仍然不顾疲倦地笔耕于现实题材，在战斗中唱响伟大的时代赞歌，从中收获沉甸甸的果实，给人们留下了深

思和启迪，这种在“火线”上坚持创作的精神值得推崇，更值得发扬光大。

说起金融扶贫，我和维彬可是相知相识，感同身受。我的长篇小说《天是爹来地是娘》，是目前全国最早反映金融扶贫的长篇小说。先是以《性命攸关》为题，在《中国作家》杂志发表，接着又被《长篇小说选刊》转载。许多人都认为贫困就是缺钱，最好、最实惠的方法就是给钱给物；银行扶贫，更是专业对口，多放贷款就会大功告成。一些地方干部也觉得靠着银行这棵大树好乘凉。作品以金融扶贫为主线，在灵与肉的交织中，深刻揭示了社会转型时期的美丽与丑陋、失落与救赎、激情与坚守；在精准扶贫的现实语境下，弘扬了以民为本的主旋律，深刻反映了人类与土地的生存关系，欲望与人性的博弈，人生与信仰的纠结，描绘了这片土地上的众生相，是为大地上的小人物立传。这些小人物的人生充满辛酸、悲苦、艰难，他们却又是一群生动而有趣、有血有肉的人。这是对自然的敬畏和对土地的礼赞。作品指明了扶贫的关键是扶人，当人觉醒了，扶贫就真的看到希望了。

“万山磅礴必有主峰，龙衮九章但挚一领。”习近平新时代中国特色社会主义思想，是立足时代之基、回答时代之问的科学理论，是我们金融作家在新时代统一思想认识、凝聚意志力量、牢牢把握正确舆论的导向，唱响主旋律，壮大正能量，做大做强金融主流思想舆论，促进金融文学创作发展，提高金融文化软实力和影响力。我们的金融作家就是要以社会主义核心价值体系引领金融文化建设，带头讲正气、走正道、树正风；自觉承担起以文化人、以文育人的神圣职责，举旗帜、聚民心、育新人、兴文化、展形象，为服务党和国家金融事业做出更大贡献。长期以来，如吕维彬一样的广大金融作家积极投身金融事业，直如朱丝绳，清如玉壶冰，扎根基层，辛勤劳作；他们守德而忘势，行义而忘利，修行而忘名，赢得点赞；他们激浊扬清、大爱无疆。他们用情感抵挡岁月风尘、抵达心灵圣殿，将金融人生的起起落落付诸笔端，用笔墨的芬芳、丰润的情思书写着金融人的酸甜苦乐，对金融事业进行着深层次的思考，追求探索生命的意义。

风雨砥砺，岁月如歌。文变染乎世情，兴废系乎时序。广大金融作家要紧扣金融行业特点，丰富创作内容与成果，进一步提升金融文艺作品的感召力和影响力。诚如维彬的作品，如行云流水、思潮起伏、吟咏不绝，寸楮片纸，感而后思，思而薄发，道不尽人生百态，写不完人间真情。金融作家不仅要做好金融事业现代化建设的建设者、见证者，还要做好金融时代精神的倡导者、宣传者，向社会传递金融事业的正能量，为金融事业举精神之旗、立精神之柱、建精神家园，更好地传递金融事业的真善美。

就在我作序快要结束的时候，忽然耳边回响起一曲感人肺腑的歌谣，听来使人禁不住热泪盈眶：

嫂子，借你一双小手，捧一把黑土先把贫穷埋掉；

嫂子，借你一对大脚，踩一溜山道再把富裕送到；

嫂子，借你一副身板，挡一挡太阳我们好打胜仗；

噢，憨憨的嫂子，亲亲的嫂子，我们用鲜血供奉你；

噢，黑黑的嫂子，噢，黑黑的嫂子，黑黑的你……

是为序。

中国金融作家协会主席
中国金融文联副主席
中国作家协会全国委员会委员
阎雪君

2018年12月19日 于北京金融街

目　录

驻村随笔/1

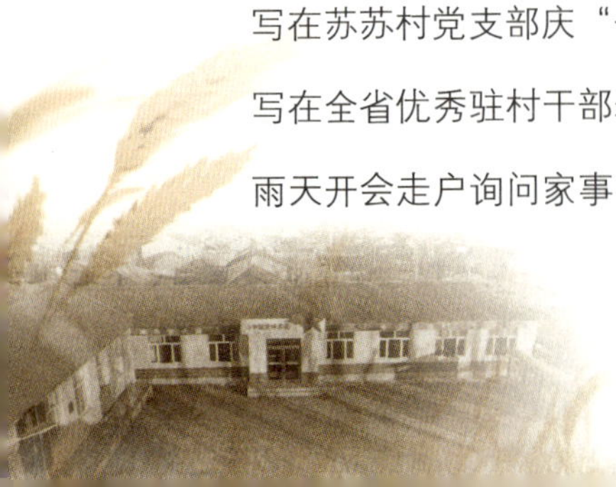

驻村随笔

琐记扶贫六月天

——党建引领篇

六月，太阳像个火球挂在天空，不顾地面生灵的感受，一个劲儿地向大地吐着滚滚的热浪。一切生物都像在蒸笼里，被热气紧紧地笼罩着、包裹着。

路边稻田里的秧苗乐呵呵地仰着头，向着刺眼的阳光，拼命地寻求助其生长的“光源”。

三个依靠

- 依靠县委县政府
- 依靠镇党委镇政府
- 依靠村“两委”

就是在这样一个明媚的令人终生难忘的六月，我们黑龙江省农发行扶贫工作队（以下简称“省农发行扶贫工作队”）与佳木斯市桦川县扶贫联络队（以下简称“县扶贫联络队”）共同承担起桦川县悦来镇苏苏村脱贫攻坚的责任。为了让贫困户及贫困人口早日摆脱窘困的生活，我们扶贫工作队立足“把根扎实、把事做实”，坚持“三个依靠”，倾尽全力研究扶贫之策，探索扶贫之路。

六扶

- 扶心
- 扶志
- 扶风气
- 扶业
- 扶才
- 扶精神

在扶贫的道路上，我们始终在深思扶贫和救济、扶贫和救助、扶贫和慰问、扶贫和帮忙的关系问题。这是扶贫工作者必须掌握的实质性课题，若将完全不同的概念混为一体，就无法把握精准扶贫的真正含义。

扶贫必须在精准识别基础上，因村制宜，因户施策，对贫困户应该实行“六扶”并举，要在扶贫理念上实现重大创新、在治贫方式上实现重大转变，切实把“啃硬骨头”的艰巨任务落在发挥党的优势上，着力激发村党支部的组织优势，倾力挖掘党员队伍的群体优势，在薄弱环节、薄弱部位下真功夫。

省农发行扶贫工作队进驻苏苏村后，坚持两手抓，即一手抓精准识别贫困户，一手抓基层党组织建设；在脱贫攻坚战役中，坚持“一体化运行，两条腿走路”的方式，实现基层党建与脱贫攻坚的深度融合。

2017年6月14日，省农发行扶贫工作队、县扶贫联络队与苏苏村党支部召开联合党支部会议，对苏苏村党建工作进行深入研究，结合苏苏村的实际情况，确立了村党支部要向“学习型、务实型、服务型、创新型、廉政型”基层党组织迈进的目标，着力建设“五型组织”，压实基层党建责任，在“学”“实”“新”“廉”上下硬功夫、苦功夫，明确提出村党支部要肩负起战斗堡垒作用，要在“把方向、定原则、管发展、抓落实、保脱贫、促和谐”上充分体现党的优势。

为了找准突破点，增强针对性，结合苏苏村的实际情况，省农发行扶贫工作队与村里共同商定，在村党支部领导下要认真开展“六个一”工程建设。

在中国共产党成立96周年之际，6月29日，苏苏村党支部开展

“六个一”工程

- 建设好一个过硬的“五型”班子，增强班子的凝聚力、战斗力。
- 发挥好党员先锋模范一个作用，实行党员引带贫困户等有效方式，把作用体现在成果上。
- 筹划好一个扶贫产业，按照“一村一品”的思路，据实确定重点产业方向，发展具有科学性、持久力和见效快的规模适度的产业。
- 启动好一个公益项目，规划建设好苏苏村广场项目，推进永发屯内道路建设。
- 解决好一个涉及全村的重点问题，突出村党组织的堡垒作用，提升解决问题的能力和水平。
- 完善好一套以“三会一课”为重点的村基层党建制度，规范村级党组织生活，在方式、方法上不断创新。

了“庆七一、讲党课”活动。活动由苏苏村党支部副书记齐更春同志主持，29名党员站在党旗下，庄严地重温了入党誓词。

村第一书记讲了题为《怎么发挥共产党员先锋模范作用》的党课，并结合全村党员的年龄结构、知识素质、作用发挥、潜能状况，鲜明地指出：党员要发挥先锋模范作用，牢记五个意识。

苏苏村党建中心

悦来镇党委书记李季明同志在百忙中参加了苏苏村“庆七一、讲党课”活动，这是他对苏苏村党员寄予厚望的体现，他用实际行动表达了他对扶贫工作队的莫大关怀。他号召全村党员要讲党性、讲政治、讲学习、讲法律、讲道德。他在讲话中突出强调党员要有高尚的品质、高尚的情怀，要履职尽责、甘于奉献、发挥作用。

桦川县农发行党支部得知

五个意识

- 必须牢记党员意识，做到政治信念坚定，党性原则突出，贡献能量巨大，自我约束严格。
- 必须牢记看齐意识，做到向中央看齐，向习近平总书记看齐，向一切先进分子看齐。
- 必须牢记责任意识，做到维护组织，敢于担当，勇挑重担。
- 必须牢记纪律意识，做到政治成熟，严守规矩，生活规范。
- 必须牢记荣誉意识，做到有民族荣誉感，有集体荣誉感，有价值荣誉感。

苏苏村组织“庆七一、讲党课”活动后，党支部书记王辉同志带领党支部委员郭喜军、姜文玉全程参加了活动，这充分体现了县农发行领导干部的学习精神、进取精神，他们既不放过任何提高自我的机会，又通过参加活动这种方式对省农发行扶贫工作队给予实质上的支持。

目前，省农发行扶贫工作队、县扶贫联络队与村党支部正在按照既定工作目标，逐项落实加强村级党建各项工作任务，力求把党建工作成效转化为壮大村级经济发展的活力和打赢脱贫攻坚战的动力。

琐记扶贫六月天

——组织关怀篇

六月是个万花筒般的季节，充满生机的大地承载着茁壮成长的水稻、玉米等农作物，散发出五谷丰收的芳香。

我们省农发行扶贫工作队进驻地处松花江畔的桦川县悦来镇苏苏村已有一个多月，映入我们眼帘的不仅是桦川县的巨变，也不仅是悦来镇苏苏村人民的辛勤耕耘，更重要的是我们深切感受到了各级党组织、各级领导同志对扶贫工作队无微不至的关怀和关爱。

在扶贫工作队承担脱贫攻坚重要使命的历程中，除了我们扶贫工作队队员坚守信仰、坚定信心以外，还有一种情感的暖流和强大的力量，一直激励着我们、鼓舞着我们、鞭策着我们。

俗话说：“在家千日好，出门万事难。”

虽然我们远离各自温馨的家庭，只身来到离家三百多公里的陌生的扶贫驻地，但在桦川、在悦来、在苏苏，我们每时每刻都被环抱在深情与大爱之中。

倾心关爱，是我们扶贫工作队的精神之本、动力之源。

省、市、县三级农发行领导同志把家的“阳光”送到了扶贫驻地。省农发行党委书记、行长欧阳平在繁忙的工作中，带队亲临扶贫工作队驻地，带来了省农发行党委对扶贫事业和扶贫队员的支持和关怀。欧阳平行长不顾一路风尘，一下车就直奔村委会，就产业扶贫等有关问题与县委县政府和村“两委”进行座谈，随后，欧阳平行长走访了三户贫困户，了解贫困家庭的生产生活状况。晚上，欧阳平行长与扶贫工作队队员一起吃住在驻地，亲自检查队员住宿条件，亲自下厨为队员做菜。省农发行副行长李文武多次发来短信和微信，询问扶贫工作进展情况，劝慰队员要劳逸结合。副行长程晓北带队将扶贫工作队送至驻地，提出工作要求，安排队员生活，查看后勤保障。省农发行纪委书记史少宁几次打电话给扶贫工作队，叮嘱队员要做好扶贫工作，同时要保重身体。省农发行财务会计处处长苏建国在来佳木斯调研之际，专程到扶贫驻地看望队员，带来了深深的同事之情。

佳木斯市农发行党委书记、行长杨秀东，在扶贫工作队进驻驻地之前，提前为全体队员的生活“铺路搭桥”，队员的住房是他走了又走、看了又看选定的，队员盖的被子是他一手精心挑选的，队员住宿的房间是他亲自布置的，队员驻地室外厕所是他亲自安排搭建的。队员进驻驻地以后，仅仅一个多月，他先后五次深入扶贫工作队驻地，与扶贫工作队一起吃住，亲身体验扶贫生活，给队员鼓劲、打气、加油。点点滴滴、桩桩件件，所有这些，看似全是平常的小事儿，但对我们这些即将在苏苏村工作一年时间的队员而言，这些都是生活中的大事。这充分体现了杨秀东行长对队员的挚爱友情，更体现了他对扶贫大业的家国情怀。佳木斯市农发行副行长陈春兰、曲建国、王海涛牺牲休息时间，从佳木斯市赶到扶贫工作队驻地，那一句句贴心、暖心的话语，让我们永生难忘。

在桦川县当地，桦川县农发行党支部书记、行长王辉更是对扶贫工作队关怀备至，县支行行长是农发行一线的指挥员，“上边千条线，下面一根针”，千事万事均需要县支行行长落实、落靠、落到位，但他挤时间每周至少两次看望扶贫工作队队员，倾其所能、尽其全力为扶贫工作队创造条件，帮助工作队研究脱贫措施，为队员解决生活上的一切困难。他带领班子成员主动参加扶贫工作队与村“两委”组织的“庆七一、讲党课”活动，与大家一同重温入党誓词，认真听取党课。苏苏村党员和干部深受鼓舞，异口同声地说：“农发行的干部都是好样的，他们就是我们的榜样。”在我们扶贫的征程中，王辉行长深深地感染了我们，给了我们打动人心且又无可替代的精神力量。桦川县农发行副行长姜文玉、郭喜军常常静静地、毫无声息地，在队员闷头工作时，就来到我们的身边，他们似乎已经成了我们扶贫工作队的一员。

我们这些队员离开了自己生活的城市，离开了自己工作多年的单位，离开了自己舒适的家庭，离开了妻子和儿女，但我们在桦川不是孤军奋战。

桦川县人大主任孙国炜、县长姜宇峰分别到苏苏村与队员一起研究当地如何发展、如何通过上项目实施产业脱贫，同时到队员驻地查看食宿情况。他们清楚脱贫攻坚是党的伟大事业，我们必须义不容辞地把这项工作做好、做扎实，但他们也知道每名队员也是“肉体凡胎”，县委常委、组织部部长徐宏君是悦来镇脱贫攻坚总指挥，工作千头万绪，大量的工作需要他去研究、去部署、去组织、去实施。他每天都埋头于脱贫攻坚精益求精的工作里，即便是这样，他对省农发行扶贫工作队时时处处呵护着、关爱着，曾经先后十余次莅临苏苏村，亲自参加村民代表大会，亲自检查工作队的工作和生活情况，亲自查看队员的饭菜，问工作队之困，解工作队之难。当得知我们扶贫工作队队员王琦患上严重的肺炎时，他顾不上吃中午饭，来到苏苏村专程探望队员，问病情，问治疗，他对队员的关切，传递的是“生命之光”“大爱之情”，给了我们一往无前的信心，给了我们无穷无尽的勇气。县委常委张雨喜两次到苏苏村检查工作时，与扶贫队员一起研究光伏项目，深入队员驻地，和队员聊工作、拉家常，嘱咐队员要注意休息，不能“扶贫上去了，队员倒下了”。

我们深知，县委、县人大、县政府领导同志清楚脱贫攻坚是党的伟大事业，我们必须义不容辞地把工作做好、做扎实，必须运用科学的工作方法做到既紧张又有秩序，必须让每名队员都尽心竭力、毫不含糊，但每位领导同志体谅工作队的一片纯美之心，着实令人敬服。因为在他们的心里，呈现的是对扶贫工作队艰辛工作的理解，每名队员也是“肉体凡胎”，用真情去关心，更体现了党员干部的一种博大情怀。

悦来镇是我们扶贫工作所在镇，我们早已经记不起镇党委书记李季明究竟到过苏苏村多少次，从清晨到深夜，在苏苏村都留下了他的身影。不止一次，他亲自拿着报表于凌晨一点多来到我们扶贫的苏苏村，在村委会会议室里，一项一项核对数据，一户一户核实情况，那种较真的劲头儿，感动了在场的每名队员。当听说我们在建党96周年之际要开展讲党课活动时，他放下手中的工作，驱车赶往苏苏村，结合村里的实际，为全村党员上了生动的一课。镇长孙国友带着相关企业负责人，亲临苏苏村考察产业扶贫项目，研究项目的可行性，真心诚意地慰问全体队员，对每名队员没有苛刻的指责，而是默默无闻地献出一份真诚、一份爱心，给了我们亲情般的温暖，这在我们的记忆中永远磨灭不掉。副镇长王洪伟不仅到村里指导贫困户识别工作，还多次到扶贫工作队驻地，那份耐心、那份责任心感染着我们，他堪称镇干部的楷模。他对每名队员体贴入微，到苏苏村指导工时，他经常对队员说：“千万要休息好，休息好才能工作好。”

尽管我们省农发行工作队全体队员身在远方，可我们不孤立、不孤独、不孤单，党组织和各位领导同志的一次次看望、一次次问候、一次次嘱托，让我们每名队员心存感激。我们没有理由不拿出百倍的信心去做好扶贫工作。这就是一种力量，一种用之不竭的力量。

琐记扶贫六月天

——入户走访篇

北方的六月，天空高远，气候魔幻，时而当头撒下火烈的骄阳，骤然间暴雨又倾盆直泻。

我和我的同事王琦、刘天佐，组成了省农发行扶贫工作队，就在这个百草丰茂、千花竞开、万树葱绿的季节，我们踏入了英雄冷云的故里——桦川县，与桦川县扶贫联络队的任铁华、张国彪、赵翠丽一道，开启了脱贫攻坚的伟大征程。自承担脱贫攻坚之责起，我们每个人的心底，都萌发着这样的意愿：我们走入这里，踏上了扶贫之路，这不是对老百姓短暂的救济，我们身上扛起了脱贫攻坚这个党之大计、国之大策、民之大事。

一个月的时间，在人生长河中如同奔涌的流水，转瞬即逝。但对我们来说则恰恰相反，这一个月，不是一年，胜似一年，犹如两年。

我们所驻点的悦来镇苏苏村是个较大的村子，相传村名出自满语，有“草木茂盛”之意。这个村紧邻桦川县城，是桦川县的“城郊村”。苏苏村分为苏苏屯和永发屯，2002年两屯合并，有农户765户，总共1 895人。为了精准识别贫困户，我们扶贫工作队驻村以来的首要任务就是逐户走访调查，核实农户的基本信息，包括宣传政策、户籍人口、收入支出、财产物产、贫困状态、致贫原因等非常烦琐的内容。这样的走家串户的工作，与其说是对农户进行贫困状况调查，不如说是人口普查。我们扶贫工作队自入户走访之日，就已经艰辛地走在了扶贫的路上。

六月，正值农忙，农户家的劳动力多半早晨四点就走向了农田，在田里一干就是一整天。他们晚上回到家里，七八点钟便早早地进入了梦乡。这客观上给我们的入户走访工作带来了很大的难度，实在没有办法，我们只好像倒时差一样，靠拢农户的作息时间，尽量使工作时间与农户的作息时间相一致。晨曦入户走访，农户家的鸡鸭鹅乱窜乱叫个不停；夜幕拉开时走进农户庭院，家犬狂吠，我们身上的汗毛直立，瘆得心里发毛发慌。

我们每天从早到晚地毯式地排查，一次、两次、三次，来来回回，反反复复，日日如此。当白天入户走访时，我们站在农户家大门外，望眼欲穿地看着萧条冷落的农户大院：要么是大门紧锁，要么是家里只剩下炕上躺着的老人或是病人。有时农户家里总算有人，但问收入含含糊糊，问支出支支吾吾，收入支出全是一笔糊涂账。我们不得不一点一点地

省县驻村工作队入户走访宣传脱贫攻坚政策，了解贫困户生产生活情况

引导和诱导，分项询问农户：农田发包能得多少钱、菜园蔬菜能卖多少钱、子女帮助能给多少钱、日常生活支出能有多少钱、有病开销能花多少钱。为了搞清一个问题，没有几十句话，得不出一个满意的结论。更为艰难的是，时常会碰到冷眼相看、出言敌对的农户，当我们进入一些农户屋子的时候，不等我们说明来意，冲进我们耳朵里的就是一大堆风凉话、讽刺话、牢骚话。几天下来，我们口干舌燥，嗓子哑了，舌苔厚了，眼睛干涩了，腿脚走软了。即便碰到再艰难的状况，扶贫工作队的队员们也没有一个人喊苦叫难，没有一个人心存抱怨，仍然执着地抱着对执行党惠民政策的决心、对脱贫攻坚的信心、对广大农户的热心，无怨无悔，把满腔热血洒向了我们的苏苏村。

记得有一天，我们去苏苏村永发屯走访，老天爷不给情面，狂风裹着大雨，纷纷扬扬。尽管天上下雨，地上泥泞，可我们扶贫工作队没有被恶劣的天气吓到，一天内走访了52户农户。当我们走进一户农民家时，发现屋子里的味道难闻到了极点，一股发霉的气味扑来，呛得我们直想呕吐，两位老人静静地躺在炕上。老太太说话不清楚，是脑出血后遗症；老爷子躺着一门儿上喘，是肺心病。两位老人连说话都费劲，看见我们进入家门，没有多少话语，老太太哭了，老爷子泪流满面。生活的煎熬、苦涩、郁闷，让两位本应安享晚年的老人变成了讨生活的可怜人，我们亲眼看到了他们的无助，更亲身感知到了他们对生活的无奈。面对这样的情境，我们根本无法了解其家庭的基本情况，几名队员当时均满眼含着热泪，心里有一种难言的滋味，堵得慌，憋得慌。这一天，每名队员失去了以往的微笑，心情十分沉重。这人呐，过日子，过的是日子，为的是过上好生活，怎么还能把日子过到这个程度？到底问题的症结在哪里？确实值得深思。

在走访农户的过程中，我们扶贫工作队遇到一种特别奇怪的现象：绝大多数老年人单立门户，他们即使和子女生活在一个村里，户籍也是分开的。还有一部分农民夫妻在一起生活，户口簿却有两个。当我们扶贫工作队问起他们生活怎么样时，他们脱口而出自己的生活状况是年吃年用，没有余钱。我们问起他们的子女的生活状况，回答也是“人家泥菩萨过河自身难保，哪有能耐还管我们啊？”我们走了这么多农户，这种情况不得不让我们慨叹，子女赡养父母的义务在农村到底怎么体现，是父母慈爱，心疼子女而舍不得牵连？还是子女对父母根本没尽到照顾的责任？抑或是其中尚有其他隐情？我们不得而知。

让我们扶贫工作队最欣慰的是，每当走进五保户、低保户和受过大病救济的农户家时，我们刚进屋门，还没等说几句话，就能听到“共产党好”“是共产党救了我们”“没共产党我们早死了”这样的感激之声。这是农民们发自肺腑的感恩之音，一句句普普通通的感怀言语，深深震撼着扶贫工作队每名队员的心灵。这声音，是一种渴求后的心满意足，是一种源于心窝的豪迈呼唤。受这种心声的感召，不能不激发我们克服艰难险阻的动力，不能不给我们无穷无尽的力量，必将鞭策我们义无反顾地在扶贫道路上持续前行。

一个月下来，我们扶贫工作队走访了337户，接近苏苏村一半的农户家庭。

这些农户当中，有的是五保户、低保户、残疾人户，有的是患重大疾病、慢性病户，有的是危房户，有的是贫富“边缘性”户，有的是种粮大户，有的是外出务工户，有的是家有楼房、汽车、食杂店、农业机械户，有的是参加专业合作社户。每个农户家庭的生活状况迥异，可以说是千差万别，富足的农户在生活上与城里人并无两样，家境贫寒的农户各有各的苦处和辛酸。

入户走访后我们回到村委会，对入户调查的信息与村里掌握的情况逐项进行核对，一笔一笔算好四笔细账，再经反复核实、反复甄别，方能将数据落在纸质表上。这些重复、简单化的劳

算好“四笔细账”

- 收入支出账
- 财产物产账
- 享受政策账
- 致贫因素账

动，看似含金量不高，没有什么高科技的东西，但我们的扶贫工作队队员就是在这样基础性的工作中，机械地操作着、推敲着，最终形成了厚厚的30多本村级脱贫攻坚档案。

深入农户逐户宣传政策，详细掌握农户全部情况，已经成为工作队的常态，其目的就是使政策、标准扎在农户的心坎中。坚持多走、多听、多看、多问、多宣传，是扶贫工作队必不可少的工作方式。我们每名队员都把掌握每户每人的情况当作个人的事、家里的事、本单位的事，更当作党和国家的大事，丝毫不敢含糊大意。扶贫一年时间，我们将深入每个农户家走访四次，就是再苦、再累、再辛酸，为了让桦川县悦来镇苏苏村的农民过上好日子、富日子、强日子，我们扶贫工作队队员也心甘情愿！

一名贫困老党员的心声

记得那是2017年6月的一天，我到桦川县悦来镇苏苏村驻村扶贫还不到一个月，为全面掌握苏苏村贫困人口情况，我和王琦、刘天佐、任铁华、张国彪挨家逐户进行全村走访。

当我们进入赵广勤家时，赵广勤非常热情，笑呵呵地对我们说："咱们党就是好啊，哪个党也赶不上咱们党这么关心老百姓，你看这精准扶贫政策，这回可是使真劲啊，对困难的老百姓这可是真帮真扶啊，还派驻了工作队到咱们村，辛苦你们了！"我听了赵广勤这一连串的话感到非常诧异，一个年近70岁的农民，竟然能说出这么有觉悟、有逻辑、有水平的话，真是不简单。

后来我问了赵广勤才知道，以前他在村里当过党支部书记，他1985年入党，是一名有30多年党龄的老党员，我正好也是这年加入的党组织。我和他所住地域远隔400多公里，原来素不相识，我们的经历也完全不同，但我和赵广勤却有许多共同语言，也有好多同样的人生感悟。

赵广勤深感惭愧地告诉我：他家里贫困的原因主要是他和老伴两个人都有疾病，他们每年看病就医花掉了家里的全部积蓄，这压得他们翻不过身来。他接着对我说："你看咱本身是个党员，应该关照老百姓才对，我还得让党来照顾，我这心里总不是个滋味。"

他简短的几句话，深深地打动了我，触动着我的心灵。一名生长在农村的老党员，一辈子躬耕于田，历尽艰辛，尽管赵广勤老夫妻因病致使家庭生活出现了困难，但他对党的理解以及感恩是我永生无法忘却的，这就是一名农村共产党员质朴的情怀。我对赵广勤说："你别这样想，党员也不全都生活富裕，不管是党员还是群众，谁有了困难，党都不会忘记，不会丢掉任何一个人，等有朝一日你生活好了再帮助别人发家致富。"

赵广勤笑了，他连声说："那是一定的，咱们党员就要有个党员的样。"

我第二次见到赵广勤是在村里召开的党员建言献策会议上，我清晰地记得赵广勤在发言时提出的主要建议就是两条：一个是工作要深入细致，一定要抓到点子上，必须千方百计转变村民落后的思想观念，要让农民自食其力，防止"等靠要"；另一个是产业要认真规划，不一定非得重上产业，只要把苏苏村水稻这个产业做精、做好、做大、做出声誉来就赢了，到那个时候，老百姓的收入就十分可观。

赵广勤这两条建议提到了问题的根子上。解决问题就要抓住根本，根本问题不解决，问题永远解决不彻底。农民是弱势群体，但也是一个庞大的群体，躺在政策上过日子的观念不转变，农村将陷入一个失去活力的境地。产业是致富支撑，但如果村村点火、户户冒烟，不仅造成资源浪费，同时也势必会出现产业同构性等一系列问题。因此，赵广勤建言献策的核心是“立足农民现实想法转观念、立足现有产业规划求发展”，他所提的这个思路是客观且又符合实际的。赵广勤的建议，反映了“观念一变天地宽、产业一兴富无边”的深刻道理。

2017年初秋的一天，我听说赵广勤的老伴住进了医院，我和驻村工作队的王琦、刘天佐、任铁华以及时任村党支部副书记的齐更春，一同前往医院进行慰问。赵广勤看见我们走进病房，站起身赶忙说：“哎呀！你看你们扶贫这么忙，怎么还到医院来看我们来了呢？”齐更春说：“驻村工作队听说大嫂住院了，非要到医院来看望。”我当时问赵广勤的老伴的病情、用药、治疗等情况，赵广勤说这都是老病了，每年他老伴都得住几次医院。当我们把慰问金送到赵广勤手里时，他的手哆嗦了，他说话的声音颤抖了：“你看你们来看看就挺好了，我就知足了，这还拿钱来，哎呀！真得谢谢你们啊！”

我从医院走出来，脑子里萦绕着一个问题，那就是党员的境界和普通群众就是不一样，这个差别不是别人如何认识的，而是在他们身上的实质性不同所体现出来的。

太阳带着风，带着雪，带着岁月，开启了新的一年。

这天是2018年2月6日，我和王琦、刘天佐还有不久前被选为村党支部书记的齐更春，在桦川县脱贫攻坚故事馆与悦来镇其他16村驻村工作队及村书记共同进行参观，齐更春接到赵广勤打来的电话，说他正在村委会，他给驻村工作队做了一面锦旗，送了过来。

当我们回到村委会时，赵广勤已经离开了村委会。一面鲜红的锦旗平平整整地放在了会议桌上，上面书写着金黄色的14个大

字："精准扶贫促发展，情系百姓解民忧"。我深知，这是赵广勤对省驻村工作队的一片深情，也是对我们的深切期望。

锦旗是形式，送锦旗也是一种形式，但赵广勤通过送锦旗送给我们的是真情厚意和精神力量，我们对此将永刻在心！

一名县委书记的博爱情怀

北大荒，这个印迹于世人记忆中的精神发源地，历经几代人烽火奋斗的艰难岁月，在风云变幻中已经由"荒"变"仓"，这就是被人们传颂的北大仓。

在北大仓的腹地，有个叫桦川的地方，这是人人神往的宜居之地。

这天，7月31日，建军节的前一天，日高云清，风和爽心。也就是在这天，在省农发行驻村扶贫工作队进驻桦川县悦来镇苏苏村整整两月之际，桦川县委书记郭广福同志轻车简从莅临苏苏村。

心中装着百姓，时刻惦念百姓，一切为了百姓，让桦川县老百姓过上小康生活是郭广福书记最大的愿望。为了早日实现这个愿望，他倾其智慧、展其韬略、尽其心血，身体力行地不断践行着、推进着，在脱贫攻坚奔小康的大路上义无反顾地前行。

在苏苏村，郭广福书记听情况、看广场、查危房、走农户、入扶贫干部驻地。从脱贫攻坚每个细节到贫困户生活状态，从村级经济发展到每个农户奔向富裕之路，从村容村貌改观到干部作风转变，从驻村扶贫工作队队员工作情况到其生活保障，一声声赞誉，一番番鼓励，一丝丝牵挂，都饱含他对百姓千丝万缕的无限深情、对扶贫工作队发自肺腑的暖心关怀。

一句句"贫困户多少""贫困人口多少""有无生活困难户没

有进入贫困户”的博爱询问，一句句“危房户多少”“危房改造多少”“尽快安排改造危房”的关爱话语，一句句“重病户多少”“进入贫困户的多少”“还有哪些大病患者”的大爱纯情，无不体现着一名县委书记对百姓的殷殷之情、“百姓的事大于天”的公仆之爱、“百姓的事无小事”的关切之心。

这是心的呼唤，是一名县委书记为百姓办实事的心灵呼唤。这是爱的传递，是一名县委书记替百姓解难事的真情传递。

人们常说，为官者要分百姓之忧，解百姓之困，助百姓之需。任何人都可以高扬这样的体恤民生之语，任何人都能够提炼出类似的精美之词。

说话容易行为难。

郭广福书记想百姓所想，那种不解百姓困难誓不休的豪情、百姓不富心不安的情操，为我们驻村扶贫工作队员树立了典范。

当郭广福书记步入危房户乔海洋家时，一座崭新的三间大房映入他的眼帘，他欣慰地看到了危房户住上了砖房，房盖儿换上了铁皮，这时的他，脸上露出了笑容，笑得舒心、甜美而满足。

“住上这样的房子满意吗？”郭广福书记握着乔海洋母亲的手，亲切地问。“满意，太满意了，感谢共产党，感谢县里让我家住上好房子。”虽然这是乔海洋母亲回复郭广福书记的简简单单的几句感谢的话语，听起来自然平实，但不善言辞的百姓就是用这样一种朴素的表达，道出了成百上千百姓对县委书记的赤诚心声。离开乔海洋家前，郭广福书记叮嘱乔海洋的母亲要带着残障的儿子千方百计走上致富的路子，把日子一天天过起来，过好起来。

人活在世上很难，很难也要活在世上。只要有党的爱护，百姓就没有克服不掉的困难。

在省农发行驻村扶贫工作队驻地，郭广福书记一边问扶贫工作队生活上有什么困难，一边亲自掀开铺在炕上的被子，仔细查看扶贫工作队员的住宿条件。随后他走进厨房，亲手打开锅盖，问工作队员饭菜是否合口味。

一名县委书记，管着全县22万人口，肩负建设“五新”桦川的繁重使命和脱贫攻坚的重大责任，面临万千难事，有许许多多大政决策、大事决议需要他抉择和商定。但他却在千头万绪的工作中，始终不忘驻村扶贫工作队员的工作和生活，体贴入微地倾注一片真情。

这就是一种奋进的动力、一种无穷的力量，必将激励我们驻村扶贫工作队员在脱贫攻坚战役中取得丰硕的战果。

深情的慰问

天公的能量无比巨大，无法考证天公从何时开始向世间撒着阴晴冷暖和风雨雪尘，这或许就是上苍的造化。

2017年的7月末直至8月初，阴雨连绵，大雨倾盆，偶尔伴有冷飕飕的微风，抱着乌云，卷着雨丝，不顾一切地对地面万物施展灌注和清洗的威力。

大雨过后，满地透着湿润，庄稼尽显葱绿，空气洁净清新。地面上的一切，经受了一场洗礼，更显生机勃勃。

2017年8月4日，雨后的天空湛蓝，艳阳普照。就在这天，省农发行党委书记、行长陆建新莅临苏苏村，考察驻村扶贫工作，慰问驻村扶贫工作队。这时的陆建新行长到任工作仅有二十多天时间，摆在他面前的是繁杂众多的公务：掌握省情行情、分析结构布局、谋划支持领域、研究科学管理，每一件都事关服务国家战略、服务全省经济社会发展的重大使命。陆建新行长深知这些是他肩上的政治责任，为了扛起这份责任，他鲜明地提出了符合黑龙江实际的积蓄新动能的思路，把做好政策性金融支持脱贫攻坚作为重中之重。

陆建新行长满怀对贫困县的鼎力支持之心，满怀对驻村扶贫工作队的无限关爱之情，在省农发行纪委书记史少宁、办公室主任刘振杉、佳木斯市分行行长杨秀东、桦川县支行行长王辉的陪同下，轻车简从深入省农发行扶贫驻地桦川县悦来镇苏苏村。

桦川县委书记郭广福、县长姜宇峰在繁忙的工作中同时与陆建新行长共议桦川发展大策，共商桦川扶贫大计，共筑桦川小康之基，共同慰问驻村扶贫工作队。

在座谈会上，陆建新行长与郭广福书记、姜宇峰县长进行了长时间的亲切交流，听取了桦川县经济社会发展、产业战略实施、基础设施建设、脱贫攻坚工作等方面的介绍，特别是深入细致地了解了全县精准识别、产业扶贫、贫困户脱贫情况。陆建新行长明确提出要发挥政策性金融的作用，严格执行党和国家金融扶贫和产业扶贫政策，全心全意将符合政策性银行信贷支持范围内的项目协调好、落实好，做到尽快落地、尽早见效，全力支持桦川县脱贫攻坚，让贫困人口脱贫致富，助力桦川县经济社会更快更好地发展。

这是一名政策性银行行长心系贫困县、心系贫困户的爱民心声和强烈意愿，更体现了陆建新行长高站位思考民生大事的拳拳之心，他为桦川县奉献的融智融资的每一句话，无不感动在场的所有人，这些话都深深印在了每个人的心底，荡起了不打赢脱贫攻坚战绝不离开“战场”的勃发勇气。

当郭广福书记、姜宇峰县长用大段时间对省农发行扶贫工作队和县扶贫联络队做出充分肯定的同时，陆建新行长重点对省农发行扶贫工作队扶贫工作进程及工作队员衣食住行等情况逐一询问：“你们辛苦了！”“对扶贫工作适应吗？”“在艰苦条件下生活习惯吗？”“还有什么困难吗？”字字含真情，句句披暖意。这些挚爱关怀，既是对扶贫工作队的加油与鼓劲，也是对每名扶贫工作队员的呵护与牵挂，让我们扶贫工作队员永生难忘。

陆建新行长和纪委书记史少宁、桦川县县长姜宇峰、悦来镇党委书记李季明等走入省农发行扶贫工作队驻地，坐在炕头上说扶贫、谈发展、聊队员生活，把政策送到“家”，把支持送到“家”，把体贴送到“家”。

在陆建新行长与省农发行驻村工作队员于驻地房前合影留念的一瞬间，每名队员都坚信，这不是“记忆”的收官，而是“记忆”的开启。这美好的记忆，已经在省农发行扶贫工作队员心里，化作了融融的春风和泽泽的喜雨，必将鼓舞着我们今后在脱贫攻坚伟大征程中彰显强劲的无尽动力。

金秋送温馨

金秋时节，稻浪脱掉了绿壳，大地开始泛起黄莹莹的波纹。

稻田里的水稻，随着缕缕微风，拼力晃着沉甸甸的果实，摇着农民一年辛勤耕耘的收获，摇着生活幸福的希望，更摇着五彩缤纷的未来。

这天，日历翻到了2017年8月27日。省农发行党委委员、副行长程晓北率领强大的“阵容”，莅临桦川县悦来镇苏苏村考察驻村扶贫工作。他们中有省农发行扶贫业务处处长杨懋、基础设施处处长李嵘峋、人力资源处处长杨建军、党群工作处处长张宁、党群工作处高级业务副经理董伟江。他们在佳木斯市农发行行长

省农发行对驻村扶贫工作队的要求

- 省农发行驻村扶贫工作队要在县委、县政府领导下坚定不移地将工作做得更加扎扎实实、更加有声有色，确保驻村扶贫取得显著成效。
- 省农发行驻村扶贫工作队要以精准为前提，识别要精准，施策要精准，扶贫要精准，充分发挥农发行干部员工能“打硬仗”、善“打胜仗”的优良作风，真真切切地为老百姓解难题、办实事。
- 省农发行驻村扶贫工作队要坚持多入户、多走访、多掌握民情，宣传政策要到位，做百姓的贴心人。

杨秀东、桦川县支行行长王辉的陪同下进行考察。这是程晓北副行长自今年5月份以来第二次到苏苏村考察驻村扶贫工作，也是农发行总行领导及省行党委班子成员自派出驻村工作队以来，第七次深入苏苏村考察驻村扶贫工作。

桦川县委副书记李岩焱、悦来镇纪委书记郭建峰陪同程晓北副行长一行，在苏苏村村委会会议室召开座谈会，讨论脱贫攻坚工作。李岩焱副书记全面介绍了全县脱贫攻坚战役开展情况，代表县委、县政府对省、市、县三级农发行大力支持桦川县扶贫工作表示深深的谢意，并对省县驻村扶贫工作队的工作给予充分肯定。程晓北副行长在座谈中深入了解了苏苏村的基本情况和脱贫攻坚“回头看”重新识别贫困户工作情况。

座谈会上充满对驻村扶贫工作队的温馨问候，承载着农业政策性银行对脱贫攻坚的历史责任。在座谈中农发行提出要在发放光伏发电项目贷款的同时，充分发挥农发行过桥贷款政策优势，利用涉农资金整合，对危房改造和自来水改造项目要探索贷款支持的可行性，变分期分批改造危房和自来水为一次性贷款、一次性改造，在脱贫攻坚战役中彰显农发行主力军作用，切实把党的惠民政策落实落靠，千方百计助力脱贫攻坚，让贫困人口切实享受到政策“红利”。

尽管时针已经指向中午12时，但程晓北副行长一行坚持多走多看，在考察苏苏村文化休闲广场建设情况时，程晓北副行长认真听取了广场建设总体设想和配套建设情况，对村子能建设高质量的文化休闲广场赞叹不已。

关心、爱护与鼓励比什么都重要，这是一种巨大的精神动力。程晓北副行长与县委副书记李岩焱共同深入驻村工作队驻地慰问扶贫工作队员，与扶贫工作队员共进午餐，充分体现了他们对战斗在扶贫一线的工作队员的关爱之情，我们每名驻村扶贫工作队员均笑在脸上、甜在心里。

脱贫攻坚重在产业扶贫，没有产业扶贫和政策扶贫，脱贫攻坚

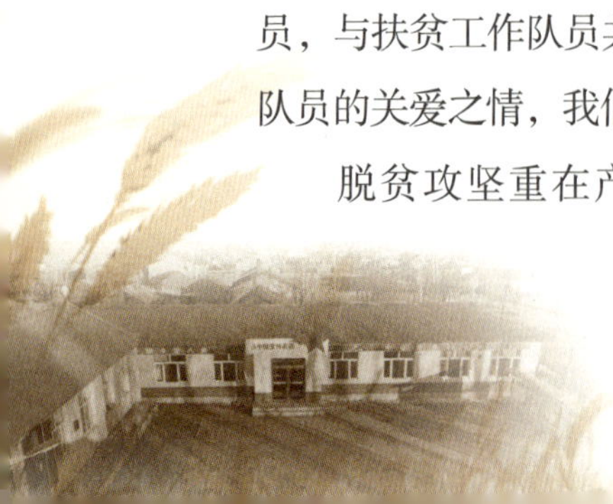

将成为“无源之水”。程晓北副行长在考察已建成的光伏发电项目之际，在项目现场详细询问了全县光伏发电工程进展和并网发电情况，提出对桦川县光伏发电产业项目要做到审批贷款快投放、工程建设快推进、加速运营快见效，着力让桦川县贫困人口早受益、早脱贫。

温暖源自真情，支持见诸行动，扶贫体现于成效，这才是为贫困人口办实事、办好事的真谛!

情系扶贫地

八池金稻摇千穗，九月绒毡铺万黄。

收获的季节，带给人们温馨与喜悦。年轮的往复，催动岁月的流转。人们在享受果实的欣庆之余，渐渐将乳玉洁清的白雪、肥沃润泽的黑土和烟碧葱翠的秧苗都印在了记忆里。

就是在这样一个稻香飘溢的季节，农发行省分行党委委员、副行长王永军在扶贫业务处处长杨懋、风险管理处处长王健、桦川县支行行长王辉的陪同下，于9月5日莅临桦川县悦来镇苏苏村考察驻村扶贫工作。

这是农发行省分行党委班子成员自派出驻村扶贫工作队三个多月以来第八次到苏苏村考察扶贫工作。至此，省农发行党委全体班子成员均先后深入苏苏村考察扶贫、指导工作、慰问驻村队员。

产业扶贫是下好精准脱贫这盘“棋”的关键所在。脱贫攻坚战役中，“精准滴灌”如何滴，“啃硬骨头”怎么啃，“靶向治疗”何以治，核心点在于精准识别贫困人口，重点在于精准聚焦扶贫产业，根本点在于精准惠及贫困家庭。由此可见，精准配置资源、支持扶贫产业发展是打好、打赢脱贫攻坚战的持续性举措。

王永军副行长到桦川县后，在县委副书记、县长姜宇峰的陪同下，现场考察农发行省分行贷款支持光伏发电扶贫产业项目区，逐环节询问项目建设情况。考察结束后，他对光伏发电项目前景充满信心，对光伏发电扶贫满怀期待。

在村委会会议室，王永军副行长与村“两委”和省县扶贫工作队笑语交谈，并就如何扎实做好脱贫攻坚工作进行研究探讨。他深入了解苏苏村基本村情、精准识别贫困户、贫困人口致贫原因、危房改造、饮水安全等情况，村“两委”和驻村扶贫工作队汇报了产业扶贫和村级文化休闲广场等硬件设施建设进展情况。王永军副行长对驻村扶贫工作队取得的成效给予充分肯定，同时强调：一要全力做好驻村扶贫工作，要结合农发行业务特点，发挥农发行干部熟悉扶贫产业、熟知项目评估的优势，着力研究村级产业扶贫思路，全力落实落靠产业扶贫政策，筹划并办好村级扶贫产业，让所办产业有生命力、有扶贫性，使之成为村办“阳光产业”；二要紧密与村“两委”配合，对路面硬化、饮用水改造、广场建设等项目，要保质保量地抓好推进工作，做到快中有好、快中有质，确保村级基础设施建设工程进度快、质量优、村民满意，为贫困村甩掉贫困帽子奠定坚实的基础；三要深入走访，加大宣传力度，扩大群众对脱贫攻坚政策与标准的知晓度，让党的脱贫攻坚政策落地生根；四要充分发挥农发行的政策性金融扶持作用和脱贫攻坚主力军作用，全力以赴支持脱贫攻坚，特别是要深入细致地做好驻村扶贫工作，为贫困户脱贫贡献应有的力量。

俗语说：“久雨必有晴，久晴必有雨。”

天气晴雨转换，必逢丰润之气。王永军副行长在座谈会后冒雨考察了苏苏村文化休闲广场建设情况，听取了广场建设全过程情况。在雨中他对广场建设提出了指导性意见，要求驻村扶贫工作队务必抓好这项民心工程、民生工程，确保村民活动有场所、休闲有场地，不断丰富村民的精神文化生活。

万语话脱贫，千言送温暖。

当王永军副行长深入驻村扶贫工作队驻地慰问扶贫工作队员时，

他仔细查看卧室、厨房，手摸着窗户，详细询问扶贫工作队员的日常生活、冬季取暖情况。一句句“吃得好不好”的深情问候，一句句“屋子冷不冷”的深切关怀，一句句“工作累不累”的深挚关护，每一句都那么感人肺腑，每一声都那么动人心魄，这是对驻村扶贫工作队员的莫大鼓励。

脱贫攻坚是党补齐全面建成小康社会短板的宏伟事业，是扶持贫困人口脱贫致富的重中之重，也是治贫方式实现重大转变的千秋伟业，驻村扶贫工作队员带着感情、俯下身子为之付出与奉献，这是人生幸事。尤其是在奉献过程中又体会到了无微不至的关怀，更增添了我和王琦、刘天佐及县扶贫联络队任铁华、张国彪、周爱周等队员一往无前的勇气！

千里送温风

九月的天空，高远，湛蓝。

金色的稻田里泛着阵阵稻香。这稻香，飘进了千家，走入了万户。又是一个丰收的季节，又是一个丰饶的年成。

这天，9月16日，中国农业发展银行总行政策研究室主任张昌彩和田野、齐永峰，不远千里从北京直飞佳木斯。他们在省农发行副行长李文武和办公室主任刘振杉、粮棉油处处长于君鹏、佳木斯市农发行行长杨秀东、桦川县农发行行长王辉的陪同下，深入桦川县悦来镇苏苏村调查研究农发行支持经济社会发展与脱贫攻坚情况，考察驻村扶贫工作。这是省农发行派出驻村扶贫工作队三个半月以来，农发行总省行领导第九次对驻村扶贫工作进行实地考察。

在苏苏村会议室，桦川县委副书记、县长姜宇峰，县委常委张雨喜，副县长高洪才，亲切会见了张昌彩主任、李文武副行长一行。会议室里洋溢着“水乳交融”“如光似火”的气氛，他们共议政策性金融支持桦川发展大计，共商百姓脱贫致富良策，共谋银政深化合作之路，共传慰问驻村扶贫工作队员的深情。

这是党的领导干部心系事业、牵系百姓、情系队员的博大情怀和真情聚焦。

姜宇峰县长向张昌彩主任、李文武副行长介绍了桦川县经济社会发展状况和脱贫攻坚情况，代表县委、县政府对省、市、县三级农发行大力支持桦川经济社会发展和脱贫攻坚工作致谢，希望农发行在更多的领域提供更大的支持，同时以温馨之语翔实地将省农发行驻村扶贫工作队取得的成效介绍给张昌彩主任和李文武副行长，他们对省县驻苏苏村扶贫工作队高度赞誉。

在座谈中张昌彩主任详细了解了桦川县脱贫攻坚基本情况、贫苦户精准识别过程和贫困人口致贫原因，明确提出要发挥政策性银行的支持县域经济发展主力军作用，大力支持桦川县经济社会发展，全力服务脱贫攻坚，在粮食经济全产业链发展和旅游产业扶贫等方面探索金融支持路径，尤其是要着力支持粮食产业经济，充分利用桦川县的资源优势和地缘优势，倡导农业、财政、金融部门与政府强化协作，做大做强粮食产业经济，认真研究银政合作试验区和示范点模式，打好粮食资源牌、旅游产业牌。农发行在支持桦川县光伏发电产业扶贫项目的基础上，继续拓展政策性金融支持地方经济发展的思路，把桦川县及苏苏村作为农发行政策研究室研究政策和工作调研定点县、定点村。张昌彩主任满怀深情地慰问驻村扶贫工作队，每一句问候和叮嘱的话语，都让我和全体驻村扶贫工作队员热血沸腾，心生暖意，至生难忘。

29年以前，我在县政府办公室工作期间，人们就常说一句话，叫“无农不稳，无工不富，无商不活”。这句话，人们已经喊了几十年，然而时至今日它仍然具有现实意义。

省农发行副行长李文武在座谈时指出农发行要深化其与桦川县金融支

持发展的合作模式，倾力促进桦川县产业发展，通过发展产业实现精准扶贫、精准脱贫，推动经济发展升级，扩大发展空间，拉动财富增长。

张昌彩主任、李文武副行长实地考察了桦川县光伏发电扶贫产业项目区和苏苏村已建成的文化广场。张昌彩主任详细听取了光伏发电产业扶贫项目投资、效益、覆盖贫困人口情况，对实行光伏发电产业扶贫充满信心，同时对苏苏村文化广场建设给予充分肯定，鼓励省农发行扶贫工作队要组织村民利用好广场，切实为丰富百姓精神文化生活做出贡献。

任何人的一生都经历过无数次感动，但领导们千里迢迢送温馨、送体贴、送关怀、送真情，我们仅用感动一词无法概括，注入心灵的是内涵深远的大爱，是对国家、对事业、对扶贫、对驻村队员的一种深深的大爱。

牢记使命担当无愧历史选择

——学习党的十九大精神心得体会

党的十九大鲜明提出了中国发展的新的历史方位，阐述了新时代中国特色社会主义思想。这是中国特色社会主义理论体系的重要组成部分，是指导全党、全国人民迈进新时代、开启新征程、续写新篇章的政治宣言，也是实现中华民族伟大复兴进程的行动指南。通过学习，我深感十九大精神内涵丰富、博大精深、意义深远，广大党员干部必须做到牢记使命担当，无愧历史选择。

作为第一书记，我必须牢记新时代党的建设的历史使命。习近平总书记在党的十九大报告中明确指出：“伟大斗争，伟大工程，伟大事业，伟大梦想，紧密联系、相互贯通、相互作用，其中起决定性作用的是党的建设新的伟大工程。”党员干部投身伟大建设和伟大事业，必须当好带领人民干事创业的“主心骨”和“领头人”，挺民族脊梁，做时代先锋，义无反顾地扛起历史使命、担起时代责任，坚持以人民为中心，践行全心全意为人民服务的根本宗旨，把农村党的建设牢牢抓在手上。千里之行始于足下，脚踏实地抓好党的建设新的伟大工程，是驻村第一书记的义务，我要在第一书记岗位上更加自觉地坚定党性原则，时刻体现党的政治领导力、思想引领力和群众组织力，坚持党建统领与农村工作的深度融合，强化苏苏村党建中心的阵地功能，充分发挥党支部战斗堡垒和党员先锋模范“两个作用”，创建“五型党支部”，发挥“五带头”和“四帮扶”作用，增强凝聚力、向心力和战斗力，为加强农村党的建设贡献力量。

五型党支部

- 学习型党支部
- 务实型党支部
- 服务型党支部
- 创新型党支部
- 廉政型党支部

五带头

- 带头学习提高
- 带头发展致富
- 带头服务群众
- 带头遵纪守法
- 带头弘扬正气

四帮扶

- 帮扶思想纯正
- 帮扶精神提振
- 帮扶矛盾化解
- 帮扶作风转变

作为扶贫队长，我必须肩负新时代脱贫攻坚的历史责任。习近平总书记在党的十九大报告中明确指出：“让贫困人口和贫困地区同全国一道进入全面小康社会是我们党的庄严承诺。”脱贫攻坚是一项利国利民的伟大工程，也是决胜全面建成小康社会的重大举措。党中央的庄严承诺就是全体党员干部行动的号令，广大党员干部必须倾心尽力将承诺化为自觉，变为现实。驻村扶贫工作队长站在扶贫前沿，身处扶贫一线，担当扶贫重任，必须展现一往无前的奋斗风姿，敢于并善于向贫困宣战，俯下身子为贫困人口谋幸福，为实现农民共同富裕付心血。在精准原则下，苏苏村扶贫工作关键在于立足村情实际，立足贫困人口致贫原因，有关部门要因病施治，对症下药，在“扶心、扶志、扶风气，扶业、扶才、扶精神”上找到贫困人口脱贫的突破口，确保贫困人口：由心志

衰弱转向自主奋进，由产业弱化转向定业兴家，由才智低滞转向育才增智，由风气垂落转向充满斗志，由精神萎靡转向阳光向上。有关部门要切实做到扶真贫、真扶贫、见真效、不返贫，真正使贫困人口既在物质上脱贫又在精神上脱贫，不但解决生活温饱还要实现持续富裕，在新时代让贫困人口与富裕群众携手跨进小康社会，共享人类美好生活。

作为金融作家，我必须践行新时代文学创作的历史担当。习近平总书记在党的十九大报告中明确指出："社会主义文艺是人民的文艺，必须坚持以人民为中心的创作导向，在深入生活、扎根人民中进行无愧于时代的文艺创造。"这充分体现了党坚持以人民为中心的发展思想，是坚定文化自信的重要基石。我在创作实践中要"加强现实题材创作，不断推出讴歌党、讴歌祖国、讴歌人民、讴歌英雄的精品力作"，始终使作品根植于人民中间，弘扬先进的金融精神文化。在体验和挖掘精深思想、聚焦先进和传播效力上持续发力，发出时代声音，展现金融风采，提升文学作品的原创力和正能量，创作出有时代导向力、有现实影响力、有艺术感染力的精美小说，弹奏金融强音，讲好金融故事，特别是要利用地缘优势，潜心创作具有"黑土金融文学"鲜明特征的文学作品。尤其是要着力描写脱贫攻坚路上的伟大壮举，刻画为贫困人口脱贫致富而奋斗的典型人物形象，竭尽"峰峦"之作，力促"特色"之风，用品位、格调和责任，彰显"黑土文学"和"黑土金融文学"无穷的魅力，体现中国特色社会主义新时代的最强音，做一名有益于新时代的金融作家！

别样立冬日

这天是二十四节气中的立冬。

《月令七十二候集解》中对立冬有这样的描述："立，建始也。”“冬，终也，万物收藏也。”

在我国古代，立冬与立春、立夏、立秋合称为“四立”。每当立冬日，天子有出郊迎冬之礼、赐臣冬衣之制、矜恤孤寡之为。

可见，在古代立冬就是个不同寻常的大日子。

在北方，秋冬交汇，以立冬日为承接转折，以此完成季节交替。

回首随风飘过的秋天，每个玄妙的音律上都跳动着高低错落的“五彩”音符，葱绿百草的衰落，淡淡伤感的愁思，触动心灵的惆怅，凝望收获的喜悦，盘点忙碌的年轮，所有这些喜愁乐落忧不自觉地悄悄走进不同人群的心头。

正所谓：秋雨秋风打秋叶，秋收秋获伴秋歌。

不管人们满怀何种心境去感受秋的味道，但它已成为一年之中的过去。在立冬日光临之时，顷刻间，秋天堆积起来的林林总总的迹象转瞬化为历史，迎面扑来的将是冬天的雪月风花。

今年立冬这天，清早天空散落着淅淅沥沥的小雨，继而便飘起了黏糊糊的雪花，大地展现出洁白的玄幻色彩。映入我们视野的是柔软、晶莹和清新。

这样的季节，这样的时日，寒冷袭击即将来临，年年都是如此。然今年立冬日，似乎别有一番滋味，心情交织着复杂，浮现着朦胧。

人们常说：在家千日好，出门万事难。

我们及像我们一样的所有人，为了脱贫攻坚大业，远离挚爱的亲人，远离温馨的家庭，越是在天冷路滑的严寒环境中，心中越充满对家人的惦念、对亲人的记挂。

虽然各级领导和我及我们共同奋斗拼搏的战友，在工作和生活上施与彼此备至关怀，但进入立冬，对离家在外工作和生活的我们而言，也难免顿生漂泊浪迹的心绪。

这漫漫的冬天，对我们在农村度过冰天雪地的生活也是一个严峻的考验。因为我们已有多年没住过平房，已有多年没用炭火取暖，已

有多年没室外如厕，已有多年没独立生活，如此等等的“已有多年”，均是摆在我们面前需要锐意克服的艰难现实。

当我们深夜站在窗前，眼望屋外漆黑而静寂的夜晚凝神聚焦之时，尽管用力张望，也无法看清外面的雪花怎样飘落、如何纷飞。可我们内心深知，其实外面的雪还在下，仍然洋洋洒洒铺向大地。我们非常清楚，这只是冬天的开启，后面还会有小雪、大雪、冬至、小寒、大寒。这一连串冬季气候变幻的节点，我们必须一个一个地踏越，在寒冷和艰苦的日月，去完成脱贫攻坚伟大工程的决战性胜利，去迎接环绕和普照贫困人口的温暖阳光。

彷徨和怨诉是懦弱者的特性，憧憬和战斗才是奋进者的专利。

这就是今年的立冬日，这就是有别于以往的立冬日！

风火对接情

空旷的十一月，大地上的雪，洁白晶莹。这雪在黑土和庄稼茬中间静静地卧着，透着软绵，示着威严。

这是老天每年定时向人间惯例性地施展权威的结果，无法抗拒，不可抑制，这就是自然规律。

有些规律是自然的，但也有些规律是人们用独到而特有的思维历经实践检验创造出来的，这些经由人们掌握的理论与具体实践结合的宝贵财富，历久提纯也便形成了规律。

规律无处不在，无处不有。

在脱贫攻坚这场伟大战役中也有规律，桦川县委、县政府就是经过缜密思维和精心探索，探寻出了县域内的职能部门包扶行政村脱贫的历史性创举。

这天是2017年11月24日，–22℃的气温，寒气多少有些逼人，气候的变化尽管略感心颤骨寒，然则并没有影响脱贫攻坚的推进历程。在桦川县悦来镇扶贫包扶对接会议结束后，桦川县农发行行长王辉于当日上午10时第一时间率领副行长姜文玉、业务副经理宋佩清、办公室主任胡国贵深入苏苏村现场对接包扶工作，同时邀请华康米业公司总经理李子龙共同莅临苏苏村。驻苏苏村省县扶贫工作队的任铁华、王琦、刘天佐、周爱周，苏苏村“两委”的齐雁飞、齐更春、史会军齐聚包扶对接会。

在现场包扶对接会上，全体与会人员说脱贫、谋发展、谈致富、话未来。

桦川县农发行王辉行长原原本本传达了县委、县政府包扶工作的内容与要求，全面了解了苏苏村的基本情况、贫困情况、脱贫情况、产业情况，对苏苏村人均收支、危房改造、安全饮水、路面硬化、医疗保障、义务教育、产业项目、档案规范等逐一摸清底数，明确提出县农发行严格按照县委、县政府的部署，展其优势，尽其所能，倾其全力，与省县扶贫工作队和村“两委”密切配合，倾心聚力做好做强包扶工作，为实现全县脱贫攻坚战的决定性胜利献策出力。

宏伟蓝图

- 产业兴旺
- 生态宜居
- 乡风文明
- 治理有效
- 生活富裕

这番令人振奋的深情话语，传递的是县农发行全体干部员工忠诚于党、忠诚于事业、忠诚于百姓的信念和心声，也是县农发行服务国家战略、服务地方发展、服务“三农”事业的高尚情怀和饱满激情，参加现场对接会的每一位人员无不为之慨叹。

发展是硬道理，脱贫是硬任务，小康是硬目标。

苏苏村没有产业发展，就不可能实现宏伟蓝图，因此，产业发展是重中之重、急中之急。

华康米业公司总经理李子龙在现场对接会上深有感慨，他认为苏苏村毗邻桦川城、紧临松花江，地缘优势明显、地力优势独特、水源优势充分，发展高质量、高品质、高效益水稻得天独厚。走厂社合

作、订单驱动、创造品牌，打开市场，是苏苏村厚积薄发之势的实现途径，也是苏苏村实现强村富民的可行路径。华康米业公司希望与苏苏村水稻专业合作社、水稻专业家庭农场尝试实行订单方式，实现互惠共赢的合作模式，模式成功后，再深入研究发展现代农业示范区。

这样的部门包扶，这样的企业支撑，加之桦川县委县政府和悦来镇党委镇政府的强助力鼎，省县扶贫工作队和村“两委”的勠力同心，苏苏村推进产业发展升级、拓宽脱贫致富渠道、实现乡村振兴战略，在不久的将来一定会变为美好的现实。这就是启动点，这就是“路由器”，这就是“强化剂”。

一个区域，一个行政村，一个组织细胞，潜力和活力并存，只要因地制宜释放潜在能量，不管前方的路有什么艰难险阻，有多少尖刺荆棘，苏苏村定能越走越宽、越走越远。辉煌的历史画卷，需要敢于实践、勇于探索、善于合作、勤于耕耘的人们去挥写和描绘。

这可能慢慢就会成为后人永远铭记的历史！

文化的魅力

——写在书法家在苏苏村挥毫泼墨之际

我在中国农业发展银行总行第一巡视组、总行办公室、总行政策研究室度过了一年半的时光，后又断断续续在总行党委组织部工作了一段时间。期间与《金融文坛》副主编、著名诗人、书法家范振斌，《金融文坛》编辑部主任、青年作家栾晓阳结下了深厚的友谊。那时，我们时常相聚在一起，喝酒聊天，谈天说地，后因家庭原因我于2016年8月返回了黑龙江工作。

虽然我们在京哈两地相距千里之遥，但我与范振斌副主编、栾晓阳主任经常电话保持联系，或在微信中问好祝安，偶尔也因同时参加会议尚能见面。但毕竟不在同城，心里却始终存着思念和惦记，常常回忆过去大家在一起时的欢声笑语。

今年《金融文坛》10月号刊发了青年作家栾晓阳的访谈作品，题目是《苏苏村的“第一书记”——对话吕维彬》。当我认真拜读这篇访谈作品以后，我被栾晓阳主任深情的话语、精彩的文笔所打动，心情激荡澎湃。他在访谈开篇中写道：“如今已入秋，我也与范主编商量好了，过了十一去苏苏村看望吕老师。”

就在今年的12月8日，范振斌副主编、栾晓阳主任在刚刚参加过全国金融作家协会理事会会议后，即刻由北京飞往哈尔滨，再从哈尔滨由书法家董伟江陪同坐了5个多小时汽车，行400多公里，来到了桦川县，来到了悦来镇，来到了苏苏村。当他们推开车门从车里把脚踏上苏苏村土地的一刹那，说实在话，我虽然脸上堆着笑容，心花怒放地拥抱相迎，但眼泪却在眼圈里面打转。不知是久盼成了现实的激动，还是见了面喜极而泣，复杂的心绪难以言表。我在苏苏村驻村扶贫已半年有余，举手投足间已然变成了一个真正的农民，不管我的身份如何，范振斌副主编就笑容可掬地在我面前，栾晓阳主任灿烂的脸上更是写着“践行诺言”的骄傲。我也不得不为之竖起大拇指，这就是一言九鼎、牢不可破的深情厚谊。

自从我进驻苏苏村以来，省、市、县、镇领导同志到村考察工作的不在少数，但文艺界的大家莅临苏苏村还少之又少。而这次来了两位书法家、一位作家，这就更是史无前例。

在苏苏村党建中心党员活动室，我向范振斌、栾晓阳、董伟江三位老师介绍了苏苏村党建统领促扶贫的做法和事例，讲述着我半年来的驻村扶贫实践，也和他们分享我的驻村工作成果。我深深地知道，我必须原原本本把在这里的工作及体会讲给他们，因为他们不远千里到苏苏村就是饱含深情地想看看我的工作环境、工作难度、工作状

态、工作成效、生活情况和我的身体状况。在党建中心七个“主题室”，范振斌副主编均认真听、仔细看、重点问，对苏苏村在党建工作与产业发展、集体壮大、环境治理、构建和谐方面实行深度融合表示高度赞誉。在驻村工作队驻地，他们坐在炕头上，对我及其他驻村工作队员嘘寒问暖，大家共话农村春夏秋冬四季变换的景象，场面着实耐人回味。

七个“主题室”

- 党员活动室
- 党建档案室
- 支部建设室
- 村级发展室
- 脱贫攻坚室
- 文化展示室
- 体育健身室

农村多年来就有个怪现状一直在延续着：缺青年，少文化，乏精神，没活力。

这种现状对青年返乡创业是一种无言的呐喊，也迫切地呼唤文化走进基层，走向农村，走入精神。

书法大家到了苏苏村，旅途再辛劳，也要留下“文墨书宝”，这就是送文化到基层。当范振斌副主编、栾晓阳主任、董伟江老师等再次回到党建中心党员活动室时，省县驻村工作队全体队员、包扶单位县农发行负责同志、镇包村干部、村“两委”全体成员汇聚一堂，共赏书法大家挥毫泼墨、运笔如风、行云似水的风姿。范振斌副主编书写了“强村富民”“悦来越好”“公道正派”“业精于勤”“铁汉柔情”“持之以恒”“淡泊明志”“家和万事兴”等40余幅书法作品。董伟江老师书写了“厚德载物”“见贤思齐”等30余幅书法作品。在场守候的每个人都静静地看着，默念着，当一幅书法作品完成后，就有几人上前争相收藏。这些作品除被在现场观摩人

书法家为苏苏村留下的“文墨书宝”

员请求收藏外，其余作品均将作为奖品，奖励给2017年为苏苏村党建工作、脱贫攻坚和产业发展做出突出贡献的党员和村民。也有人说，在农村以书法作品作为奖品，村民的认知度不一定有那么高。其实不然，就是要通过这样的强力灌输，才能不断激励党员与村民提升文化层次，为全村营造良好的文化气息和文化氛围开好头、起好步。

桦川是黑土资源圣地，也是鱼米之乡，更是英雄辈出的摇篮。

时间虽然很紧，但范振斌副主编、栾晓阳主任、董伟江老师同时光临桦川县实属不易。我与县农发行副行长郭喜军共同陪他们参观了冷云红军小学及冷云纪念馆，听取了冷云的生平和事迹，对冷云的壮烈之举均感震撼！“冷云是个了不起的女英雄。”这就是我们的书法家、作家对冷云的深深怀念与永久追思。

相见时难别亦难。

任何人也锁不住时光，这就是在历史面前形成新的历史的时空规律。从相见到又将分别只是转瞬之间，也不知再次相见待到何时，让我们共同期待！

如梦如花的一年

——告别丰收的2017年

时光似水，岁月如梭。

在风卷残云、冰清玉洁的大自然感召下，不知不觉又度过了一个年头儿。岁尾将至，忆年轮，思往事，索足迹，顿悟世界如流光、万事如流尘、人生如流星。

过去的一年，忙碌，奔波，挣扎，笔耕，奋进，我的人生旅程中增添了许多淡淡的记忆，也沉淀了许多美好的回忆。

这一年，小说创作实现超越。2017年我创作短篇小说33篇，其中短篇小说《生产队长》《最后一公里》《一座空房子》《老赵看病》《野趣沟那些事》《生命之火》《灯光下的影子》等25篇小说，在《小说林》《金融文坛》《中国银行业》《中国金融文学》《农业发展与金融》等杂志刊发，这是我小说创作数量、发表数量最多的一年，也是我小说创作涉及领域最广、题材最宽的一年。我将继续潜心向优秀作家学习，向生活实践求索，倾力创作出具有“黑土文学”和“黑土金融文学”鲜明特征的文学作品。

这一年，荣誉奖励载入史册。2017年我荣获黑龙江金融系统首届“德艺双馨文艺工作者”称号。短篇小说《这个夜》荣获“第三届中国金融文学奖”最高奖。短篇小说《石漠山里的人》在中国金融工会全国委员会、中国金融文学艺术联合会举办的“金融人写金融事”征文活动中荣获征文小说奖。短篇小说《古董的传说》在金融文坛杂志社举办的“金融文坛优秀作品大奖赛”中荣获小说类二等奖。这些荣誉是金融文学界各位领导、各位作家鼎力支持的结果，我必将以此为动力，深入观察生活、体验生活、品味生活、分析生活，以“蘸尽东海万顷水、写满蓝天千里云”的气魄，力创精华小说，不负所享殊荣。

这一年，驻村随笔略显纷呈。2017年是我尝试书写随笔的第一年。我全年写作随笔41篇，其中驻村扶贫随笔36篇，包括《琐记扶贫六月天》《礼赞桦川扶贫精神》《一位县委书记的博爱情怀》《深情的慰问》《脱贫攻坚路上的尖兵》《金秋送温馨》《情系扶贫地》《千里送温风》《风火对接情》《女英雄冷云》《英雄赵敬夫》《赫哲英雄卢英春》《别样立冬日》《文化的魅力》等反映桦川英雄地、领导体贴情、扶贫情怀记、群众心灵声、驻村艰辛日的纪实随笔。

这一年，驻村日记彰显特色。2017年，为记载脱贫攻坚战的宏大工程，记录驻村扶贫不同阶段的工作特点，我撰写了32篇驻村扶贫工作日记，这些驻村扶贫工作日记紧扣脱贫攻坚战，包括《写在领导考察和全村党员及村民代表大会之日》《写在苏苏村“239产业发展引动工程”启动日》《写在苏苏村深秋兴起的“建库热”》《写在桦川县“看比学”检查日》《写在严控秸秆焚烧期间》《写在全国第4个“扶贫日”》《这是开启新环境的一天》《写在苏苏村党员活动日》《写在苏苏村文化休闲广场建设之际》等。所有驻村扶贫工作日记记录的都是我驻村扶贫时的所见所闻所感，这其中有些日记已被“龙江先锋网”采用。

这一年，新闻采访频次颇多。2017年在驻村扶贫工作中，我曾先后多次接受新闻媒体采访或访谈。《金融文坛》杂志2017年10月号刊发题为《苏苏村的“第一书记”——对话吕维彬》的专题访谈文章。黑龙江省电视台新闻联播节目播发1次专题采访。省委组织部远程培训中心从8个方面进行1次专门采访。《佳木斯日报》要闻版刊发题为《牢记使命担当，无愧历史选择——记驻桦川县悦来镇苏苏村驻村第一书记、驻村扶贫工作队队长吕维彬》的专题采访。桦川县电视台曾4次进行专题采访。这些采访内容涵盖了党建工作、班子建设、驻村扶贫、文学创作等诸多领域，这在我的工作生涯中尚属少见，是对我莫大的鼓励和鞭策，必将激励我为驻村扶贫和文学创作而勇往直前！

过去的一年已经过去，为了记录和纪念而成此文。我在这一年里有所收获不足自颂，只是深感生活实在不容易，扶贫着实不容易，创作更加不容易。这就是生活，这就是现实，这就是蹚过生命长河所遇到的波纹、浪花和流水。

省县驻苏苏村工作队新春寄语

岁月流转，光阴闪逝，转眼之间2017年已经成为历史。

过去的一年，中国农业发展银行黑龙江省分行党委和全体员工对精准扶贫和驻村工作倾注了全部心血，为我们驻苏苏村工作队提供了坚强的领导和强大的支持。

过去的一年，桦川县委、县政府统筹谋划，精心组织，为打好打赢打胜脱贫攻坚战付出了艰辛的努力，取得了辉煌的战果。

过去的一年，悦来镇党委、镇政府坚持民字为本、实字为先、干字当头，在脱贫攻坚前行的道路上披荆斩棘，勇往前行。

过去的一年，省县驻苏苏村工作队与村"两委"通力协作，攻难关，破险阻，为苏苏村早脱贫、大发展、奔小康甘愿奉献一切。

值此新春佳节之际，向支持和关怀驻村工作的所有人致谢！向我的亲密战友致敬！祝：新年好、万事顺！

——吕维彬

很高兴在一年的脱贫攻坚中与您相识。

祝您2018年新春吉祥、阖家欢乐、身体健康、早日脱贫、共奔小康！

——王琦

感谢过去一年您对驻村扶贫工作的理解和支持，值此新年来临之际，祝您及您的家庭五谷丰登、生活富裕，早日实现小康生活！

——刘天佐

2017年，我们在扶贫工作使命光荣、齐心协力小康圆梦中度过，值此2018年春节之际，愿我们及所有人：欢度佳节洒真情，共同致富奔小康！

——任铁华

一元复始，万象更新。

告别不平凡的2017年，桦川县精准扶贫事业阔步跨入新的一年。2017年过得很快，在蓬勃发展的桦川县土地上，光阴如流水，不舍昼夜，每一位关心、关注这里的人，都因点点滴滴的变化而心潮起伏，欢喜欣然。精准扶贫的号角响彻桦川，艰巨的任务更是光荣的使命，责任与担当，忠诚与服务，一股股向心力汇聚成生生不息的动力源泉。

我们坚信，有各级党委的坚强领导，有广大群众的鼎力支持，只要我们团结一心、奋勇拼搏、真抓实干，就一定能做好苏苏村的脱贫攻坚工作，开创更加灿烂美好的明天！

衷心祝愿大家新年快乐、身体健康、阖家幸福、万事如意！

——张国彪

在2018年里，我们要有新气象，拂去疲惫，迎接新的挑战。我祝福我们的团队：新年生龙活虎、家庭和睦、百事百顺、任务圆满！

——周爱周

这里有故事

——写在桦川县“脱贫攻坚故事馆”启用日

故事无处不在，无处不有。

人有故事，物有故事，自然有故事，社会有故事，茫茫大千世界到处显现着故事。

在桦川县脱贫攻坚战役中也有纷繁众多、动人心弦的故事。这些故事，无一不凝结着全县人的智慧、汗水和心血，留下了为脱贫攻坚大业奉献全部心灵的坚守者们的深深印迹。

这些刻着印迹的故事背后，饱含热与火的追求，记录辛与酸的历程，谱写情与爱的光辉，反映了参加全县脱贫攻坚战役的指挥员和战斗员独具风范的坚强而持久的耐力，也凸显了贫困人口致富意识和生产生活发生的深刻变化。

为了纪念，为了传承，为了发扬光大，桦川县将脱贫攻坚这一伟业工程，映印在“脱贫攻坚故事馆”。

2018年1月9日，桦川县“脱贫攻坚故事馆”正式启用。故事馆里展示的一行行文字、一幅幅图片、一件件实物，弹奏的是时代强音，刻画的是奋斗痕迹，描绘的是历史画卷，书写的是博大情怀，这是铺展在桦川县人民面前的一部精准扶贫的史诗。

在这里，人们能感受到打赢脱贫攻坚战的宏图伟业；在这里，人们能体悟到一切为了人民的奉献精神；在这里，人们能领略到由贫困奔向富裕的创造过程；在这里，人们能倾听贫困人口在帮扶下生活变化后的喜悦心声。

“脱贫攻坚故事馆”涵盖桦川县脱贫攻坚战全貌，设立4个实物展区，其中有两个展区分别为苏苏村“抓党建促扶贫”和“贫困户创业脱贫”实物展，突出了“坚持党建统领，抓实精准扶贫，为建设村强民富的新苏苏而苦心奋斗”的主题，通过鲜明的数据对比、图片对比、实物对比，彰显了苏苏村在脱贫攻坚战中的阶段性成果。

故事馆展板和展台上的这些故事，是桦川县脱贫攻坚人踩出来的一串串业绩，他们踏地有印、足下生辉。在脱贫攻坚战役中，这些都是现实的剪影，当全面建成小康社会之时，这些剪影，必将成为人们回味和追索的精神食粮，鼓舞人们向更高的目标迈进。

苏苏村实物展区4大模块

- 第一个模块是“一个由软弱涣散升级先进典型的党支部”，介绍了苏苏村建设学习型、务实型、服务型、创新型、廉政型“五型党支部”的创建过程，将苏苏村党建中心微缩成实物模型，展出了党建专题、活动专题、记录专题、对比专题、变化专题、党支部作用专题等一系列资料和图片。
- 第二个模块是“一个奔向花甲之年战斗在扶贫前沿的第一书记”，介绍了有33年党龄的驻村第一书记的驻村经历和心路历程，展出了民情日记、驻村日志、驻村日记、驻村随笔、驻村专访、驻村小说等精准扶贫方面的文稿，以及有关驻村走访、驻村帮扶、驻村成效等的图片和实物。
- 第三个模块是“一个在无烟战役中能打硬仗的驻村工作队”，介绍了以打造“一支架起干群关系桥梁的工作队”“一支为百姓破忧解难的工作队”“一支不走的工作队”为目标而前行的驻村工作队的奋斗史，展出了入户调查、精准施策、服务百姓、救助民众、推进工程、规划产业的案例性照片，反映了驻村工作队的驻村工作和生活片段。
- 第四个模块是“一个贫困户的脱贫历程”，介绍了苏苏村贫困户于恩江在享受党和国家扶贫政策基础上自食其力、自主创业、自强自立的致富路径，展出了于恩江的贫困岁月、致富脱贫、自力更生、施工现场、共谋发展等图片资料和劳动工具，启发有劳动能力的贫困人口要走不等不靠、勤劳致富的路子。

过年的牵挂

过年了，外面的鞭炮声震耳欲聋、此起彼伏、接连不断。屋子里家家户户的大人和孩子围坐在一起，说着团圆，道着幸福。不管是外面还是室内，都是一片祥和的景象。

这番阖家欢乐的景象年年如此，一年到头，全家人凑到一起，搁置忙碌，缓释疲惫，洗涤烦恼，酣畅淋漓地尽情抒怀，盘点一年的收获，喜庆新春佳节。我与众人一样，也毫不例外地陶醉在这个美好欢快的节日时刻。然而今年过年与以往不尽相同，我在与亲人聚会享受温馨的同时，心里又多了一份惦念和牵挂，始终放不下苏苏村，放不下那些生活陷入窘困的贫困户，尤其是那部分处于深度贫困的人们。

在苏苏村有这样一家因病致贫的贫困户，户主叫齐更全，全家总共五口人，家里父子二人均患有严重疾病。父亲齐更全五十多岁，医生诊断其患有肝硬化浮水，属于肝癌早期。齐更全的儿子齐华江年仅三十多岁，正处于风华正茂的年龄，不幸查出患有血癌。原本就不富裕的家庭，父子俩几乎同时患上重病，这对农村一个普通家庭而言，如五雷轰顶，似天塌地陷。家里两个顶梁柱病魔缠身，齐更全的妻子整天以泪洗面。全家人及其亲属为筹集医药费四处奔波、东挪西借，欠下四十余万元外债，家里债台高筑。齐更全的妻子远在哈尔滨的医院照顾儿子齐华江，家里只剩下他一人如坐针毡，尽管解决不了什么大的问题，但他拖着病弱的身躯，仍在到处奔走。为了给儿子齐华江做造血干细胞移植，挽救其生命，齐更全放弃了对自己肝硬化浮水的彻底治疗，仅用廉价的药物缓解和控制肝区疼痛，以此维系生命。

在齐更全遭遇特大困难之时，桦川县委、县政府和悦来镇党委、镇政府非常关心他，桦川县民政局等多个部门以及县里的“爱心团队”伸出援助之手，为齐更全实打实地解决缺少资金的难题。桦川县公安局刑警大队队长、帮扶人宋苗，为齐更全家捐资金、送实物，尽其所能倾力帮扶齐更全。这一系列的雪中送炭的捐助，送来的不仅是资金，而是在一个贫困户面临危难的时候，传递了大爱，奉献了博爱。

每个人在这个世界上生存和生活，当处于顺风顺水、一顺万顺的“顺风口”上，一切都是那么顺其自然；但一旦遇上危难，在人们最需要关怀和帮助的关键时刻，哪怕是点点滴滴、杯水车薪，也犹如“久旱逢甘霖”，人们必将铭记于心，永生难忘。一个依靠土地收入生存的朴素农民，一个憨厚老实、不善言辞的齐更全，面对“天难地难”，在得到桦川县有关部门及爱心人士关爱的时候，他流下了感激的泪水，虽然齐更全嘴上说不出什么华丽的语言，但他心存千恩万谢。

记得我认识齐更全是在2017年的夏季，那时我刚进驻苏苏村开展扶贫工作。为全面深入掌握苏苏村贫困状况，我与驻村工作队员、村干部共同逐户走访调查农户收入支出情况。我们几次到齐更全家都是“铁将军”把门，一次偶然的机会，我和驻村工作队员在悦来灌区的“水槽”下，碰到了骑着自行车从县城回村的齐更全。当时的齐更全双目无神，面黄肌瘦。我问他：“听说你得了肝病，现在感觉怎么样啊？”他一只手握着自行车车把，另一只手拍着肚子说：“医生说我这肝坏了，这满肚子都胀得慌，肚子里边全是水。”我对他说：“那你得好好看看啊，不行就住院治疗吧！”齐更全说：“我这把年纪了，还治个啥？有钱得给儿子治病啊。”我又说：“现在住院都能报销的，不要心疼钱啊，治病要紧。”齐更全说：“报销是能报销，我儿子齐华江这一直在医院住着，得出院以后才能报销。”

这是我第一次见到齐更全。

当我在今年过年前准备离开苏苏村时，齐更全的儿子齐华江已经进行了造血干细胞移植，虽然移植后他没有出现强烈的排斥反应，但还是时常伴有高烧症状。

我所牵挂的齐更全一家只是苏苏村的一个农户，还有十来户贫困户也是得了大病重病，他们同样令我心绪难平。作为驻村第一书记，扶贫责任在肩，使命在身，如这部分深度贫困户脱贫不见转机，将会永远成为我心中的一块沉甸甸的石头。

过年，对平常家庭是年欢，对困难群体则是年关，帮助困难群体在最短的时间内将年关变年欢是我们的责任和义务。

如何从根本上解决齐更全这样因病致贫的深度贫困户的家庭困难，确实是一个亟待解决的问题。尽管因病致贫的贫困户，他们住院所需医疗费有多重报销作为基本保障，但这类家庭如何走出困境，过上富裕的生活，仍需我们深入探索多措并举的路径。只有齐更全以及与齐更全类似的李文秀、王树声家庭等在脱贫攻坚战中不掉队，我们才能真正实现全村同奔小康的战略目标。

或许，过年期间的牵挂，不仅是一种情感，也是一种责任吧！

难忘的记忆

2018年1月17日，我和王琦、刘天佐已经驻村工作八个半月有余。

在风风雨雨、日日夜夜的驻村岁月里，省农发行驻村工作队与县驻村联络队的任铁华、张国彪、周爱周紧密协作，共同奋战，肩并肩全身心投入到脱贫攻坚战，用真情、真心、真力，扎扎实实“攻坚拔寨”，以“咬定青山不放松”的毅力，竭尽全力为桦川县悦来镇苏苏村老百姓办实事、办好事。

驻村工作队全体队员把帮扶贫困人口、服务全体村民作为责任和义务，把精准分户施策、引导村民致富作为担当和使命。只要在脱贫攻坚战中不落一户、不丢一人，让苏苏村全体村民摆脱生活贫困的困扰，与全国人民一道奔向富裕美满的小康生活，驻村工作队流再多的汗、付出再多的心血也无怨无悔，这是苏苏村驻村工作队的一致心声和共同愿望。

所有驻村工作队队员自从打响脱贫攻坚战那一刻起，一心想的就是在这场“无烟战役”中千方百计取得决定性胜利。

苏苏村村民在他们的生产生活中，身临其境地感受到了驻村工作队为精准扶贫大业所奉献的一切，为让他们过上富日子所承担的重任。村民们用他们特有的方式对驻村工作队致以谢意，表达感激之情。

1月17日早八点整，苏苏村村民司明手持锦旗来到苏苏村村委会，亲手将锦旗交到驻村工作队。当手接锦旗的一刹那，我们心潮澎湃，深深感到这是司明对驻村工作队的一片深情，也说明他对驻村工作队驻村工作的认可、肯定和赞誉。司明送来的不只是一面锦旗，而是送来他对驻村工作队的信任、真诚和情怀，也为驻村工作队送来打胜脱贫攻坚战的意志和信心。

在刚刚过去不久的1月7日，苏苏村村民于恩江曾在稿纸上挥写了发自他内心的一首诗，面对驻村工作队的辛勤劳动，他在诗中抒发了他的情感。一名党员，一名村民，能把驻村工作队的工作看在眼里，记在心上，行笔于诗，见诸真情，这是驻村工作队的极大欣慰。

村民司明向驻村工作队赠送锦旗

中国农业发展银行齐齐哈尔市分行员工毕玲在微信

群中，也以诗歌表示对驻村工作的赞叹。这是对驻村工作队的莫大鼓励，给了驻村工作队精神上的力量。

所有这一切，都将永久保留在驻村工作队员的心里。

虽然，人们关注驻村工作队的方式不同，但其呈现给驻村工作队的是一往无前的动力。所有驻村工作队队员深知任重道远，工作尚不完美，我们必将历经艰辛，仍需倍加努力，直至实现苏苏村全体村民建成小康户、苏苏村建成小康村，这才是驻村工作队翘首以盼的目标和美好愿望。

一次深入的扶贫慰问调研

深冬，迎面风寒劲，放眼雪更白。

再过半个月，就是中国人传统的新春佳节。2018年1月30日，中国农业发展银行黑龙江省分行党委委员、副行长李文武代表省分行党委，率领扶贫处处长杨懋、业务经理付宝光等在农发行佳木斯市分行行长杨秀东、农发行桦川县支行行长王海君的陪同下，深入苏苏村开展扶贫慰问调研。

自2017年5月省农发行驻村工作队驻村以来，这是中国农业发展银行总省行领导第15次深入苏苏村开展慰问调研工作，平均每16天，苏苏村就能留下总省行领导的身影。这是我们省农发行驻村工作队的荣幸和骄傲，更是对我们全力做好驻村工作的鼓舞和激励，也充分体现总省行对驻村扶贫工作的高度重视和真帮真扶的扶贫精神。

为了深入掌握驻村工作队开展扶贫工作的情况，系统了解驻村工作队驻村扶贫的措施和成效，全面把握县镇两级政府与苏苏村村民对驻村工作的评价、意见和建议，李文武副行长一行不顾旅途疲劳，到苏苏村后立即召开座谈会。桦川县副县长高洪才、悦来镇副镇长王洪伟、省农发行驻村工作队、县驻村联络队、苏苏村村“两委”、村党员、村民代表、普通村民共计20人参加了座谈会。

在座谈会上，高洪才副县长、王洪伟副镇长对省农发行驻村工作队高度赞扬。与会的村民发言踊跃，现场气氛热烈，他们发自肺腑地对省农发行驻村工作队驻村八个月中突出党建引领、加强班子建设、开展精准扶贫、制定帮扶举措、强化工程建设、关心民生民事、引导产业发展等方面列举实证，纷纷表达满意之情。有的说驻村工作队太辛苦了，撇家舍业地为苏苏村付出太多了；有的说驻村工作队从思想、作风到干实事上都对苏苏村产生了重大影响，改变了苏苏村的落后状况；有的说驻村工作队千万要在苏苏村多帮扶一段时间。参加座谈会的村民也对田间路等生产条件的改善提出了切合实际的建议。大家无拘无束地在轻松和谐的氛围内，说着心里话，谈着自己的所见所感。

李文武副行长在座谈会上转达了省农发行党委对驻村工作队的慰问和对桦川县委、县政府，悦来镇党委、镇政府和苏苏村全体村民的问候。李文武副行长听取县、镇政府和村民对驻村工作队的评价后非常欣慰，他代表省农发行党委对苏苏村全体村民支持和配合驻村工作队工作表示感谢，同时对苏苏村产业发展、精准扶贫、农民致富、改善环境等高瞻远瞩地提出了指导性思路，从未来发展趋势、尊重现实条件等多个方面指出了苏苏村实现兴村富民目标的可行性路径。李文武副行长的讲话符合苏苏村实际，贴近农民的心声，讲到了百姓的心坎上，赢得了阵阵掌声。

在座谈会前，李文武副行长一行饶有兴致地参观了苏苏村党建中心，对驻村工作队和村“两委”抓党建促扶贫、实现党建与扶贫高度融合连连称赞。

这天中午十二时半，李文武副行长一行深入苏苏村永发屯走访邹凤龙家，详细询问了邹凤龙过去发展庭院经济种毛葱、小葱、白菜的“种、管、卖”的收益情况以及兴办家庭农场的设想。看到邹凤龙的家庭农场营业执照已经办到手，李文武副行长拿着营业执照对邹凤龙说："办就要办出特色，一定要种有机蔬菜，这样才能有出路，有市场，有效益。"在离开邹凤龙家前，李文武副行长告诉邹凤龙："你把家庭农场办好了，把经营做大了，我还来看你。"

李文武副行长简短的几句话，渗透着他对苏苏村全体村民致富兴家的期望，也标志着农发行人对打赢脱贫攻坚战的信心和期待。

外面的风还在刮，雪还是那么白，但雪地上却留下了深深的印痕，走下去一定是一条宽广的路子。

礼赞桦川扶贫精神

在祖国东北边陲的黑龙江，有一块环境清幽且又生机四溢的宝地，这个地方就叫桦川。

据史料记载，桦川县源于"桦皮川"，原指依兰府南境之桦皮川，因其地桦树甚多，故名"桦皮川"，后称其为桦川。

当我在桦川县定点驻村之际，回顾两个月的扶贫之路，始终有一种超强的动力和无尽的力量，这股动力与力量催发包括我在内的全体扶贫干部不断释放能量。这个能量之源，就是全县秉承家国情怀的轰轰烈烈扶贫之举，就是县、乡、村三级干部聚焦"精准滴灌"的严严实实扶贫之风，就是来自各地不同岗位的驻村工作队队员勇于担当奉献的勤勤恳恳扶贫之为。

所有这些，汇聚成一种可贵的精神。

尽管桦川县仍然走在脱贫攻坚之路上，完成脱贫攻坚大业尚需时日，桦川扶贫精神的内涵及其特质，还需深入挖掘、提炼、完善和概括，但在全县扶贫这趟风驰电掣的"列车上"，每节"车厢"里都发生过或正在发生着一个、几个、上百个乃至更多的传奇故事。

桦川县上下对精准扶贫的概念，已经深深扎在了从事扶贫事业人员的心坎上，而且第一时间化为他们的行动自觉。为贯彻“六个精准”决策，加速推进精准扶贫，确保精准不丢一户、识别不落一人，县、乡领导及包乡包村干部，开会研究到户，不分早晚假日，跑村直至深夜，指导细致入微，废寝忘食劳碌，不辞辛苦奔波，在最重要、最关键、最艰难、最需要他们挺身而出的环境考验中，活灵活现地展现了“好干部”“好公仆”的本色和风采。这是心与情的奉献，也是血与汗的付出，更是情怀与境界的涌现。桦川县这些为了脱贫攻坚而光辉奋斗的干部，将得失与名利抛到了九霄云外，一心扑在扶贫上，全心全意为贫困人口过上美好的生活而苦苦追求。当代人将他们看在眼里，铭记心中；后世人也会对其交口称赞，传颂讴歌。

对于满怀对扶贫工作的赤诚之心，从四面八方来到桦川县扶贫驻地的全体工作队员来说，“5+2”、白加黑、“连轴转”不足为奇。他们舍小家为农户，弃小家为扶贫，面对不同方位、不同侧面、不同事件，每名扶贫工作队员的身上，都闪耀着火花，他们的精神在发扬光大，放射出持续耀眼的光芒。扶贫工作队队员在履行脱贫攻坚职责历程中，有的患上严重肺炎依然驰骋在扶贫一线，有的心脏病突发用药后持续战斗，有的家人患病托付他人代劳，有的自家住房拆迁坚持入户核查，有的父亲前往外地定居再三推迟，有的孩子无人照顾带到扶贫村部坚守工作，有的发动亲属参与扶贫表格录制，有的请来单位同事协助填制核查表，有的叫上妻子耐心传授村民广场舞，有的聘请医疗队为村民义务诊治，有的聘请专家帮助研究村级扶贫产业，有的深夜挑灯为全村修路和安装自来水。诸如此般的人人事事，看似并不轰轰烈烈，也说不上是惊天动地的豪举，但恰恰在这场脱贫攻坚的“无烟战役”中，扶贫工作队员的点点滴滴，无处不凝固着他们为扶贫而体现的无私心境、无畏意志和无限潜能。从某种意义上说，他们也诠释了和平年代和发展时期“英雄”一词的真正含义。

这些触动心灵、催人泪下的例证，比比皆是，举不胜举。目前我们还不可能对每个人的感人事迹做出系统性的描述和陈说。但仅就我们所看所听的扶贫故事，一件件、一桩桩、一幕幕、一部部，足以构成“扶危济困”的美丽画卷和美妙旋律。这些花絮、片段和音符，我们看之心潮起伏，听之心潮澎湃，写之心潮荡漾。一部桦川扶贫史上的精华宝典，就是在这样的画卷延续和旋律弹奏中，展现在世人面前。

这就是桦川县乡村三级干部和全体扶贫工作队员，在脱贫攻坚战实践中为贫困户和贫困人口创造物质财富的同时所创造的莫大精神财富。这笔无法用经济价值衡量的巨大精神财产，来自县、乡、村三级干部托起百姓享受“幸福之光”的忧心于民、施惠于民的精准之策和实践之举，来自全体扶贫工作队员心系民生的甘愿作为和辛勤耕耘，也来自为脱贫攻坚事业默默做出努力的所有人。

精神源于信仰，源于追求，源于动力，也源于实践。

尽管我们不敢妄断桦川扶贫精神如何凝练，也不可能在较短时间内做出科学的论断，一种精神的出现与传扬，并非一日之功，但至少经过前期扶贫后，参与扶贫的每个人的心里，势必深切地得出一些感悟，这或许可以构成桦川扶贫精神的“素材式”轮廓。就我个人的体会和感受而言，桦川扶贫精神是一种遵守，是一种追求，是一种奋斗，是一种传递。我的感言不代表官方，仅是个人的感知。这种扶贫精神体现的就是：“民本为上、精准为标、奉献为先、苦干为荣、舍己为民、致富为要”的扶贫精神。

桦川扶贫精神

民本为上　精准为标　奉献为先

苦干为荣　舍己为民　致富为要

这种精神是桦川县扶贫战线上每个人的精神集结和汇聚，也是全体战斗在扶贫一线的人员在生命历程中绘制的值得眷恋和回忆的蓝图，它必为我们将享用终生。

也说扶贫

贫困是人类的天敌。

在世界上生存或生存过的人们，每个人都享受过来去轮回的自然天空，但却历经了千差万别的历史天空。

翻开人类文明传承史和文学发展史，在任何历史时期，都有许许多多扶危济困、均富济贫、善待穷人的典型事件和鲜活范例。这些不同年代产生的等贵贱、均贫富的朴素平等观，均有其历史性的烙印和传统性的特征。

进入新的时代，传统济贫和现代扶贫所反映的真正内涵在本质上有着显著区别，这是农业社会和工业社会发展水平的差异，抑或是形态模式等差别所决定的。伴随社会的进步，人们对扶贫的理念和性质的认识也发生了巨大的变化。

我于今年6月初进驻贫困村开展扶贫工作，通过身体力行不断探索与实践，产生了颇多的思考，对现代扶贫概念及其意义有了更加深刻的感悟。贫困人口脱贫致富，是时代赋予我们扶贫干部的光荣使命，是让全社会所有人都过上“五彩缤纷”幸福生活的重大战略举措。扶贫这项艰苦而伟大的事业，不仅关系到补齐全面建成小康社会的短板，更关系到党的执政基础和政府的形象信誉的巩固。打赢脱贫攻坚战，其根本性在于啃的是“骨头”，攻的是“堡垒”，从而共同步入小康社会。在这场轰轰烈烈的战役中，对贫困人群必须精益求精、准上加准、对症下药、因病施治。这是对扶贫干部毅力的考验、智力的检验和能力的证验。

自从有了千家万户，就有了千因万果。贫困人口生活在不同架构状况和经济收益的家庭，他们是社会细胞的组成部分。这部分人群从贫困现象看貌似一致，而其致贫原因却具有多样性。因病、因学、因残、因智、因灾、因劳力、因土地、因懒惰、因无子女、因突发事件，凡此种种，各有不同。欲使不同因素致贫的人群早脱贫、不返贫、永不贫，“对准症”“下猛药”“强输血”确实是个优策良方，但尤为重要的是我们要坚持多措并举，实行诊治与救治、施治与自治相结合，在释放政策能量的同时，也要激发贫困人群的潜能，使贫困人口在脱贫道路上念好“致富经”、造好“致富血”、走好“致富路”，这是脱贫之本，更是久远之策。

“速效式”脱贫只能说是当下治标之计，“长效式”脱贫才是彻底摆脱贫困的治本之举。

五大产业

- 光伏发电
- 双兆养猪
- 果蔬菌类
- 有机水稻
- 电子商务

桦川县在脱贫攻坚这场输不起的战役中，既抓住了源头，又扭住了根源。在治贫方略上，我们实行标本兼治方针，把产业扶贫放在重中之重的位置，用“五大产业”牵动贫困户，以重点产业覆盖贫困人群，将贫困人口与产业发展融为一体，真真切切地让贫困人口享受产业发展的“红利”，也催生了贫困人口自主走向谋划发展产业致富的信心和路径。这是高瞻远瞩、放眼未来的战略思想的集中体现。

贫困与富裕在不同时期都有不一样的标准，在不同区域也有不一样的标尺，但仅就其概念而言，两者比较起来具有相对性。

立足于大幅度减少贫困人口，缩小贫富差距，实现共同富裕，我们必须调动各方面积极因素，因户制宜，充分发挥“四个义务”的共同作用力，倡导和弘扬“扶心、扶志、扶风气，扶业、扶才、扶精神”的“六扶策略”，千方百计鼓励贫困人群搬掉压在头顶上的大山，不仅在经济上要实现脱贫，还要实现心志脱贫、才智脱贫、风气脱贫和精神脱贫。

四个义务

- 自主造血义务
- 子女赡养义务
- 社会救济义务
- 国家扶持义务

再说产业扶贫

这些天，我始终在思考一个问题，自从脱贫攻坚战打响第一枪后，人们时常挂在嘴边的一个词是“产业扶贫”。

实行产业扶贫是开展精准扶贫一劳永逸的战略性举措，也是打赢脱贫攻坚战的决定性法宝。之所以得出这样的定论，主要是因为精准扶贫的真谛，就在于真扶贫、扶真贫，从根本上让那些真正贫困的人口彻底摆脱贫困。我们要克服短期化的捐赠米、面、油等吃救济和献爱心帮扶措施的局限性，必须激发贫困人口增强内生动力，促其自主走上发家致富的路子，在贫穷转向富裕之路上实现持续性的生活质量提升，积蓄自我发展后劲。只有这样才能充分体现脱贫攻坚战的真正意义，才能实现由精准扶贫向精准致富方向的实质性转变。

全面建成小康社会，短板在农村。农村奔向小康，短板在贫困人口。在一个贫困村，有许多不同户型、不同基础、不同人群构成的贫困户，如何推进产业扶贫措施落地，确实是一个值得深思的现实问题。

为防止扶贫产业出现同构性，避免引发蜂拥扩张项目和浪费有效资源，我们必须结合实际研究落实产业扶贫行动战略。

实行县级产业群带动，科学确定县级扶贫产业。桦川县在这方面已经开展了有益的探索，确立实施了光伏发电、双兆养猪、果蔬菌类、有机水稻、电子商务五大扶贫产业，全县扶贫产业源地已经形成，扶贫产业模式日趋成熟，贫困人口在产业运行中也已受益。这个成功的经验告诉我们，因地制宜地统筹谋划县级扶贫产业至关重要。我们在县级这个大平台上，构建特色性扶贫产业群，有利于集中解决贫困人口脱贫问题，对贫困人口脱贫致富也具有持续性支撑和稳定性“输血”作用。在发展县级扶贫产业基础上，我们要逐步探索建立县级扶贫产业基金制度，使县级扶贫产业收益实现基金化，进而帮助贫困户运用扶贫产业基金扩大“造血”功能。

实行村级合作社牵动，鼓励倡导壮大合作组织。我们要合理整合耕地资源，建立规范的农业专业合作社，形成新兴的农村经营主体，吸收贫困户带地入社。从每个村组建合作社开始，我们就要组成专门的指导力量，采取提前介入、管理前移的方式，从合作社的章程制定、制度设计、运营模式、管理机制、销售路径、分配方式，直至合作社未来的发展方向，都要变管理指导为指导管理，真正使合作社向实体化方向迈进，防止出现“空壳社”“架子社”“牌子社”，通过县级专业部门对专业合作社提供智力、运营、资源等方面的鼎力支持，助推专业合作社做大做强，牵动贫困人口持续增加收入。

实行致富带头人引动，选择确定能人组合经营。我们要充分发挥能人引领效力，激励致富带头人真带头、实带头，吸纳有劳动能力的贫困人口，形成种植、养殖、加工、建筑、运输、家政等不同专业的“作业队”，变松散型、照顾型带头方式为合作型、合伙型的带头方式，建立一体化的利益引带组合体，由能人个人奋斗型向专业引领型的产业方向转变。致富带头人引动贫困户致富，关键在于发挥好引导效能，落在纸上，一定付诸行动、立见成效。对能量优、作用好、影响强、贡献大的致富带头人，我们要大张旗鼓地进行表彰和宣传，切实把典型树起来、把模式建起来、把风气带起来，形成新的灵活的产业扶贫群体。

产业扶贫行动战

- 实行县级产业群带动，科学确定县级扶贫产业。
- 实行村级合作社牵动，鼓励倡导壮大合作组织。
- 实行致富带头人引动，选择确定能人组合经营。

路在脚下

——苏苏村战略思路及发展模式

任何一项工作均有内在规律，指导工作有效开展的重要法宝就是“顶层设计”科学、实现路径可行、战略举措落地。

在桦川县委、县政府和悦来镇党委、镇政府的坚强领导下，苏苏村在脱贫攻坚战中结合党支部状况和村情民情实际，因村制宜地确定精准扶贫的思路和模式，据此义无反顾地向既定的目标愿景奋力前行，直至全面建成小康村。

总　纲

总体战略思路	党建统领，精准扶贫，兴村富民，全面升级，勇创一流，越来越好，为建设一个繁荣富强的新苏苏而苦心奋斗
座右铭	党永远在我心中，我为党奉献一切
服务群众目标	发展是硬道理，脱贫是硬任务，致富是硬目标。让百姓过上好日子、富日子、强日子，最终实现过上美日子的最高生活境界
恪守做事定律	德为上，勤补拙，言必信，行必果
脱贫攻坚守则	宣传政策保到位，逐户识别保精准，深入走访保稳定，细化举措保落地，办好产业保脱贫，壮大实体保致富
精准扶贫策略	扶心、扶志、扶风气，扶业、扶才、扶精神，“六扶”并举
改进民风标准	培育爱党爱家乡、爱国保资源、互助为集体、稳定构和谐的村风民风
实施“七个走访”	分别走访低收入户，走访五保、低保、残疾人和鳏寡孤独户，走访危房户，走访“边缘性”户，走访11种情况户，走访重病、大病和慢性病户，走访党员和村民代表户，分类施策
算好“五笔细账”	算好收入支出账，算好财产物产账，算好享受政策账，算好致贫因素账，算好脱贫致富账

党建引领篇

支部建设目标	创建学习型、务实型、服务型、创新型、廉政型“五型党支部”
支部履行职能	在“把方向、定原则，扛责任、管发展，抓落实、保脱贫，守规矩、树威信，建环境、促和谐”上体现党的优势
支部管理方向	向决策科学化、管理标准化、办事规范化、贴近民众化方向迈进
支部升级建设	在支部能力、党员作用、产业发展、环境生态、民风文化方面实现全面升级
支部成员使命	党在心中，民字铸本，实字为先，干字当头，廉字立威
党员示范模式	每名党员“家庭户外挂标识，戴着党徽走农户”
党员引带作用	实行党员“一带三”帮扶行动，每名党员帮带3个农户，主要帮思想纯正、帮精神提振、帮矛盾化解、帮家风转变、帮富路指引
党员示范区	在两个党员服务示范区开展“五比五看”竞赛：比学习，看能力；比服务，看贡献；比务实，看实绩；比创新，看成效；比廉政，看正气
党员星级评定	确定学习示范星、组织纪律星、遵规守法星、致富引领星、产业引带星、环境维护星、服务帮扶星、道德行为星、弘扬正气星、和谐构建星十个星级党员评定标准
开展“4大行动”	在党员干部中开展清脑行动、整顿行动、比学行动、赶超行动

产业发展篇

发展致富路径	产业发展立村、庭院经济强村、能人带动兴村、自主创业富村、民主管理治村，通过合作社引带、家庭农场引动、致富带头人引领，力推“五村”发展
产业发展规划	实施“239产业发展引动工程”，规范2个合作社、兴办3个家庭农场、选定9个致富带头人，实行“场社户”三级联动，助推土地合理流转，发展规模农业、高效农业、特色农业、观光农业，逐步向“一二三产业融合”方向迈进
发展运营机制	农民专业合作社实行“带地带资入社，合理流转耕地，八项统一操作，分区定产管理，单机定额作业，定性划段分红，订单合作销售，电商平台补充，农户依托致富，促进全面脱贫”

这些思路和模式，仍处于探索和实践中，需要我们付出艰辛而持久的努力，才能跨越性地实现振兴乡村战略，回报百姓对美好生活的向往和期盼！

“战役”的坚定支持者

——记为脱贫攻坚战奉献助力的杨秀东

五月的脚步，从我心底走过，我踏着六月的芬芳步入了一个崭新的环境。在这个充满色彩的季节，开启了我在农村广阔天地工作和生活的篇章，从而也填补了我人生旅途的一个空白。我与驻村工作队全体队员在这张空白纸上全身心地行书泼墨，自此也开始演绎着一首首我永不后悔的欢歌。

这年的六月初，火红的脱贫攻坚战正处于“攻坚拔寨”的重要历史时刻，我被派驻桦川县悦来镇苏苏村任驻村工作队长、第一书记。

我怀着忐忑的心情进驻桦川县悦来镇苏苏村，之所以忐忑，其原因是我已经44年未在农村生活。尽管多年来我的工作性质与农村息息相关，我对农村的工作环境和生活状态并不陌生，但那只是瞬间的流星式的过客。短暂的调研，匆忙的走访，临时的慰问，均为一走而过，可谓是走马观花、蜻蜓点水。在我奔向花甲之年再入农村，着实对当今农村的工作环境、生活习惯、人际关系、干部作风、农民心理等诸多现实问题知之甚少。加之人生地不熟，面对新环境和生面孔，怎样迅速实现由城至村的转型，如何启动新生活、拉开新序幕，就成为我履行好第一书记职责和使命的新课题。

当我刚下车到驻地那一刻，四间从北面双开门的砖瓦房映入我的眼帘。东侧房门开着，我意识到开着门的这两间房就是我与驻村工作队员的新住所。等候在驻地的中国农业发展银行佳木斯市分行行长杨秀东、副行长曲建国，农发行桦川县支行原行长王辉，悦来镇党委书记李季明，苏苏村村主任齐雁飞，笑容满面地从屋里走出来，上前与我握手互致问候。

在寂静的街路上，杨秀东行长站在车前用手指点着告诉我："这就是咱们租的房子，这房子外面看上去挺周正，屋子里面原来很破，你来之前全都进行了维修，路那面是咱们自己种的小园子，前些天种上了豆角、黄瓜、茄子、西红柿、大辣椒、小辣椒，还有香菜和小白菜，到青菜下来的时候随便吃，都是绿色的。那边还新建一个通体瓦蓝色铁皮的"第一楼"，看这环境怎么样？也算是田园生活吧。"王辉行长补充说："这都是杨行长亲手精心操办的，就连屋里的电热板和棉被都是杨行长亲自挑选的。"

听了杨秀东和王辉行长的话，看着眼前这一切，原来心存生活顾忌的我顿感温暖备至，亲人般的准备与迎候驱走了我背井离乡之感。

天气很怪，这年六月六日不见一点风丝，太阳光射下来，团团热气裹在身上，如火烤一般闷热。

晚饭过后，太阳匆匆忙忙奔向西方径直下山，村子里一片沉寂，静得令人浑身发毛，偶尔远处传来两声狗叫，算得上是沉寂的伴奏，也称得上夜间最热闹的景象了。

驻地只剩下我和王琦、刘天佐。今后的农村生活便从这天开始了。不仅如此，我们还会在这样的生活之外，面对林林总总的复杂矛盾，历经艰辛地开展驻村扶贫工作，聚精会神地投入到脱贫攻坚战这场伟大的战役当中。

六月、七月、八月，老天爷调皮地跟着"作妖"，"桑拿天"接连不断，隔上十几天二十几天下一场大雨，恰似一次温馨的洗礼。无论热浪袭人，还是阴雨连绵，驻村扶贫工作始终没有间断。我们入户宣传政策，走访采集信息，识别贫困人口，搜集佐证材料，组织村民代表大会，实行动态调整，迎接各类检查，工作千头万绪。我们每天早出晚归，靠得心血不足，熬得筋疲力尽，不得不竭尽精神战术去战胜身体的疲倦。

这期间，每当因驻村工作碰到困倦和彷徨之时，杨秀东行长宛若心律知音，在繁忙的工作中挤时间深入苏苏村。一周不到苏苏村，两周时间他准会来到村委会，或是坐在工作队驻地的炕头上。每次到村他都关切地对我说：“农村条件艰苦，夏天难过，冬天更难熬，驻村这边有什么困难只管说，给我打电话也行，和县支行说也行，你们工作在佳木斯地域，我得为省分行党委分忧，更要为脱贫攻坚战出把力，你们离家在外处处难，保证身体健康才能做好精准扶贫工作。”虽然我也每次对杨秀东行长说没什么困难，在村里吃住和工作都挺好，但我知道，他不是说说而已，这是他对我和驻村工作队员真挚的关心、真情的流露、真诚的牵挂。

这年九月，苏苏村党建中心建成后，杨秀东行长认真参观了七个主题室，当他看到体育活动室里村民在一张陈旧的乒乓球台锻炼身体时，他转身对我说：“佳木斯市分行有一张‘彩虹’乒乓球台，我就捐赠给苏苏村了，让老百姓顺心地锻炼，开心地运动。”在五天内，崭新的“彩虹”乒乓球台就安放在了体育活动室，村里的乒乓球爱好者对此赞不绝口，边打球边叫好。

时光荏苒，白驹过隙。

忙忙乎乎转眼进入秋冬交替时节，苏苏村根本无力支付村委会办公取暖煤所需费用。杨秀东行长在新维修好的村委会里转了几圈，问冬季取暖是否能得到保障。我说：“村里资金紧张，赊欠的两吨煤恐怕用不了几天，取暖还真是个大问题。”杨秀东行长当即干脆地说：“我负责给村里买20吨煤，够用了吧？买就买质量好的煤，怎么也不能在冷屋子里扶贫啊。”他说完这句话，在场的驻村工作队员、村“两委”干部脸上都露出了灿烂的微笑，大家都说这可为村里解决了大难题。我对此更是发自心底地无限感动，我在想，我和驻村工作队员到苏苏村精准扶贫，条件艰苦已成必然，但省分行捐资金、捐办公用品，已经为驻村工作队提供了资金保障、基础资源和重要支撑。杨秀东行长又站在事业的高度，满怀激情地对我和驻村工作队员施与无微不至的照顾，这是对脱贫攻坚战坚定的支持和参与，也是对我及我们深深的情感传递。

日子一天天地往前走。脱贫攻坚战没有产业引带，没有产业牵动，贫困这个“短板”将无法拉长，持续改善贫困人口生活质量的工作势必成为无源之水。为让苏苏村老百姓和所有贫困户增强“造血”功能，我们依据村情提出产业升级战略，在全村实施“239产业发展引动工程”，规范两个专业合作社，兴办三个家庭农场，确定九个致富带头人，通过实施这个引动工程，传导致富理念，拉动全村包括贫困户走上自食其力的致富路。杨秀东行长、王辉副行长和县支行王海君行长全力协调推动开户企业华康精谷农业有限公司与苏苏村两个专业合作社、一个家庭农场开展合作，仅在半个月时间内便达成了合作协议。杨秀东行长在百忙中专程到苏苏村，参加了在苏苏村党建中心举行的社企签约仪式，为社企形成紧密的合作模式谋划良策，开启了苏苏村产业由分散经营、低效运营，向规模化、链条化、高效化大农业方向迈进的新路子。

我在驻村扶贫道路上尽管只有短短的八个月时间，然则却积累和分享了诸多收获，这其中就包含杨秀东行长鼎力相助、无私支持的厚重果实。

脱贫攻坚仍在路上，不管前面是险坡还是荆棘，我和驻村工作队员都将义无反顾地奋力前行。

脱贫攻坚路上的尖兵

——任铁华

在桦川，有一个响当当的名字，他叫任铁华。

我自从踏入桦川县悦来镇苏苏村扶贫征程以后，结识了一位至生难忘的亲密战友，他用实际行动和开拓作为诠释了脱贫攻坚创造出的无畏精神。

任铁华来自桦川县公安局经保大队，任经保大队大队长，他具有公安战线干警的那种保民、保稳、保治安的独特气魄。

俗话说："万事开头难。"

从今年五月末起，任铁华任桦川县悦来镇苏苏村扶贫联络队长。扶贫启动期是扶贫工作的最艰难的时期，一切从头再来，众人"白手"闯扶贫。为了严格执行脱贫攻坚精准到户、精准到人的要求，任铁华带着县扶贫联络队队员逐户走访，逐户算账，逐户填表，逐户登记，逐户拍照，逐户宣传政策，逐户讲解贫困户识别标准，大量的、细致的、基础性的工作，都是他负责，都由他组织。这期间，任铁华走访农户400余户，从苏苏屯到永发屯，我们数不清他往返了多少趟。在家家户户的屋子里和房前屋后，我们记不起他跑了多少回。哪家几口人、生活是什么状况、贫困到何种程度，任铁华了如指掌，切实做到了情况明、底数清。

任铁华从自身做起，每天早晨五点到村委会，晚上一干就到次日凌晨两点钟。他带领县扶贫工作队队员"起五更，爬半夜"，坐在椅子上说话间就睡着了是经常的事，打个盹儿醒来，用凉水洗一把脸，

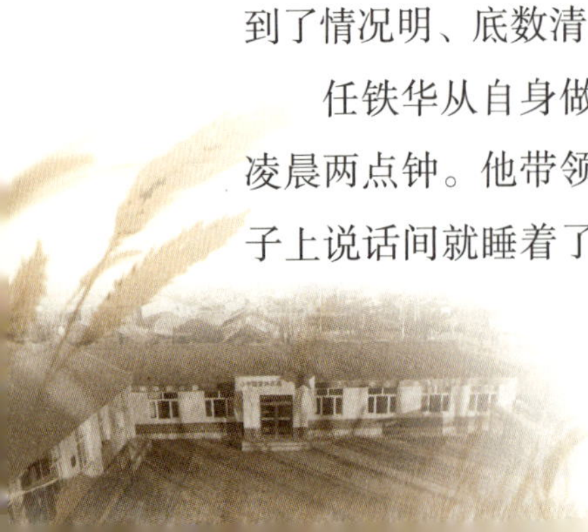

接着按户填写基础信息表、入户核查表。时间紧、任务重，因苏苏村有765户农户，扶贫工作队队员夜以继日地工作，但农户的总量大、户数多、情况复杂，任铁华先后四次发动在教育部门工作的亲属，到村委会与扶贫工作队共同奋战。为保证户户准、家家实，任铁华亲自指导队员，亲自做示范模板，确保了苏苏村扶贫各项数据准确无误。

省县扶贫工作队员对他这种“铁汉”意志啧啧称赞，背地里都称他为“任铁人”。

任铁华对扶贫工作满怀一腔热血，一心扑在扶贫事业上。家里房子动迁，他委托他人代为办理，仍然坚守在扶贫一线。儿子有病高烧，他不能亲自照顾，只好在电话里说上几句安慰儿子的话。这些看似小事，可他是家里的“主墙骨”，他身上有着理应由他扛起的家庭责任，但他却将这份责任心移植到了脱贫攻坚战役之中。任铁华将家里的大事小事置之度外，为的是让苏苏村贫困人口脱贫，他豁出去了，用他自己的话说：“就是把我累倒下，爬不动了，甚至是献出我的全部，只要老百姓能过上好日子，我也心甘情愿。”

在县、镇领导的关怀下，经过省县工作队与村“两委”的共同努力，苏苏村文化休闲广场历经六次选址，往返周折十三次，方确定了最佳位置。在村文化休闲广场地基整理期间，村里没有费用，任铁华求亲寻友，动用铲车义务清理地面附着物。这就是任铁华，这就是把村里的事当作家事经营的任铁华。

伟大的事业需要依靠富有创造力的人去开拓与建设。

任铁华，自脱贫攻坚战打响以来艰苦奋斗，不是几句话就能讲完他所有的故事，也不是一篇文章就能说尽他所付出的一切。

一名县扶贫联络队队长，倾心尽力地献身脱贫攻坚大业，这不仅是他人格魅力的展现，更是他勇为人先精神的写照。任铁华不愧为一名进取型、开拓型、奉献型的扶贫工作好干部。

任铁华从小生长在农村，熟悉农村工作，掌握农民心理，哪里有问题，哪里就有他的足迹和身影。他在扶贫事业道路上善于运用符合农村实际的工作方法，化解和驾驭许多具有矛盾性的问题。每当任铁华解决一个棘手问题并带着微笑回到村委会时，省县扶贫工作队全体队员都备受感动，为他拍手叫好。

一个人做一件事并不难，难的是做出事迹，没有久久为功的韧劲和持之以恒的精神，是万万做不到的。

脱贫攻坚道路很长，任铁华仍然在为他心中贫困户脱贫的理想而持续地战斗着！

女英雄冷云

——写在“八女投江”英雄冷云故里

在我驻村扶贫所在地桦川县悦来镇，有一个村叫冷云村，这是震惊中外的“八女投江”故事主人公之一——冷云的故里。

“八女投江”故事在黑龙江家喻户晓，但“八女”都叫什么名字，却鲜为人知。以前我对冷云也是一无所知，这次我驻村扶贫来到桦川县悦来镇，方知“八女投江”故事中的冷云是桦川县悦来镇人。

冷云，1915年仲秋出生在桦川县悦来镇西南隅一个贫苦农民家庭，幼名叫香芝，五四运动后取名郑志民。其父郑庆云以租种土地和卖菜为生，哥哥张殿臣在外地当店员，姐姐出嫁后被警察唆使歹徒害死。

民国初年，军阀混战开始，农村贫富不均，两极分化加剧。在女性上学读书不普遍的背景下，冷云从小就渴望读书，立志学好本领，改变不平等的社会。1925年春，冷云步入了桦川县悦来镇北门里女子小学，开始了她的读书生涯，从此也走进了新的生活。

1931年春，冷云以优异成绩考入设在桦川县佳木斯镇的桦川县立女子师范班。冷云从古老的悦来镇来到新兴的佳木斯镇，这使冷云拓宽了眼界，开阔了视野，更加坚定报国为民的鸿鹄之志，她决心多掌握本领，走救国救民的道路。

“九一八”事变后，日本帝国主义铁蹄践踏我国东北大地，1932年5月，日本侵略军占领了桦川中学和桦川县立女子师范班，学校被迫停课，冷云回到家乡悦来镇秘密进行抗日宣传工作。1933年秋，桦川女子师范班并入桦川中学，学校复课后，冷云又回到了学校读书。1934年夏，冷云经董仙桥、高明世介绍加入了中国共产党。同年，冷云和高明世介绍范淑杰入党，自此这3名党员在师范班里建立了第一个党小组，并以党小组为核心秘密开展抗日活动。

1935年12月，冷云在桦川中学师范班毕业，被派回悦来镇南门里县立第三小学（现冷云小学）当教师，讲授国文、算术、图画、音乐等课程。

在悦来镇，地下党组织建立了悦来小学党支部，党支部书记为马成林，党员有冷云、高明世、范淑杰、宋淑贤。党支部的主要任务是发展党员、宣传抗日救国道理、组织发动群众支援抗联。

1937年春，为形成抗日统一战线，冷云按照党组织指示，与悦来镇伪警察署警尉孙汉耆结婚，目的是争取孙汉耆，让他弃暗投明，不再当汉奸，但争取工作失败，这时孙汉耆已调到富锦县（今富锦市）伪花马警察署任职。1937年夏，正当孙汉耆将冷云调往富锦县花马小学工作时，在一个细雨连绵的夜晚，佳木斯地下党组织安排冷云离开了悦来镇，奔往苏家店，在营子岗西麓被接应到抗联第五军。

冷云到达抗联第五军后，担任文化教员，后任妇女团政治指导员。妇女团任务较重，不仅要行军打仗，而且要当宣传员、服务员，从事后勤保障工作。

1938年4月，日本侵略者加紧向我国关内侵略，纠集大批日伪军，加紧围攻东北抗日联军，妄图将抗日部队集中围歼在东北。吉东省委和抗联第二路军总指挥部为粉碎日本侵略者的阴谋计划，决定以抗联第四军全部和第五军两个师为骨干，联合第八军、第九军，组成西征军向吉林东部长白山地区远征，与抗联第一路军和第十军取得联系，以便在东北地区开展游击战争，钳制日军进攻关内的兵力。

这期间，西征部队集中至宝清县境内，在第四军、第五军队伍中，各有一支“娘子军”，冷云此时任第五军妇女团政治指导员。在1938年7月2日袭击牡丹江东岸三道通伪警察办事处的战斗中，冷云领导的第五军“娘子军”随西征部队与日军激烈鏖战一天时间，突破了日军防线，缴获日军大量武器、弹药和粮食。

在攻打楼山镇的战斗中，冷云凭靠机智果敢的指挥，取得楼山镇大捷，日军如惊弓之鸟，急速频繁调动兵力，向西征军方向集结，对西征军形成包围之势，妄图将抗日联军消灭在西征途中。西征军指挥部决定采取分散进军，由第二军第五师、第八军和第九军向延寿、宾县方向挺近，第五军军部护送西征军至珠河（今尚志市），第四军、第五军继续西征，部队由集中改为分散行动，以达钳制日军目的，此时的冷云随第五军继续西征。

部队经过三个多月的西征，于1938年8月中旬到达冲河（今五常市）境内，在冲河山里与抗联第十军会师。当第五军离开冲河时行军目标暴露，多次遭日军阻击围攻。第五军一师突围后，部队只剩100余人，妇女团仅剩以指导员冷云为首的8名女同志，师部决定，部队返回牡丹江沿岸进行修整。同年10月初，冷云率领妇女团随部队从佛塔密北趟过头道河子，在海林一带截获日军水营3条船，渡过牡丹江后顺山道北上。当妇女团到牡丹江支流乌斯浑河西岸时，夜幕降临，冷云等于此露宿，准备天亮渡河，然后绕道寻找五军军部。

因夜间寒冷，部队战士只好燃火取暖。不料火光暴露了目标，日军直奔篝火扑来。在敌强我弱和地形不利的情况下，部队决定立即转移，由师部参谋金石峰指挥妇女团先行渡河。当妇女团到达乌斯浑河渡口时，部队已被日军包围，冷云为掩护部队突出重围，她将7名战友编成3个战斗小组，集中向日军开火，吸引日军火力。当部队突出重围后，冷云与妇女团7名女战士仍据守河边背水奋战，日军用密集的轻重火力封锁部队前进的道路，切断了部队与冷云和7名女战士的联系。冷云和7名女战士奋力抵抗日军，子弹越打越少。这时，有两名战士负伤，冷云一边帮战友包扎伤口，一边对安顺福、胡秀芝、杨桂珍说："日军会马上组织进攻，我们要做好最后的应急准备！"这时日军加大了火力，开始用迫击炮实施炮击，继而是机枪扫射，阵地前的荒草被炸起火。冷云和7名女战士前面有烈火焰焰和追兵，后面是激流滚滚的河水。在形势严峻的境况下，冷云果断决定向河边撤退，背水一战。在撤退中黄桂清、郭桂芹身负重伤。冷云带领7名女战士凭借荒草燃烧的浓烟掩护，迅速撤至河沿，利用土坡做掩体，注视日军动向。已经突出重围的师部参谋金石峰，看到河对岸激烈战斗的情景，8名女战士互相搀扶到了河岸卧倒，他立即连鸣3枪，并大声呼喊，指点女战士们渡河的位置。此时冷云及7名女战士身上的子弹已经全部打光，日军步步紧逼，她们背后河水湍急。摆在冷云面前的只有两条路，要么战死，要么被俘。冷云的战友们凝望着冷云，冷云沉思片刻，向战友下达命令：“同志们，咱们是党领导下的抗联战士，是中华儿女，宁死也不做俘虏，咱们蹚水过河，与金石峰参谋汇合，如果过不去河，就与祖国的江河共存！”冷云与战友们互相搀扶着向河水深处走去，日军的子弹如箭如梭，直射8名女战士。冷云和战友带着伤痕一步一步艰难地趟着河水向激流中走去，滔滔的河水淹没了冷云和她的战友。

这一走，走完了冷云和她战友的美好人生，走尽了冷云和她战友的壮烈年华。冷云和她战友的生命，虽然在日本侵略军的炮火下消失在浑河里，但河水带不走她们高尚的情操，也带不走她们为祖国和人民而奋斗的一往无前的精神。

冷云和她的战友们是人民的骄傲，是民族的英雄！

浩气长空英雄女，碧血浑河冷云魂。

如今，我和我的扶贫战友，就战斗在英雄冷云的故乡，尽管我们的战斗与冷云及其战友的战斗不同，但我们的目的和目标都是为了让人民过上好生活。

就我而言，尽管已是“白霜浸染两鬓丝，黑眸瘀滞双线痴”，但我有决心在英雄冷云的故里，展我所能，尽我之力，为实现脱贫攻坚的伟大胜利而不懈努力！

英雄赵敬夫

——写在桦川县悦来镇赵敬夫故里

桦川县历史悠久，有众多真实的历史传说。

我到桦川县悦来镇苏苏村驻村扶贫仅4个多月，在这里寻觅到了许多动人心魄的历史印迹，从这里走出或走过了一个又一个为祖国和人

民而卓绝奋斗的人。

这又是一个充满传奇的人物和被久远传颂的故事。

在我国东北抗联史上，有杨靖宇、李兆麟、赵尚志、周保中、夏云杰、李红光、赵一曼等众多熠熠生辉的英雄名字。在这些血染疆场的英雄中，还有一个值得人们深切纪念的名字——赵敬夫。

赵敬夫，1915年仲夏出生在人杰地灵、英雄辈出的桦川县悦来镇东南隅“白记杂货铺”，他与“八女投江”故事中的女豪杰冷云同年生在同一个镇。其父白云祥在码头当工人，后因不满码头老板的盘剥，回到悦来镇开起了经营生活用品的“杂货铺”。赵敬夫就诞生在这个“杂货铺”，白云祥为其取名白长岭，参加抗联后其化名赵敬夫。

1926年，白云祥将赵敬夫送至悦来镇东门里县立第二模范小学读书。白云祥希望他学业有成，子承父业，支撑门庭。

赵敬夫在读小学时就喜爱文学，他将父亲给他的零花钱积攒起来，偷偷买了《三国演义》《水浒传》《响马传》《岳飞传》，尽管赵敬夫不能全部读懂这些书中故事的真正意义所在，但书中那些见义勇为、舍生取义、保家卫国的故事，对赵敬夫正义性格和进步思想的形成起到了熏陶作用。在赵敬夫所读书籍中，最启迪他心灵的还是从旧书摊买到的鲁迅、柔石的著作。这些著作中的先进思想，解除了萦绕赵敬夫心灵中的许多疑虑，他从中看到了中国的希望、未来和光明。于是他立志要改造旧世界，为中国的民主自由而不断地追求与奋斗。

赵敬夫烈士纪念碑

1931年夏，赵敬夫考入桦川

县立初级中学。这所学校设在桦川县佳木斯镇，是全县的最高学府。学校里教师多，学生也多。赵敬夫在学校接受了新思想、新理念，他在唐瑶圃、张耕野两位教师的影响下，懂得了许多人生哲理和革命道理，很快接受了革命思想，他决心投入到中国革命的伟大事业中去。这里是赵敬夫形成阶级觉悟的发源地，也是他走向革命的摇篮。就在这年9月18日，日本帝国主义侵略者突然发动了侵略中国东北的残酷战争，东北三省瞬间被日本侵略者侵占。这种惨无人道的侵略，激起了东北人民的愤慨，顿时山林队、红枪会、义勇军等抗日武装高举义旗，纷纷投入抗日反敌斗争。1932年5月13日，日本侵略者抢占了桦川地区，同年5月17日占领佳木斯。这时桦川县立初级中学的唐瑶圃、张耕野、赵敬夫等30余名师生投笔从戎，从佳木斯镇转移至乡下寻求抗日队伍。赵敬夫担任向导，将大家领至悦来镇。虽然没有找到抗日队伍，但赵敬夫等人在悦来镇发动群众，开展抗日宣传，意欲于此点燃抗日火种。

在唐瑶圃、张耕野、赵敬夫等人发动群众的过程中，他们听说桦川县太平镇一带有李杜的抗日队伍。在赵敬夫的引领下，他们途经苏家店、北山、自新等村，到达太平镇。李杜的一个营驻扎于此，赵敬夫等到达营地后表明来意，分别被分到各连当文书和列兵。但不久他们发现这个营的军官各为其政，争权夺势，无心抗日。唐瑶圃、张耕野、赵敬夫等多次规劝无果，反而被该营军官误解，扬言要驱逐赵敬夫等人。唐瑶圃、张耕野、赵敬夫不得不离开这个是非之地，另寻抗日路径。

集体投军不成，赵敬夫带着满腔热血只身数次奔波，但均未找到抗日武装，他只好回到悦来镇。苏家店一带有一个“红枪会”组织到悦来镇招收成员，赵敬夫听说“红枪会”是抗日武装，他和悦来镇的几名热血青年前去报名，戴上袖章、袖标，参加了“红枪会”，成了一名“红枪会”会员。参加“红枪会”不久，赵敬夫发现“红枪会”是一个宗教迷信组织，这个组织有抗日爱国的指导思想，但他们靠“吃符”“念咒”的精神战术与日本侵略军作战，这让赵敬夫感到莫大的失

望。赵敬夫决定离开这个组织，返回佳木斯，参加唐瑶圃、张耕野组织的抗日活动。

赵敬夫几经周折，几经反复，他又回到了佳木斯。1933年初，日本侵略者为推行奴化教育，加强殖民统治，强令桦川县中小学复课，赵敬夫也回到了学校。这时的张耕野已经是一名中国共产党党员。1935年秋，经张耕野介绍，赵敬夫加入了中国共产党，并担任党支部宣传委员。自此以后他全力投入壮大党组织力量、支援游击队的抗日救亡工作之中。

1937年10月，中共北满临时省委决定在海伦县（今海伦市）一带建立中共上江特委，党组织决定由赵敬夫与另外两名同志完成此项工作。赵敬夫在佳木斯读书时，已在悦来镇娶妻生子。他去海伦执行任务前，为保守党的秘密，只和父母、妻儿做了简短告别，之后便离开家乡踏上了艰苦而伟大的征程。

赵敬夫到达海伦县以后，长时间未找到海伦县委，其进行上江特委组建必须以海伦县委为基础，因此组建工作异常艰难。虽然他们在海伦巧遇抗联第三军张光迪师长率领的第五师七十二团的200多名战士在这一带坚持游击活动，但张光迪部队亦不知海伦县委下落。其原因是1937年5月海伦县委已遭受敌人严重破坏。赵敬夫等三人无奈只好返回松花江下游向省委汇报情况。

战士驰疆场，英雄御外敌。

这是赵敬夫的志向和夙愿。赵敬夫参加了抗联第三军后，在第三军第五师任宣传科长。赵敬夫在随第三军第五师姜福荣远征先遣军长途跋涉向海伦通北行进路途中，为鼓舞抗联战士的革命斗志，创作了一首著名的《远征歌》：

万里长征，
山路重重。
热血奔腾，

哪怕山路崎岖峥嵘。

纵饥寒交迫，

虽风雪狂风。

我同志，

慷慨勇往直前，

不怕牺牲。

奋斗！

冲锋！

为革命，流尽血！

事业成，变为光明！

赵敬夫将这首诗歌配上曲，耐心地教战士们唱。这首歌很快在部队流传开来，成为鼓舞战士们克服艰难险阻、奋勇向前杀敌的精神食粮。

这是一首奋进的歌，也是一首豪迈的曲。在极其困苦险恶的环境下，这歌，这曲，是催进剂，也是强心针，唱着这首歌，抗联战士有了杀敌的信心，更有了战胜日寇的希望！

1939年5月，抗联第三军召开军领导干部会议，根据对敌斗争的需要，会议决定将第三军缩编为三个师。原五师七十三团改编为三师八团，姜福荣任团长，赵敬夫任政治部主任。同时会议决定姜福荣、赵敬夫率领的三师八团，配合王钧率领的第六军二师十二团，在克东以北、讷河以东、嫩江东南的平原地区开展游击战争。在当时敌强我弱的境况下，在平原地区与日本侵略者作战是非常艰难的选择。当姜福荣、赵敬夫率领八团抵达克山、克东、拜泉三县交叉的勤俭区进驻张信屯时，日军以两个混成旅的兵力，向八团猛烈袭击，包围了张信屯。姜福荣团长当机立断，率领部队突围。在突围冲锋之际，姜福荣被子弹击中，光荣牺牲。赵敬夫带领八团仅剩下的20几名战士，采取声东击西战术，与日军周旋。后王钧率领十二团前来增援，对日军形成夹击之势。赵敬夫带领战士从东北面打开突破口迅速突围并取得成功。同年12月，赵敬夫担任第三军第三师代理政治部主任，他与师长一起在平原地区与日军持续战斗，立下了不朽功勋。

东北抗日战争于1940年春进入极端困难阶段，部队兵源不足，给养奇缺，缺粮少衣，枪弹匮乏。为在非常时刻尽快扭转局面，李兆麟代表中共北满临时省委将所属部队整编为三、六、九、十二支队。王明贵任三支队队长，赵敬夫任政治委员，王钧任参谋长。整编后的三支队转战于讷河、嫩江、德都一带。1940年4月，三支队袭击了嫩江四站伪警察署和自卫团，拔掉了压榨民众的“黑钉子”。当月下旬，三支队到达嫩江东沐河屯，夜袭了投靠日寇的董连科伪山林警察队，消灭了这支恶贯满盈的“走狗队”，俘虏经教育后被释放返乡，董连科狼狈逃窜，三支队又返回朝阳山。

1940年7月下旬，正当三支队在朝阳山密林中修整期间，三路军总部交通员向王明贵、赵敬夫传达总部指示，让赵敬夫参加干部训练班。赵敬夫带着缴获的油印机从小路进山。这次行动被伺机报复的伪警察大队长董连科发现，他带领讨伐队跟踪包围了三路军指挥部。

三路军指挥部设在一个山坳里，赵敬夫刚向李兆麟报到，指挥部四周便响起了枪声。赵敬夫当即向李兆麟请战，请求李兆麟和指挥部转移，由他带领教导队进行阻击。为确保李兆麟与指挥部人员安全转移，赵敬夫集中火力向敌人扫射，打退敌人数次进攻，李兆麟和指挥部人员冲出重围安全撤离。赵敬夫带领仅有的几名战士，重返前沿，为的就是钳制敌人。在三挺机枪的掩护下，负责阻击敌人的战士逐渐撤往密林深处，最后只剩下赵敬夫和一名战士担当掩护，正在赵敬夫高呼“你们快走”之时，一颗子弹不幸射中了他。赵敬夫倒下了，倒在了疯狂的敌人面前，倒在了战士们撤离之后的足迹之下。

赵敬夫为抗日救国捐献了宝贵的生命，他牺牲时年仅24岁，这时的他正处在一个绽放光辉的年华，他是东北抗联史上一颗璀璨的明星。赵敬夫的名字和他感天动地的事迹，将永远成为后人经久传颂的故事，牢固而坚实地刻在历史功勋册上。

桦川县为永久纪念这位伟大的先烈，以他的名字命名他的出生地为敬夫村，命名敬夫村小学为敬夫小学，命名他走过的街道为敬夫街。

这就是我今天驻村扶贫时所知道且为之敬仰的又一位伟大的先驱者！

赫哲英雄卢英春

——写在桦川县悦来镇苏苏村卢英春出生地

我所驻的苏苏村有苏苏屯和永发屯，总共有765户，人口1 890人。在我入户走访宣传扶贫政策的同时，坐在炕上也与农户聊起苏苏屯过去的故事以及过去的那些人物，有些年长的老人还提及过苏苏屯不能忘却的历史。

苏苏屯历史悠久，相传原为金代村落。

金朝贞元元年，海陵王完颜亮迁都中都，开启了北京建都的历史。据说完颜亮为杜绝女真人返乡念头，南迁时即刻烧毁村落。金朝自1115年于会宁府（今哈尔滨市阿城区）建都立国与南宋并存，直至1234年在南宋和蒙古的南北夹击下灭亡。

当时的苏苏屯因周围松树茂密，故称松树屯。

清朝时期，残留下来的女真人有的返回故里，其分支演变成后来的赫哲族和鄂伦春族，这事虽未见翔实史料记载，只是流传在社会上的传说，但经苏苏村老人们推断，这个传说很可能就是事实。清朝时一部分赫哲族人开始定居松树屯，在松花江上打渔，到附近山林狩猎，越来越多的赫哲族人集聚松树屯，随之松树屯改名为苏苏屯。

“苏苏”在赫哲语里含义为“草木茂盛”。清朝时的苏苏、敖其、瓦里霍吞（今悦来镇万里河村）均为赫哲渔村。

相传卢英春于1907年出生在苏苏屯（另一说出生在万里河通）一个渔猎之家，幼年时随父搬至万里河通，就是现在的悦来镇万里河村。卢英春少年时随父上山打猎，常在深山老林活动，练就一手好枪法，称得上百发百中。卢英春长大后身材高大魁梧，加之长着一副黑脸堂，外号人称“黑小子”。因他家住在万里河通护城河畔，因而屯里的人又称他为“黑河”。

1931年“九一八”事变后，面对日本侵略者的野蛮暴行，万里河通的赫哲族青年义愤填膺，自发地组织在一起，掀起了舞枪弄棒的热潮，卢英春就是屯里耍枪练棒的领头人。不久，日寇占领了桦川，借助伪军之势，在桦川农村成立了伪村政组织，实行保田制，对村民严加监督和管制。卢英春等一伙热血青年失去了练武的自由，但他习武击寇之心非常坚定，带着屯里的青年人开始转入黑夜练习痛击日寇的本事。

在1936年冬季的一天，卢英春和傅金山、尤国清等赫哲族青年到松花江以北梧桐河畔的古冬林子山上打猎。他们入山不远，一群山鸡迎面飞过，卢英春手起一枪，一只山鸡随声而落。这时从密林中走出几个军人，连声称赞：“好枪法！”卢英春等迅速端枪自卫。一个领头军人忙说：“不要怕！我叫那诚宽，我是抗联第六军第二师的政治部主任。”那诚宽说完分别询问卢英春他们都叫什么名字，住在哪个村。待卢英春回答后，那诚宽说早就知道万里河通练武的人多，而且还对卢英春早有耳闻。接着就开导劝说卢英春等青年参加抗联共同抗日。卢英春在较短时间内经反复思量，答应了那诚宽，决定参加抗联。那诚宽安排他们先打入悦来镇伪军内部，动员伪军参加抗联，如完成任务就将队伍拉到马库力山以东的马鞍山。

悦来镇所驻伪军是于琛澄的那团、白团的几个连。卢英春、傅金山、尤国清在伪军中间分别给他们讲述抗联与日军在战场上的战斗情况，启发说服伪军投奔抗联。

1936年除夕晚，卢英春等带着20来人，备足枪支弹药，众人各骑一匹战马，以奉命到城外巡查为名，出东门直奔马鞍山。正月初一拂晓，伪军发现少了两个班，向山上追击。卢英春等借助有利地形，歼灭伪军40余人，当众人经过万里河通山上一个伪警察所时，再次遭受伪警察所长赵海涛带领的20多名伪警察的阻击。卢英春与大家商量：不能恋战，必须马上奔赴与那诚宽约定的地点，与抗联第六军第二师汇合。汇合后卢英春等人被编入二师五团的一个连，卢英春任连长。因他们多数是桦川县人，且赫哲族人居多，五团又专门为卢英春等成立一个赫哲小分队，命令他们单独活动在桦川一带，其主要任务是打击小股日寇并负责抗联组织后勤给养。

这时的卢英春已经闻名悦来镇、新城镇一带。1937年秋的一天，卢英春率领赫哲小分队30多名战士渡过松花江，来到老粮台，夜宿梧桐河渔亮子。日寇视此为禁地，经常派出大批日伪军对老粮台及其周围的鹤立河、两股流、白刚泡、公义永、老鱼圈等地进行封锁讨伐，妄图消灭抗日武装。第二天，天刚放亮，日寇讨伐队就来到了渔亮子。傅金山发现后开枪击毙三四个日军。卢英春听到枪声，带领小分队占据有利地势，一举消灭30多名日军。但傅金山等5名抗联战士在这场战斗中牺牲，卢英春肩部受重伤，赫哲小分队被迫转移到萝北黑龙江边。因卢英春伤势严重，抗联战士将其送至苏联境内的医院治疗。赫哲小分队由吴庆喜和尤国清统领，转战在黑龙江沿岸。两个月后，卢英春回到赫哲小分队，率领队员转入桦川县新城镇一带开展游击战争。

卢英春为扩大抗联兵员，带领赫哲小分队到达紧邻松花江尚未南迁的北新城。中华人民共和国成立前北新城隶属富锦县，后来南迁的北新城改为新城镇，划归桦川县管辖。日伪时期北新城戒备森严，镇上驻守大批日伪军和伪警察，还有维护保田制的自卫团。自卫团团长叫吴德有，其手下有40多名自卫队员。卢英春“单刀赴会”说服吴德有，经卢英春晓之以理、反复宣传，吴德有及其手下同意参加抗联与卢英春一起奋斗。

日本侵略者从本国迁出大批移民，组成开拓团，在桦川一带抢占农民土地，对资源进行疯狂的掠夺。仅桦川县境内的东宝山和西大桥等地就有10多处日军设立的弘部，其负责生产粮食保证日军军需，并将剩余粮食运到日本。

1938年春，日军从腰林子开拓团往悦来镇运送粮食，准备在悦来镇码头将其装船运回日本。卢英春决定袭击开拓团运输车队，截获粮食送往抗联第六军第二师总部。卢英春和吴德有带领20多名战士在腰林子以西的蔡家山包封住道口，由尤福山、尤国清等20余名战士在王秧子大桥阻击后退日军。经过艰苦的战斗，战士们毁掉开拓团汽车5辆，击毙日军20多人，缴获枪支20多支，截获粮食5万余斤。在当地农民的配合下，卢英春等将七八辆卡车粮食顺利送往第六军第二师总部。

卢英春领导的抗日小分队纪律严明，英勇善战，在桦川县深得群众拥护。1938年冬，卢英春带领赫哲小分队在新城镇及其周边地区与日军讨伐队进行周旋，后撤至松花江北的萝北县境内，在配合其他抗联队伍攻打萝北县城时，因作战失利被迫转移至乌拉嘎金矿一带。在一次攻打乌拉嘎金矿的战斗中，卢英春带领的赫哲小分队遭受日军夹击。为保存实力，卢英春决定由吴德有、尤福山带领赫哲小分队突围，自己和尤国清断后掩护，勇敢拦截追赶过来的日军，但因势力悬殊，卢英春不幸中弹牺牲，时年33岁。

卢英春牺牲后，这支赫哲小分队在尤国清、吴德有率领下，继续抗击日军，为抗日战争胜利立下了不朽功勋。

世人皆知桦川县英雄冷云、赵敬夫的抗日事迹，但对那些为抗战胜利献出美好年华及宝贵生命的“卢英春们”却鲜为人知，谨以此文纪念为中华民族的光辉事业而英勇牺牲的赫哲族英雄——卢英春。

一个公司的社会责任感

苏苏村主产水稻，村里的两个水稻专业合作社、一个水稻专业家庭农场，在2018年1月15日与黑龙江华康精谷农业有限公司签订了水稻销售协议。

这在苏苏村发展史上具有里程碑的意义。

黑龙江华康精谷农业有限公司占地面积5万平方米，厂房及附属设施建筑面积1万平方米，拥有国内先进水平的大米生产线3条，年加工能力15万吨，年销售额达1.3亿元以上，是黑龙江省政府授予的“农业产业化省级重点龙头企业”。

据公司经理李子龙介绍：公司坚持“诚信为本，服务至上，质量取胜”的企业经营理念，在管理上率先通过ISO 9001国际质量管理体

签约仪式现场

系认证，先后被评为“黑龙江省制米行业质量管理先进企业”“黑龙江省诚信示范企业”和“省级诚信维权单位”，荣获“2006年黑龙江省质量管理奖”，被佳木斯市政府评为“优秀农业产业化龙头企业”和“食品安全五星级企业”，也被评为市级“守合同重信用企业”和“质量信誉AAA级企业”，连续多年被合作银行评为AA级信用企业，被授予“黄金客户”称号。

李子龙经理介绍，这一系列荣誉称号和信用评价，不是一朝一夕塑造出来的，而是公司在瞬息万变的市场大潮中理智经营的成效反映。他们步步为营，稳中求效，足以说明公司上下恪守的就是因势而行、分期探索、稳健发展的经营底线。

一个公司，一家企业，如果在风浪中盲目飘摇、膨胀扩张、缺乏定力，不考虑现实需求和发展前景，缺少冷静科学的判断，违背办企业的基本规律，这山望着那山高，一味追求铺摊子，那就不可能具备持续高质量发展的能力，势必会成为市场的牺牲品，这就是大浪淘沙的残酷现实。反之，黑龙江华康精谷农业有限公司量力而行，渐进突破，守住了基地，守住了质量，守住了品牌，守住了市场，守住了信誉，也守住了效益。我们提倡企业要向质量性转变，不是让所有企业老守田园、看摊守业，放弃开拓创新，漠视发展时机，而是要求企业因时定策，因企施策，走稳路子，走对路子，走好路子，走成路子，这样企业才有发展的空间，才能立于不败之地。

为满足当前人们对健康食品、绿色食品的需求，黑龙江华康精谷农业有限公司与桦川县国家级绿色食品原料生产基地进行对接，建立起“公司+基地+农户”的产业化链条，为公司提供绿色、健康的食品原料，同时拥有“三兄”“绿桦源”“龙桦康”“新河宫”等多个品牌的高中低档大米产品。其中“三兄”“绿桦源”牌精制大米，于2013年分别被评为“黑龙江省著名商标”“黑龙江省名牌产品”。一个企业的两个品牌在一年内被评为著名商标和名牌产品，标志着公司对品牌建设的重视程度，也说明公司正是扭住了质量和服务这两把钥匙，才得以顺畅开启市场这把金锁。公司用他们所生产的“放心米”“满意米”“优质米”赢得消费者的青睐。他们凭借稳定的质量、优质的服务，已在北京、天津、成都、河南、河北、山东、山西、安徽等省市建立起销售网点30多个，形成了比较完善的销售和服务网络。特别是在北京、成都、天津等地市场，公司产品覆盖面广、销售量大、消费者对产品的认可度高，其已成为当地同行业价格的风向标，对当地市场产品价格有较强的影响力。

公司立足长远发展，其发展战略是以农业、农产品开发为基础，实行多产品发展、立体式开发。公司在原来单一大米产品的基础上，有效利用本地优质的水稻资源，谋划精深加工，计划引入国内大专院校专利产品，开发大米蛋白、蛋白肽、大米糖等高技术、高附加值的产品，丰富公司产品线和产品链，提高经济效益和社会效益。

虽然没有直接参加脱贫攻坚战，然而公司以“诚信为本、顾客至上、互惠互利、共同发展”的企业信条，与苏苏村专业合作社、专业家庭农场开展合作，拉动贫困村致富，为贫困区域解决水稻销售等难题，带动水稻种植按照市场化趋向运行，为老百姓走上富裕之路贡献商机、铺路搭桥。

从某种意义上说，一个企业体现社会责任，不一定非要拿出多少资金回馈社会，企业产出质量过得硬的产品、吸纳更多的社会人员就业、实现与合作对象的需求互补、带动贫困户增收，这也是一种责任、一种社会责任感，也是为脱贫攻坚战贡献力量。

传播文化精神和力量

这天是4月26日，对苏苏村来说又是一个喜庆的日子。就在这天，《金融文坛》主编、著名作家闫星华，编辑部主任、青年作家栾晓阳从北京直飞佳木斯，莅临苏苏村慰问省农发行驻村工作队，送文化到贫困村。

苏苏村这样的贫困村，有幸迎来辽宁省丹东凤城大梨树村党委书记毛丰美这一典型的发现者和推介者、电影《毛丰美》的编剧闫星华主编和栾晓阳主任，这是苏苏村的荣耀，也是我们省农发行驻村工作队的骄傲。

闫星华主编熟悉农村，懂得农业，深爱农民。他创作过众多农村题材的小说、电影、电视剧和报告文学，这些作品来源于生活，发掘于生活，在他的笔下，对农村、农业和农民都有细致的描述和深刻的再现，着力反映了农耕文明和农村改革发展的重大变化，彰显了时代

2018年4月26日，《金融文坛》杂志主编、全国著名作家闫星华，《金融文坛》编辑部主任、青年作家栾晓阳到苏苏村考察工作，开展文化下乡、文化扶贫工作

精神。

这次闫星华主编满怀对党的扶贫事业的高度关注、对金融工作者的厚重情感、对驻村工作队的挚爱深情、对贫困村实现早日脱贫致富的殷切期望，在百忙中深入苏苏村，调查掌握精准扶贫的全过程，亲身体验驻村工作队的扶贫生活，为我们全体驻村工作队员打气、鼓劲、加油，这是闫星华主编、栾晓阳主任对脱贫攻坚战的莫大支持、主动参与和积极奉献。

在苏苏村党建中心党员活动室，闫星华主编一行认真听取了省农发行驻村工作队和村党支部“抓党建促扶贫”工作情况，参观了党建中心七个主题室，观看了县脱贫攻坚纪念馆苏苏村实物展区，实地踏查了果蔬产业园，走访了5户农户。闫星华主编通过听、看、问、访，对省农发行驻村工作队的扶贫历程和成效进行全面了解。他饱含真情地对省农发行驻村工作队说：“你们为了让苏苏村老百姓过上好日子，一头扎到苏苏村，睡着火炕，无法洗浴，室外如厕，工作生活环境这么艰苦，你们却能因村制宜成功探索了抓党建促扶贫的工作思路，这条路子符合党的精准扶贫政策，符合苏苏村实际，特色鲜明，办法管用，事迹感人，效果显著，值得传播和发扬光大。”闫星华主编对省农发行驻村工作队的赞誉，不仅是对我们全体队员的鼓舞，更是对我们驻村工作思路和成效的肯定。

闫星华主编、栾晓阳主任与黑龙江金融作家邢涛、省农发行驻村工作队员王琦和刘天佐、县联络队长任铁华、苏苏村党支部书记齐更春进行了深入讨论，谈党建，讲发展，话扶贫，说未来，现场气氛热烈，大家共同憧憬苏苏村脱贫致富的美好前景。

当闫星华主编到驻村工作队驻地时，他环顾着驻地的一切，坚持要住在驻地的火炕上、吃在驻地的小饭桌上。我当时对闫星华主编说：“闫主编，您还是住在县城的宾馆要好一些，驻地条件不好，您旅途这么劳累，要好好休息一下才是。”他笑着对我说：“你们无论冬夏都能在这里长期居住和生活，在这个小屋子谋划苏苏村扶贫大事，我怎么就不能住呢？我就和你们吃住在一起。”他与省农发行驻村工作队全体队员同吃、同住、同商扶贫大事，共同感受扶贫生活。

这时，我们既感动又愧疚，闫星华主编不远万里前来苏苏村，不顾条件恶劣了解驻村生活，更让我们感受到闫星华主编对扶贫事业和战斗在扶贫一线工作队员的深切情怀，这是一名著名作家沉下身子体验农村生活的真实写照。

短短的三天时间，闫星华主编和栾晓阳主任对苏苏村贫困人口、党建统领、思想扶贫、产业扶贫、政策扶贫、脱贫致富、基础建设、环境治理、村风民风等情况已经全部掌握。闫星华主编在临行前对我说：“精准扶贫效果好不好，关键是老百姓怎么说、怎么看。我走访了5户农户，每到一户他们都说驻村工作队为村里办了许多实事好事，这就是对驻村工作最好的评价。”

我们省农发行驻村工作队全体队员听后倍感欣慰，这是苏苏村老百姓对我们驻村工作的认可，也是闫星华主编对我们驻村工作的褒奖。这种评价与激励，犹如奋进的号角，吹响了我们再登扶贫工作新台阶的冲锋号。我们将奋力前行，为苏苏村贫困人口脱贫致富贡献一切。

发生根本性变化的
苏苏村“两委”干部

我到桦川县悦来镇苏苏村驻村扶贫还差8天就整整一年了。在将近一年的时间里，除了“抓党建促扶贫”这个最核心的任务以外，让我感到最大欣慰的是当前村“两委”干部的精神面貌和苦干实干的风采。

这一年间，我目睹了苏苏村“两委”干部从软弱涣散到信心百倍、敢于担当、精神旺盛、充满斗志、一心为民的思想巨变，对待工作从拖着干、推着干、靠着干到主动谋事、精心做事、千方百计做成事的行动突变，感受了他们披星戴月、夜以继日为老百姓全身心服务的意志和劲头。他们坚持民字为本、实字为先、干字当头，用真抓实干去诠释他们带领群众致富的境界。

所有这些变化，不仅是我，我们驻村工作队和苏苏村全体村民都看在眼里。我们为村“两委”干部能有今天这样的大好局面而深深感动，这样的村党支部才是一个坚强的战斗堡垒，这样的村委会才是一个坚定的自治组织，他们让我看到了苏苏村的希望和未来。

苏苏村“两委”干部用实际行动体现了他们全心全意为民服务的朴素情怀，证明了他们心里装着村集体、心里装着老百姓的精神品质。

当村“两委”干部走家串户宣传党的扶贫政策时，他们面带笑容，扳着手指头逐条讲解扶贫政策、惠民政策和贫困户享受的政策，老百姓听不懂的他们反复解释，耐心帮助老百姓理解，直至百姓听明白为止。一年下来，他们入户宣传上千次，这样高的入户频率，这样细心的群众工作，体现的是一种难得的精神。在他们身上，我看到了政策落地的实现。

当村“两委”干部执行秸秆禁烧命令时，他们戴着秸秆禁烧巡查标识，不分昼夜战斗在田间地头。路口有他们的身影，稻田地有他们的足迹。深夜他们穿着厚厚的棉衣，毅然决然地坚守在执勤岗位，甚至在关键时期喝不上一口水、吃不上一顿饭，但他们为了保护环境不抱怨，不说苦，不讲价钱。在他们身上，我看到了坚定执着的精神。

当村“两委”干部紧锣密鼓组织春耕生产时，他们通过村里的广播等有效载体，组织老百姓整地、修梗、注水、插秧，及时解决缺水、修堤等一系列春耕生产面临的问题。对老百姓的每一个电话、每一次询问，他们尽其职责，视为家事，不耽误、不怠慢，亲临现场查看，就地解决问题。在他们身上，我看到了雷厉风行的作风。

当村“两委”干部面对老百姓反映诉求时，他们彻底改变了过去冷、横、硬的态度和拖、等、推的作风，和颜悦色与百姓交谈，让反映问题的老百姓把话说完，虚心倾听百姓诉求的原委，然后向老百姓把道理讲清楚，把事情说明白，做到了以心换心、推心置腹，使回复意见达到群众满意的效果。在他们身上，我看到了服务群众的态度。

当村“两委”干部谋划全村经济发展时，他们心系老百姓发展难题，关注老百姓致富焦点，多次例会研究全村产业发展规划，多次寻求老百姓致富的突破口，潜心研究苏苏村“12515产业发展引动提升工程”，为的就是让苏苏村老百姓早日奔向小康生活，过上物质财富、精神财富“双富

2017年8月3日，省县驻村工作队与村“两委”共同组织精准识别村民代表大会

2017年9月24日，省县驻村工作队与村“两委”共同观看远程视频培训

2017年11月3日，省县驻村工作队与村“两委”共同研究学习党的十九大精神

有”的美日子。在他们身上，我看到了心系于民的品德。

当村“两委”干部亲自动手汗流浃背劳动时，他们忘记了疲劳，忘记了苦、脏、累，身先士卒清运村里街道上的垃圾，出动自家车辆清运广场上的残土，打扫村委会院子，浇水种植花草树木，栽植村委会小园，清理党建中心和办公室，张挂宣传标语。举不胜举、历历在目的事例，让我深深地感动，这就是村干部为老百姓做出的榜样。在他们身上，我看到了干部带头的力量。

当村“两委”干部坚守工作前线时，他们牺牲家庭的利益，忍着对家庭的愧疚，担着家人的责怨，想的却是村里的事，为的只是村里的百姓。村党支部书记齐更春，为了专心投入村里工作，把家里的水田承包给他人耕种，而且母亲年迈、哥哥患病、侄子得了血癌、姐夫住院，面对这么重的负担，他没有耽误一天工作。村主任齐雁飞，他爱人在佳木斯市住院治疗，家里无人照顾，他只是每天请半天假，开车跑到医院看看马上回村工作。永发屯长史会军，其爱人在医院做手术，住院接近20天，他村里医院两头忙，会议照样参加，工作照例进行。村会计赵井海，为事业尽心竭力，在做好会计工作基础上，主动承担村委会夜间值班工作，不讲报酬，甘于奉献。村妇联主席赵欣欣，其孩子正值看顾时期，她坚持到村工作。在他们身上，我看到了舍家为民的作为。

这只是苏苏村“两委”干部的点点滴滴，我不能用文字尽数他们为全村老百姓所做的一切。我觉得，他们无愧于农村的新型村干部，他们牢记的是使命，牢记的是责任，牢记的是服务，牢记的是让苏苏村老百姓有一个光辉灿烂的未来的承诺。

毛泽东同志曾经说过：“政治路线确定之后，干部就是决定的因素。”习近平总书记指出：“好干部要做到信念坚定、为民服务、勤政务实、敢于担当、清正廉洁。”村干部主观能动性的充分发挥，是其做好各项工作、完成历史任务的基本点和关键点，苏苏村“两委”干部在实践中已经证实了这个理论。

光说不做是假把式，做而无果是虚把式。“面子工程”“架子工程”“样子工程”贻害无穷，只有动真的、来实的，才能到达群众期盼的终点。

苏苏村脱贫攻坚、村级振兴、和谐稳定的任务依然繁重，村“两委”的责任仍然重大。不忘初心、不负众望、不辱使命应该成为苏苏村“两委”干部的座右铭。我相信他们，相信他们一定能够在今后的实践中创造新的辉煌。

紧扣脱贫攻坚责任不放松

——有感桦川县构建“六个全覆盖责任体系”

今年是打赢脱贫攻坚战的关键一年，从某种意义上说，脱贫攻坚战已经进入倒计时的重要阶段。在这个历史节点，我们必须克服松懈倦怠思想，建立科学的责任体系，坚定持久地担当主责、力扛全责、勇于尽责。我从2017年6月6日到桦川县驻村扶贫，至今已9个多月，我从桦川县脱贫攻坚战的目标责任、政策制定、举措落地到取得丰硕成果，深切感受到了桦川县委、县政府对打好脱贫攻坚战强烈的使命感和高度的责任感。

桦川县委、县政府自打响脱贫攻坚战以来，紧扣脱贫攻坚责任不放松，从县情实际出发，科学构建了“六个全覆盖责任体系”，形成了分工明确、有效运转、促进落实的责任链条，为实现脱贫攻坚战的决定性胜利提供了坚强的组织保障和实施基础。

这“六个全面覆盖责任体系”是：

构建指挥调度全覆盖责任体系。桦川县制定的《全县深入推进脱贫攻坚工作实施意见》，经县委全会讨论通过并付诸实施。据了解，2017年全县召开县委常委会、政府常务会、扶贫开发领导小组会议共计49次，专题研究脱贫攻坚工作，对全县脱贫攻坚战略举措、政策实施、遇到的问题逐一进行决策，县处级领导白天推进决策落实，夜晚潜心研究，刻苦勤政，一心为民，充分体现了科学、实际、高效的履职尽责精神。

构建专项推进全覆盖责任体系。全县成立了12个扶贫专项推进组，制定18个专项方案。每个扶贫专项推进组根据肩负责任，细化专项推进内容、标准、措施、时限和要求，竭尽全力把责任变为行动，化为脱贫攻坚战环环紧扣的实施步骤。扶贫专项推进组定期召开会议，进行阶段性总结和部署，真正做到了担当重任、落地有声、行之必果。

构建处级干部包乡包村全覆盖责任体系。桦川县9名县级党政班子成员分别任乡镇脱贫攻坚战总指挥，31名处级干部每人包扶3~4个村。乡镇总指挥重心前移，干部们不仅坐镇乡镇，还亲临村里现场指导，深入贫困户掌握实情。他们指挥工作在前沿，推进任务在一线，解决问题在村里，有一种“贫困人口不脱贫，身在岗位心不甘”的拳拳之情。处级包村干部走乡镇，到村屯，下农户，雨雪天有他们的身影，深夜里有他们的足迹，村村落落、家家户户都是他们包扶的阵地。

构建县直部门联建包村全覆盖责任体系。桦川县出台了《全县部门包村扶贫工作实施方案》，124个单位对接包扶105个村，每个村均有包扶单位承担包扶责任和义务。包扶单位主要负责人每周至少3天工作在村里，担当政策宣传、产业发展、基础设施建设等一系列工作职责，有的带领单位职工实行全员包扶，有的帮助贫困村解决发展和建设难题，有的一心一意地为贫困户送温暖，这些单位做到了实实在在帮、真真切切扶，用了许许多多真功夫，付出了百倍的努力。

构建工作队驻村帮扶全覆盖责任体系。除省县驻村工作队外，选派253名后备干部组建105支驻村工作队，村村不空白，都有驻村工作队。这些工作队驻村后，恪尽职守，严守脱贫攻坚“火线”。所有驻村工作队员风雨无阻，夙兴夜寐，走千家，入百户，算细账，谋产业，帮贫困户之难，解贫困村之忧，做出了重大贡献，也可以说是做出了不同程度的牺牲，他们堪称时代楷模。他们这样兢兢业业，为的就是一份责任，他们为了取得脱贫攻坚战全面胜利而扛起沉甸甸的责任。县域内抽调的299名医生组成了105个驻村医疗队，开展驻村健康知识宣讲和巡诊治疗服务。

构建干部结对帮扶全覆盖责任体系。桦川县2 609名帮扶责任人每月深入贫困户4次以上，宣讲政策，释疑解惑。他们送温暖、助生产、帮劳动、解难题，尤其是对那些年事已高和卧病在床的贫困人口，他们磨破嘴皮子，跑破鞋底子，不厌其烦地为贫困户做实事。贫困户对此啧啧称赞，称他们为家里人、好亲戚。这支帮扶大军把贫困户家的事当作自己的事，他们以一颗诚心、一股韧劲、一种情怀，对贫困户施与无微不至的体贴和关怀。在贫困户眼里他们不是家人犹如家人，他们确实成了贫困户的贴心人。

莎士比亚曾经说过：“我们的使命是照亮整个世界，熔化世上的黑暗。”丘吉尔也有一句名言：“高尚、伟大的代价就是责任。”我们做任何工作，如果丧失了责任，也就违背了全心全意为人民服务的根本宗旨。桦川县委、县政府在脱贫攻坚战中建立了实际管用的责任体系，塑造了统筹分工的责任机制，为贫困人口早日脱贫、持续富裕提供了有力的保障。

由此我说，责任体系是实现既定目标的法宝。

六月感怀

这个季节，天气变幻莫测，晴转阴，阴转雨，雨转多云，多云又转晴。天气的多彩众姿，景色的千变万化，把过去的光阴都甩在了人们的身后，将未来的时光推向了每个人的面前。这就是日子，这就是岁月，这就是年景。

我在桦川县悦来镇苏苏村扶贫已经一年有余，这一年多里，我和我们驻村工作队员在遥远的他乡，在一个陌生的地方，在一个没有铁路的交通闭塞之处，在一个贫困人口占比较大的村落，在一个多年积累重重矛盾的焦点地，在一个没有室内卫生间的房间里，在一个几个月也不能洗澡的驻地，共同经历了艳阳高照，经历了风雨彩虹，经历了秋风瑟瑟，经历了冰天雪地。

这些经历，对我而言不是什么稀奇的事情，不是什么克服不了的困难，因为我18岁时就离开了家乡，离开了父母和兄妹。离乡的40年间，我独自一人在外学习、工作和生活。我对这样的生活已经司空见惯，也习以为常。我这一辈子算起来，到今年我整整工作了37年，但在家乡以外工作和生活已经长达31年。这期间，与我终生相守的老伴跟着我吃了不少苦，遭了不少罪，我的确于心不忍。

这30多年，我曾经孤独一人在外地只身拼搏奋斗，曾经离妻别女远离家庭在外满腹牵挂地工作，曾经把与我结婚相伴30余年且又患有心脏病的终身伴侣丢弃在家而从事驻村工作。想起所有这些，我虽然对我的亲人和家庭充满着无可弥补的歉意和终生愧疚，这是我用什么都填补不了的“遗憾”，但我对自己的工作无怨无悔。

之所以这样说，不是我高尚到不得了的地步，也不是我骨子里没有亲情，我也是血肉之躯，我也不是生活在真空里。我只是觉得，自己活在这个世界上，在有限的生命旅程中，自己能倾尽微薄之力，对社会有一点点付出和贡献，哪怕是杯水车薪，我就不妄此生，也无愧于党对我多年的教育和培养。

人是有感情的，有感情的人，在工作和事业上会用情感去迎接和面对人生的苦辣酸甜。

当我躺在驻村工作队驻地床上无法入睡的时候，当我接听老伴打来的电话听她诉说家庭难处的时候，当我偶尔回家目睹家里煤气灶在用打火机燃火、坐便器用水盆冲刷的时候，当我看到苏苏村贫困户生活还很艰难的时候，当我感到苏苏村集体经济非常薄弱的时候，我的心里是充满矛盾的，是五味杂陈的，是面临艰难选择的。但我在想，我的家庭困难，只是我一个人家庭的困难，千千万万个困难家庭需要我们驻村工作队和村“两委”一道扶助他们走向光明的生活。这是我和我们驻村工作队的责任。

我个人理解，我们驻村工作队，就是要在脱贫攻坚战中辅助、协助、帮助县、乡、村履行精准扶贫主体责任，共同完成脱贫攻坚这个史无前例的历史性任务。我们既然来驻村，既然来扶贫，我们没有理由“讲价钱”，因为我们不能活在自己的世界里，我们是共产党员，我们应该为社会做出贡献。

世间有一句话叫“旁观者清”，一个人认识自我不是很容易，能把自己解剖到淋漓尽致的人，就是一个高尚和纯粹的人，但我却是个“自残”的人。我曾经在不同地区、不同城市、不同行业、不同单位、不同岗位工作过，也经历过起落沉浮，也饱受过风霜雪雨，也享受过美誉殊荣。然而这一切，已经成为历史的陈迹，只不过是我人生档案中点点滴滴的“花絮”。

我到了这个年龄，已经没有什么动天地、惊四魂的向往与期盼。

但我一生当中始终有一种追求，这种追求不管在什么时期，我都永远没有放弃，这就是在其岗、尽其责。但受我的学识、视野、能力、水平所限，我的职责不一定全部尽到位，我只能在其岗尽其力，尽最大努力而为之，全力为党和人民做事，这是我一生的追求！

七月一日这天

2018年7月1日是中国共产党成立97周年纪念日。这是我们党值得隆重纪念的日子，97年前的这一天，全国人民开始走向解放、走向光明、走向民主、走向富裕、走向当家做主。

在此前的6月25日，省县驻苏苏村工作队和苏苏村全体党员赴桦川县黎丰乡繁荣村参观村级党建、产业发展和环境整治等做法，回村后召开了庆“七一”党员座谈会，党员们建言献策，共同讨论了全村的脱贫与发展策略。可以说，苏苏村全体党员无论在建言上，还是在行动上，都是一支能打硬仗的队伍，在脱贫攻坚战和村级发展等方面发挥了先锋模范作用。

千草层层绿，万花朵朵红。

全国各地党组织用斑斓绚烂的色彩和方式庆祝建党97周年。在7月1日党的生日这天，省县驻苏苏村工作队与村“两委”干部集中研究村级产业发展问题，探讨全村贫困人口可持续致富的路径，对已经确定即将启动的村级产业进行深入研讨，对兴办产业的经营机制、管理模式、规章制度、权责界定、运营成本、收益测算、分配方式、基本建设、资金运转、风险管控等一系列问题逐一进行研判，用科学的、规范的项目管理和实施方法，完成产业项目推进、实施和管理，突出机制管控、规范运营、效益优先原则，努力实现村级产业工业化管理模式。苏苏村党支部以实际行动，向党的97周年献礼。

在省县驻苏苏村工作队和村“两委”认真研究基础上，我与任铁华、齐更春、齐雁飞于当日下午专程赴悦来镇，向悦来镇党委书记李季明、镇长孙国友、副镇长于沐春进行专题汇报。李季明书记听取汇报后坚决支持苏苏村办产业、搞发展，同时对苏苏村兴办产业在建设、管理、机制等方面提出了意见和建议，这是苏苏村在兴办产业过程中的指导性意见，有助于苏苏村办成产业、办好产业、办强产业。

坐等望着蓝天上的太阳只能享受阳光，静等看着水中的月亮只能欣赏“倒影”。

一个行政村要想让老百姓富起来，让村集体强起来，没有主导产业、当家产业、效益型产业和潜力型产业，是万万不可能的，维持传统产业现状也只是守住相对“太平”的产业而已，固然没有大的风险，但产业基础不提升、产业能力不提升、产业水平不提升、产业体系不提升、产业效益不提升，强村富民就等于一句空话。

在市场经济环境下，风险无处不在，无处不有，做任何事情都是如此。对作为个体的人而言也是这样，每个人身上都有癌细胞存在，只是差异化的身体素质、个体机能、遗传因素和在什么条件下是否激活罢了，其实风险在人身上照样不可避免。因此我们绝不能因为有了“太平”产业就看摊守业，绝不能因为有了风险先例就因噎废食，也绝不能因为有了责任追究就失去担当。如果这些守旧的自我的现实性的理念不改变，发展就毫无出路。

当然，世界上一切事物都是辩证的，发展也有许多基础性、客观性和非人力主导性的因素，必须具备或是创造发展的机遇和条件，万事不可一概而论。但不管怎么说，我坚信发展是硬道理。

思路铺就一片天地

春天撕裂了冬天的外衣，钻出风雪的漩涡，披着灿烂的阳光，迈着轻盈的脚步向我们走来。

尽管大地仍然铺着白色的地毯，但我们即将迎来的是五彩缤纷的季节。这充满希望的2018年春天，正是谋划思路、制定策略、深化落实的好时节。

2018年是打好、打赢脱贫攻坚战的关键一年，是促进贫困人口脱贫的重要一年，也是提升、发展、壮大村级集体经济的活力之年。在2017年脱贫攻坚工作基础上，省农发行驻村工作队、县驻村联络队与村“两委”将继续坚持“抓党建促扶贫”不动摇，按照已经确定的总体思路，不打折扣、一以贯之地强化执行力，不出花点子，不搭花架子，不做花样子，紧扣精准扶贫，在深化上发力，在细化上着力，在落实上努力，多措并举引领贫困人口脱贫致富、引导村级集体经济步入新台阶，把脱贫攻坚战和乡村振兴战略的政策和措施落到位。

脱贫攻坚战是一场目标明确的战役，要想使这场战役取得决定性胜利，最核心的就是要坚定沿着目标前进，一心一意、一步一个脚印地前进，切实在“真”和“实”上体现脱贫攻坚战的深远意义和卓越成效，通过开展实实在在的脱贫攻坚战，带动全村各项工作迈出新步伐。

总体思路

- 党建统领
- 精准扶贫
- 兴村富民
- 全面升级
- 勇创一流
- 越来越好

苏苏村2018年工作主要是实施“四个工程”。

实施脱贫攻坚工程。苏苏村要严格按照习近平总书记明确提出的“坚持精准扶贫、精准脱贫”“做到

脱真贫、真脱贫”总要求，坚定恪守“扶心、扶志、扶风气，扶业、扶才、扶精神”的“六扶策略”，抓住脱贫攻坚战的根本点，在贫困人口脱贫上下硬功夫、苦功夫。一是扶心志，强化思想扶贫。要反复深入贫困户，培养他们致富的心劲和勇气，鼓励他们自食其力、自我致富；开展思想互助扶贫，组织贫困户与富裕户实行“一对一、心连心”思想教育主题传递家庭对接活动；培育和宣传脱贫致富典型，召开脱贫致富典型报告会，组织于恩江等先进典型讲述脱贫致富的历程，鼓舞贫困户增强自扶意识，激发内生动力。二是扶产业，突出产业扶贫。苏苏村要在全县五大产业覆盖贫困户的基础上，有效利用好50万元产业发展资金，采取委托经营方式，发展棚室蔬菜经济，在2018年9月实现效益分配；有效利用中国农业发展银行捐助的公益资金，购买水稻秸秆打包机，组织有劳动能力的贫困户参加劳动，对所获经营收入适时分红；有效利用专业合作社规模优势，引导贫困户带地入社，保障贫困户生活的基本来源；有效利用苏苏村庭院经济发达的基础，组织贫困户发展庭院经济，每户年平均收入实现1 500元。三是扶工程，力推工程扶贫。苏苏村要认真落实“两不愁，三保障”政策，依据全县统一部署，对未改造的危房全部进行改造，落实危房改造时间表，监督改造进度和质量。

实施产业引动工程。苏苏村2017年实施了“239产业发展引动工程”。之所以称之为产业发展引动工程，就表明了这个工程不是静止的，而是动态的、变化的、延展的、扩充的。这个工程自实施以来，充分发挥了示范、引导和带动作用。2018年苏苏村将在2017年“239产业发展引动工程”基础上，将这项工程扩展为“2515产业发展引动工程”。一是建设好2个合作社。苏苏村要全力建好穗丰农副产品专业合作社、源顺农副展品专业合作社，共同谋划专业合作社带动贫困户脱贫致富；指导专业合作社抓住“种、管、销”三大节点，走好现代农业、规模农业、生态农业的路子，实施科技兴农、质量兴农；帮助研究专业合作社实行适应市场发展的运行机制，推助专业合作社向“企业化”管理模式迈进。二是规范好5个家庭农场。鼓励2017年兴办的永兴水稻专业家庭农场、不怕辣十亩田毛葱家庭农场、华彩大葱家庭农场扩大规模，增加效益；对2018年兴办的宏发玉米家庭农场、蕙兰蔬菜家庭农场在生产等方面介入指导，促进其提升经营管理能力。三是

苏苏村村容村貌

引导好15个致富带头人带头致富。2017年全村选定7个专业9个致富带头人，2018年增至9个专业15个致富带头人，分别是从事建筑业的于恩江、史洪兴，从事运输业的史忠海、曲占友，从事种植业的温守东、孙然，从事庭院经济的丁国友、于金奎，从事养猪业的姜淑芝、吴艳民，从事养牛业的吴艳辉、杨海波，从事快递业的司明，从事豆制品加工业的李文波，从事棚室经济的于祥玉。发挥他们的传帮带作用，带动更多的农户、贫困户改善生活条件，走共同富裕之路。

实施环境整治工程。按照乡村振兴战略“生态宜居”目标要求，在保护农业生态环境前提下，突出村容村貌环境综合治理，实施“134环境整治工程”，把苏苏村建设成为百姓富、环境优、生态美的宜居村。一是启动永发屯1项亮化工程。千方百计为永发屯23条路安装太阳能灯，方便村民出行和生活，实现全村亮化无死角。二是清整路面、路边沟、农户庭院3个主要区域。组织村民参观县内环境整治先进村，动员村民实行环境自清、自建、自理、自管和自治。三是整治乱堆乱倒、乱停乱放、乱挖乱占、乱贴乱挂4种脏乱差状况。采取制度约束、村民参与、党员和村民代表监督等方式，对环境进行根治，逐步实现

亮化、绿化、净化、美化目标。

实施党建提升工程。坚定不移发挥党建统领作用，认真建设好学习型、服务型、务实型、创新型、廉政型“五型党支部”，在全村脱贫攻坚、产业发展、环境治理、构建和谐、服务村民等方面提高领导力和组织力，全力振兴苏苏村，向更高的层次进军，实施“233党建统领工程”。一是突出“两委”班子、党员队伍2个建设。根据村“两委”换届实际，强化班子的思想、素质、作风和廉政建设，真正做到过得硬、担得起、落得实，打造一支村民信任拥护的村班子；深入抓好党员作用发挥，实行党员“一带三”帮扶，建好“党员一条街”，使党员的先锋模范作用切实深入村民心中。二是实行“十星级党员”评定、党员服务示范区“五比五看”、党员“一项攻关”3项机制。增强党员参与脱贫攻坚、参与集体经济发展的自觉性，提高党员服务农村、服务村民的实践能力。三是开展“我为党奉献”“我为集体献策”“我为群众服务”3项主题活动。激发党员的主观能动性，心向大目标，做好小事情，为建设一个产业兴旺、环境宜居、乡风文明、治理有效、生活富裕的美好家园贡献力量。

春天里定全村的路，春天里说全年的事，这就是春天的魅力！

他们是苏苏村建设的生力军

桦川县悦来镇苏苏村40岁以下的青年在县域内居住的仅有25人，其中选入村委会的青年2名、“十星级党员”1名、“致富带头人”4名、“环境维护模范”2名，还有部分青年在县城务工。苏苏村团支部围绕党的中心任务，坚持发挥生力军、突击队、连接桥“三大作用”，发挥团员青年朝气蓬勃、积极向上和活力充沛的优势，调动全村团员青年的积极性和创造性，服务农业与农村发展，服务乡村振兴战略，服务脱贫攻坚，为实现苏苏村强村富民目标贡献力量。

在苏苏村，团支部和团员青年发挥了不可替代的作用。

一、建设青年阵地，打造先进组织

苏苏村是人口大村、贫困大村，团员青年中外出务工者占比较高，为充分挖掘常在村里住的团员青年建设新农村的潜力，发挥其传播思想、传导理念、传授知识、传带本领作用，苏苏村团支部利用党建中心这个平台，建好团员青年活动阵地。按照村党支部提出的建设学习型、服务型、务实型、创新型、廉政型“五型党支部”要求，村团支部根据农村青年特点，切实加强村团组织建设，重点建好“五型团支部”，在全村开展“青年大学习”活动，通过构建“专题学、研讨学、对比学”学习体系，引导团员青年不忘初心、牢记使命，增强“四个意识”，结合苏苏村实际确定团员青年“学习日”，带领团员青年认真学习习近平总书记新时代中国特色社会主义思想。2017年10月以来，材团支部组织团员青年系统学习了习近平总书记关于加强基层组织建设、全面增强执政本领、乡村振兴战略、打赢脱贫攻坚战和“青年兴则国家兴，青年强则国家强”等重要论述。2018年3月村团支部组织召开了“放飞梦想，担当使命”专题研讨会，13名团员青年根据扎根农村、建设苏苏的实践，话当前、说发展、展未来，不断扩大团员青年在群众中的影响力和感召力。村团支部还组织开展了名为“对照先进找差距，补齐短板创一流”的“看比学”活动，全村团员青年把学习落在实践上，通过实行“倒逼法”，每名团员青年至少找出自身实践中的两条弱势，瞄准先进青年的突出作用实行赶超。让团员青年在实践基础上，剖析自身学习力和践行力等方面的不足，带领团员青年扩充知识量、传递正能量，切实发挥好

五型团支部

- 学习型
- 服务型
- 人才型
- 引领型
- 实践型

建设家乡的骨干作用。

二、开展主题活动，创新主题模式

三大主题活动

- 助民奉献主题活动
- 行村共建主题活动
- 文化传导主题活动

习近平总书记在党的十九大报告中强调：“中国梦是历史的、现实的，也是未来的；是我们这一代的，更是青年一代的。中华民族伟大复兴的中国梦将在一代代青年的接力奋斗中变为现实。”这是习近平总书记对青年的殷切希望。苏苏村团支部为在追逐梦想中体现先进性和时代性，志存高远，脚踏实地，从每名团员青年做起，一步一个脚印前行，组织开展了“三大主题活动”。

一是组织助民奉献主题活动。村团支部组织团员青年奉献事业、奉献苏苏、奉献百姓，把青春绽放在苏苏村发展和繁荣的实践奋进中。驻村工作队青年王琦、周爱周舍小家为大家，不分节假日，不分昼夜，以坚韧的毅力奋战在脱贫攻坚第一线。自主创业青年司明在县城开办了快递公司，为全村百姓致富趟出了路子，树立了榜样。同时司明还志愿参加了美桦爱心团队，他致富不忘根，持业不忘民，时刻惦记家乡父老，他与其所在爱心团队为苏苏村23户贫困家庭捐赠米、面、油等生活必需品，得到了全村老百姓的称赞。

村民手机摄影展

二是组织行村共建主题活动。苏苏村团支部与中国农业发展银行桦川县支行团支部结成“共学共建”统一体，双方共同学习提高，共同建设苏苏。两个团支部强化凝聚功能，在团支部发展和建设等方面形成了有互补、有特色、有目标的“同心圆”。2018年2月，中国农业发展银行桦川县支行团支部10名团员青年与村团支部共同开展“学雷锋，走农户，做好事”活动，深入农户清扫积雪，带着慰问品走访2户贫困户，给贫困家庭带去了活力，带去了生机，也带去了希望和前景。

三是组织文化传导主题活动。村团支部于2017年8月组织村民手机摄影展，在全部34幅手机摄影作品中有19幅为团员青年的作品，有3名团员青年获得优秀作品表彰。村团支部还组织妇女组成了广场舞队，每天定时教学广场舞，目前已有20多人参加了广场舞队。以组建广场舞队为起点，村团支部逐步将文化成果扩展至丰富多彩的文化体育领域。

三、引领群众致富，服务战略发展

苏苏村团支部把“搭建人生出彩舞台、展现青春无限活力”作为立脚点，坚持“扶心、扶志、扶风气，扶业、扶才、扶精神”的策略，倡导和激励团员青年踊跃参与乡村振兴和脱贫攻坚战。2017年苏苏村实行“239产业发展引动工程”，团员青年起到了示范效力，有5名团员青年成为引动工程中的一员。2018年在上一年引动工程基础上，苏苏村扩大了产业引动成果，实施“2515产业发展引动工程”，司明、刘海涛、李俊峰、吴艳辉等青年分别成为专业合作社组织者、家庭农场承办者、致富引领带动者。在这些青年中，刘海涛兴办了永兴水稻专业家庭农场，带地入场耕地24公顷，主动带动贫困户6户。他不顾地块分散给生产经营带来的不利条件，毅然决然地为贫困户脱贫致富尽自己最大的能力。水稻种植青年李俊峰与刘国勇组建了合作社，兴办农村新兴经营主体，种40公顷水稻，吸收13户贫困户带地入社，帮助那些没有劳动能力的贫困户发家致富，为苏苏村发展现代农业、振兴本村闯出了符合农村实际的新路子。

苏苏村青年是可扶之才、可塑之才，老百姓的干劲需要他们去鼓舞，清正淳朴的村风民风也需要他们去引带，向上的精神风貌更需要他们身体力行地去实践。

他们是苏苏村的未来，也是苏苏村的希望。

小事见真情

——记贫困户贴心的帮扶人冯清泉

历史文化悠久、位于三江平原腹地的桦川县，自从打响脱贫攻坚战“第一枪”开始，县委、县政府就把这场战役作为志在必胜的第一战役，调动全县一切骨干力量，全方位抓好脱贫攻坚战的战略部署与实施，为全县105个村所有贫困户都配备了帮扶人，以帮助贫困户脱贫致富。

苏苏村贫困户帮扶人冯清泉就是这千万帮扶大军中的一员。他出生于1982年1月，中共党员，大学文化程度，2006年5月参加工作，在桦川县公安局刑警大队任中队长。

2017年，冯清泉带着对农村的热爱、对群众的感情、对打赢脱贫攻坚战的信心，坚定地走向了帮扶阵地。他凭靠多年在公安战线接触群众的基础和经验，心贴心地为他所帮扶的贫困户解难题、扶发展，想贫困户之所想，解贫困户之所忧。他把对党的忠诚、对脱贫攻坚事业的赤诚，真真切切地落实到了帮扶行动的全过程，坚守着对贫困户致富的信念，执着地为贫困户细心服务，充分体现了一名共产党员的本色和风采，赢得了贫困户的赞誉和好评。

冯清泉包扶苏苏村永发屯申会阁、马凤文两户贫困户。他刚开始入户对接的时候，马凤文老人对精准扶贫政策不了解，认为这次精准扶贫就是走走过场，解决不了什么大问题，贫困户该穷还是穷，还是拔不掉穷根子。针对马凤文老人这种不信任的想法，为了解除马凤文老人的顾虑，冯清泉每周都要跑到马凤文家，甚至一周去两趟，为马凤文老人逐项宣讲精准扶贫政策，扳着手指头和马凤文老人唠家常、说扶贫、讲未来。经过一段时间的沟通，冯清泉与马凤文老人拉近了距离，马凤文老人慢慢地熟悉了精准扶贫政策，对其打心眼里认可了，马凤文和冯清泉的感情也更加深厚了，他们成为人生知己。

2017年11月11日，冯清泉外出办案回到桦川县后，他放弃了与家人团聚的机会，第一时间带着两箱“加加红”罐头前去探望马凤文老人。因为冯清泉知道，马凤文身患肺癌已到晚期，留给马凤文的时间不多了。当时马凤文老人躺在病床上，看到冯清泉走进屋里坐在他的面前，马凤文泪水涟涟地握着冯清泉的手，用微弱的声音对冯清泉说：“孩子，你这一晃又好几天没来了，又出去办案去了吧？以后出去办案子可要当心点，别毛毛愣愣的，大爷惦记你啊。”冯清泉听了以后，两行热泪簌簌地流了下来，他打开罐头，眼睛盯着马凤文老人，端着罐头瓶用吸管亲手把罐头汤喂到马凤文老人的嘴里，老人紧紧握住冯清泉的手，哽咽地说：“孩子，这回我真服了，你就像我的亲人一样，比我亲人还亲。”冯清泉为了不让马凤文老人带着遗憾离开这个阳光世界，他问老人还有什么想吃的只管说，马凤文说他还想喝几口俄罗斯奶粉。当第二天冯清泉把两包俄罗斯奶粉送到马凤文家的时候，马凤文老人已经在11月11日夜里去世。老人没喝到俄罗斯奶粉就匆匆驾鹤西去，冯清泉很自责，他恨自己为什么不把奶粉当天就送到马凤文家，为什么还要让老人带着遗憾走完他的人生旅程。冯清泉心有不甘，马凤文临终前只有这么一个小小的心愿，他却没能及时帮助老人实现这个愿望，至今提起这件事，冯清泉还是连连摇头，他说这是他一生的遗憾。

马凤文老人辞世，让冯清泉对马凤文的老伴儿王秀芝更加关心。

为了让王秀芝过上一个愉快的新年，2018年1月1日晚上，冯清泉开车把王秀芝拉到了县里，找到县里最好的理发店为王秀芝理了头发。王秀芝对冯清泉说:“我到这把年纪了，离县里又这么近，我从来没到县里剪过头发，这回我跟着孩子你算是享着福了。”

冯清泉看着王秀芝这么开心，到了县里看哪都新鲜，于是他对王秀芝说：“大娘啊！我领您老人家到咱桦川县江边去转转，江边挺漂亮的，咱们到那散散心。”当王秀芝到江边冰雪大世界看见眼前的冰雕雪塑景观时，站在那不动了，她和冯清泉说：“这么好的景儿，就在桦川县，就在离咱自个家儿里地远的地方，我真是开了眼界了。”冯清泉与老人照相留念，还为她在不同景观前拍了许多照片，冯清泉要让王秀芝把这美好的景观永远留在她的心中。王秀芝经常说：“我得感谢党啊，是党给我带来了这一切，是党让我过上了这样的好日子。”

冯清泉为贫困户所做的点点滴滴，倾尽了他的心血，但他没有把他所做的这些事看得那么重要，他认为这是他应该做的，为了贫困户脱贫致富，他苦点累点儿心也甜。

这就是一名在帮扶阵地上奉献着的共产党员。

一次细致的入户复查

细节决定成败。

这句话已经成了名言，人们说了多少年，也有好多人多年在说。因我孤陋寡闻，还真不知道这句名言确切的出处。不管是谁说的，也不管是什么时候“诞生”了这句名言，其中蕴含的道理已通过实践得到了充分证明。

我自从驻村以来也深切感到，脱贫攻坚是一项系统工程，在这个战场上，哪块“阵地”都忽视不得，哪个“部位”都忽略不得，我们必须全方位抓好每个环节、每个细节，做到细致入微、准确无误、精益求精。

按照全县脱贫攻坚指挥部的统一部署，苏苏村省县驻村工作队和村“两委”认真组织开展“百日攻坚战”，把“百日攻坚战”作为脱贫攻坚战的“战中之战”，作为脱贫攻坚战的更高起点，集中时间、集中人力解决问题。

苏苏村距离县城仅3公里，两个自然屯的农户有的在佳木斯市居住，有的在县城居住，有的在外乡居住，有的常年在一些大城市务工，农户的流动性特点比较突出，而且存在闲置泥草房多、两套房产者多、城村变动居住多、出售住房翻建储存库多的现象。这种现实情况，对我们及时宣传精准扶贫政策、随时掌握农户各方面信息是个严峻的考验。

为了全面掌控农户情况，省县驻村工作队和村“两委”干部共8人组成4个复查小组，于2018年6月下旬利用3天时间，对全村常住农户进行逐户“兜底式”大复查，重点排查农户常住情况、住房情况、慢性病情况、产业情况和贫困户“四改”需求情况，同时宣传“爱心超市”积分细则、评定标准和评定条件。

每个复查小组入户后先询问查看，再对住房等进行拍照，逐户核实，按户记载，现场向在村委会负责接收信息的两名队员传输情况说明和照片，实行“流水式”作业，做到在村常住农户一户不落、一人不丢。

在对全村农户复查的基础上，苏苏村驻村工作队和村“两委”将利用一个月时间对全村常住农户按户建立档案，以便于及时沟通、协调和掌握情况，同时将存在困难的农户逐户列出清单，全力为其出主意、想办法。

省县驻苏苏村工作队紧紧围绕县、镇两级指挥部指令开展精准扶贫工作，还有一些细致的工作尚需逐步完善。

桦川县开展脱贫攻坚战的过程，充分体现了精、准、实、扶的精神，更展现了民生为本、细节为重、干字当头的精神。这种精神是全县上下同心拼搏换得的财富，桦川县在实践中探索的成功经验证明：

做一切事情都要从实际出发。我们必须在一丝不苟地贯彻落实政策的前提下因村制宜，根据每个村的不同村型、不同起点、不同焦点、不同难度，以每个村的“底数”为基础，实行差异化、个性化、目标化的管理,多做过细的工作，多做管用的工作，多做得民心的工作，多做具体问题具体分析、具体解决的工作，这样才能确保脱贫攻坚战取得胜利。

做一切事情都要从本质着眼。研究现象的存在是为了认清本质、掌握本质，解决本质问题。每个村的所处地域、人口总量、发展基础、耕地面积、村民素质、村风民风、生活习惯、贫富程度以及农民对问题的认识态度各不相同，千差万别。这从研究解决问题的角度来看都属于现象，我们必须透过这些现象寻求解决本质问题的规律和方法，绝不能脱离本质定律，要在寻根追源、分类施策、有效指导上用足功夫。在本质问题面前，我们要多一些分析、少一些盲动，多一些助力、少一些说教，多一些指正、少一些责问，这样才能切实解决本质问题。

做一切事情都要从难点入手。所谓“先易后难”是有历史条件的，容易的事情人人都会做，什么时候都能做，而且还能花样繁多地做。难做的都是难点，难点就是“硬骨头”，这些“硬骨头”问题如何解决、谁来解决、何时解决、解决到什么程度，考验着一个人、一名领导者、一支团队、一级组织的能力和水平。比如，群众攀比心理消除、泥草房维修“灭迹”、村级产业断裂弱化，这些都是需要我们动脑筋、花成本、花力气、花功夫攻破的难点，如果不在这些难点上撕开一条口子，打开一条路子，我们很难实现贫困人口的持续性致富。

这只是我个人的认识、观点和感悟，或许存在偏颇，或许缺乏验证，仅是一种思考而已。

一个展现魅力的果蔬产业采摘园

产业兴则经济兴，产业强则集体强，产业旺则家境旺。

在桦川县城与苏苏村之间，有一个兴旺的产业园，叫苏苏东旺果蔬产业园，也叫苏苏东旺蔬菜农民专业合作社。产业园占地面积8公顷，东临西缘路，南靠北环路，北接悦来灌渠，交通极为便利，地缘优势独特。

走进产业园正门，右侧是一个可停60辆车的停车场，正门对面是一条长200米的七彩风车长廊，人们站在长廊里，仿佛进入了风车王国。五彩缤纷的风车随风转动，旋着清风，舞着魅力，让人眼花缭乱。长廊红砖铺面，地面两侧长长的花池里，红、黄、蓝、紫四色鲜花竞相绽放。

伴随日益提高的生活水平，人们开始追求高品位、高品质的生活方式，苏苏东旺果蔬产业园展现的就是高质量的现代园区的风采。合作社紧跟时代步伐，秉承现代、创意、绿色理念，确定了绿色经营、果蔬采摘、生态餐饮、园湖垂钓、奇鸟观赏、游乐一体、综合配套的思路，着力建设特色园区、观光园区、休闲园区、魅力园区，为生活在桦川县的人们享受现代生活提供了实现方式和基地。

在园区内，人们无论走进温室棚，还是步入超级棚，映入眼帘的都是“满园苍翠满园青、满棚果实满棚丰”的景象。

园内的2栋温室棚、8栋超级棚中，栽植着从大连引进的葡萄、草莓、油桃、水蜜桃、车厘子等6种果树，种植着黄瓜、茄子、辣椒、香菜、豆角、秋葵、紫白菜、草莓柿子等20种蔬菜。在8栋郁郁葱葱的果蔬棚室里，脸上挂着笑容的人们指指点点地嬉戏着、观赏着、采摘着，犹如进入了一个天然的神奇世界。

农业已经进入提质增效期，苏苏东旺果蔬产业园用创意诠释了质量型、效益型、特色型产业的内涵。产业园仅一栋草莓温室棚半年内净利润就达10万元，一栋葡萄棚复种蒲公英可实现利润2万元，2018年产业园将实现收益40万元。

每天从四面八方到苏苏东旺果蔬产业园采摘的人数平均达100多人。进入产业园的“采摘客”，三五成群、满怀欣悦地在产业园中漫步徜徉、观赏，释放着工作和生活带来的压力，自己动手采摘所需要的果实，这就是人们体验现代生活的一种美好方式。

苏苏东旺果蔬产业园是苏苏村扶贫产业基地之一，苏苏村入股产业园资金50万元，为产业园注入“扶贫资本”，形成了村社经济发展共同体。产业园带动苏苏村贫困户68户，每年为每户贫困户分红1 000元以上。其联结方式实行多维化，产业园根据贫困户家庭实际情况，通过资本收益分红、劳务就业分红、产品销售分红、定价代售分红等不同的联结模式，为苏苏村贫困人口致富开辟路径。

产业是发展之本，也是百姓致富之基，发展产业是实现村强民富目标的久远大计。没有产业话致富等于“画饼充饥”，尤其是在脱贫攻坚战中我们更要抢抓机遇、因村制宜，注重培育和大力发展产业，根据村情实际实行“一业带多品、一品带多元”，强力推进产业扶贫、产业富民、产业兴村，发挥产业引动致富的作用。

虽然苏苏东旺果蔬产业园在规模定位上还要走很长的路子，但它已经凸显了资源性、地域性、开发性、文化性特色，为建设个性化鲜明的效益型产业模式奠定了坚实的基础。

一名致富带头人的义举乡情

在桦川县悦来镇苏苏村永发屯有一名致富带头人叫史洪兴，他是苏苏村党支部确定的全村22个致富带头人之一。

史洪兴是苏苏村土生土长的地道农民，他凭靠智慧、胆识和心血，历经艰辛奋斗，实现了由农民到企业经营者的华丽转身。2017年，驻村工作队与村“两委”结合资源、地缘两大优势，鲜明提出要兴办合作社、家庭农场、专业公司，明确致富带头人，把村里的产业和贫困人口带起来、引起来、领起来。史洪兴在过去承包工程基础上于当年7月就注册兴办了黑龙江顺德建筑工程有限公司，从事路桥、危房改造等多领域工程项目建设。

他在办公司之初就确立了一个主导思想，公司用工人员除必要的技术人员外均在苏苏村永发屯雇用，通过自己的公司，带领家乡农民兄弟走上致富的路子。当时他就对村民说：“你们所依靠的土地收入是有上限的，每年收入就那么多，而且还不稳定。你们跟着我干，不耽误种地，我还能给你们开一份工资，我保证不拖欠工资，让你们拿到实钱。”永发屯农民听后都夸赞史洪兴有情有义、乐于助人，自己走上富路子不忘一个屯里生活的老少爷们儿。

史洪兴说到做到。2017年顺德建筑工程公司承揽了县里光伏发电、危房改造等部分工程建设项目，施工期间公司雇用的所有力工都是苏苏村永发屯的农民。仅这一年，他拿出170多万元，为永发屯在公司打工的农民开工资。农民获得了收益，得到了实惠。

有些人不理解，史洪兴凭什么拿出那么多辛苦钱给永发屯的农民，但史洪兴已经做到了，这就是现实。

2018年4月初的一天，史洪兴来到苏苏村村委会，他对我说：“吕书记，我有一个想法，今年我想把我纯收入的三分之一拿出来带贫困户致富，有劳动能力的可以到公司打工，没有劳动能力的可以让他们的直系亲属到公司干活。就是贫困户不到公司出工，我也想拿出来钱，为扶贫做点贡献，解决贫困户的生活困难。”我听后当时很惊诧，这是一件我所不敢想的事情，一个农民出身而且刚刚起步的企业经营者，能有这样博大的情怀和友爱的精神，着实让我敬佩和感动。我对史洪兴说：“你这是致富不忘家乡的农民兄弟啊，你也是在为脱贫攻坚战实打实地出力，不过千万不能因此影响你公司的经营。永发屯有60户贫困户，你带得动吗？”史洪兴笑着说：“没问题，这不会影响公司正常经营，我和村委会签个协议，到时候一定兑现承诺。”

为彻底改变苏苏村环境状况，根治脏、乱、差现象，驻村工作队与村“两委”商议把5月作为全村环境整治月，对苏苏、永发两个自然屯的卫生环境开展全面整治，全力提升环境质量，为村民营造一个舒适优美的生活“根据地”。

4月末，正当驻村工作队与村“两委”班子成员研究对村委会门前进行整治时，史洪兴又一次到村委会。他对我和村党支部书记齐更春说，他义务出钱出工把村委会前的路边沟修成“梯形”水泥槽，在栅栏前铺上步道板。还没等我们回复他，他甩了一句“‘五一’放假期间就开工”。

史洪兴说完，转身离开了村委会。

“五一”过后，村委会门前焕然一新。60延长米的“梯形”水泥槽和红砖步道板已经完工，史洪兴出动铲车等机械，带领永发屯8个村民足足干了3天时间。3天的假期，3天的苦干，改变了村委会门前的面貌。

这就是说了算、定了干的史洪兴，这就是史洪兴爱村、爱民、爱家乡的行动体现。他不是千万富豪，也不是百万富翁，他兴办公司还不到一年，事业只是刚刚有了起色，然而他却有回报社会、回报家乡的善行心路，我和大家无不为之欣慰诚服。

史洪兴只是一名致富带头人，但他却做到了真带头，用结果证明了一切，淋漓尽致地发挥了致富带头人的作用。

在脱贫攻坚这个战场上，一个人无论智商高低，无论能力大小，无论能量有多少，只要感恩社会，心系民众，身体力行做事，尽其所能奉献，这就是一种精神的体现，更是在脱贫攻坚战中值得传颂的一种高尚情操。

营造“夺旗争星”新氛围

苏苏村党支部在实施“抓党建促扶贫、强党建促发展”战略中，认真贯彻落实桦川县委组织部《关于在全县农村党组织和党员中开展“夺旗争星”活动的实施方案》的要求和悦来镇党委的工作部署，以建好支部、带好队伍、塑好机制、构好环境、转好风气、促好发展为目标，着力提升党支部的组织力、凝聚力和战斗力，充分发挥党员先锋模范作用，全力开展夺取“五面红旗”、争当“十星级党员”活动。

明确主导思想。苏苏村党支部突出政治建设、组织建设、能力建设、纪律建设和作风建设，发挥全体党员的引领示范效力和先锋模范作用，全心全意服务于民，带领全村干部群众重党建、塑机制，抓发展、强产业，构环境、建家园，攻基础、补短板，创模式、走富路，为打赢脱贫攻坚战和实现苏苏村全面振兴奠定坚实的基础。

定好奋进目标。在全县开展的“夺旗争星”活动中，苏苏村党支部实行全体干部总动员、全体党员总动员、全体村民总动员，树立勇夺红旗、誓当标杆、力争十星的精神风貌，形成干部带头、党员引领、比学赶超、典型带动、全员奋进的争创氛围，力争多“拿旗”、多“争星”，通过开展“夺旗争星”活动，推动全村全方位工作整体上水平、登台阶，真正把苏苏村建设成为美丽富饶、文明向上、安居乐业、甘于奉献的红旗村。

推进红旗工程。一是推进“脱贫攻坚红旗工程”。苏苏村党支部坚持“六个精准、五个一批”总原则，强力推进“一体两翼”精准扶贫工程，紧紧扣住“两不愁、三保障”这个“主体”，认真抓好思想扶贫、产业扶贫这个“两翼”，利用党建中心、爱心超市、村史展示、入户走访、典型引路、结对帮带等载体强化思想扶贫，重点推进三率一度、危房改造、产业带动等具体措施落地落到位，同时规范档案建设，实现档案规范化管理。二是推进“基层党建红旗工程”。苏苏村党支部坚定不移坚持“抓党建促扶贫、强党建促发展”之路，坚持抓强班子、带好队伍、筑造堡垒、健全机制、从严制度、服务于民，深化“五型党支部”建设，创新“三会一课”方式，开展党员“大讲堂”活动，打造党员一条街，推行“十星级文明户”“十星级文明人”竞赛评比，提升党支部建设、党员队伍建设、纪律作风建设、村风民风建设整体水平。三是推进“产业发展红旗工程”。苏苏村党支部坚持正确的产业方向，大力发展质量型、效益型、持续型、惠民型产业，组织发展绿色有机水稻、规模品牌果蔬、特色订单鹅业、“三辣”庭院经济，通过专业合作社、家庭农场、小型股份公司等新兴经营主

环境综合治理
“七项重点工程”

- 环境规划
- 环境清洁
- 环境硬化
- 环境绿化
- 环境美化
- 环境亮化
- 环境文化

体，建立带地入社、定量超产、产品销售、劳务用工、资本收益等分红方式，带动农户增收致富。四是推进“环境提升红旗工程”。五是推进“集体经济红旗工程”。以苏苏蓝羽肉鹅养殖场和秸秆打包机、搂草机、运草车为基础，成立村级集体控股专业合作社，吸收农户带地带资入社，建立股份合作方式经济体，完善运营、管理、分配等机制，收益按比例惠及集体、惠及于民，真正形成村级集体产业、集体企业，并使之逐步向农业生产股份合作制公司方向迈进，为发展壮大村级集体经济奠定坚实的基础。

形成争星氛围。苏苏村是“十星级党员”评定“发源地”，充分利用基础优势和“先行”优势，组织全体党员积极参加“争星”活动，全力推动党员在争当学习示范星、组织纪律星、遵规守法星、致富引领星、产业引带星、环境维护星、服务帮扶星、道德行为星、弘扬正气星、和谐构建星活动中当先锋，调动党员主观能动性，号召党员真心实意争星、践行承诺争星、依靠行动争星，切实发挥党员的先锋模范作用。

认真组织实施。为扎实开展好“夺旗争星”活动，苏苏村党支部实行分工负责制度。党支部书记齐更春负责“夺旗争星”全面工作，村委会主任齐雁飞负责夺取“五面红旗”组织工作，党支部委员史会军负责争当“十星级党员”组织工作，党支部委员范永权负责组织协调工作。驻村第一书记、驻村工作队、驻村联络队配合党支部抓好“夺旗争星”工作的推进实施，确保苏苏村通过“夺旗争星”工作实现领导班子过硬党员强、集体经济壮大村民富、村庄环境优美宜居住的目标，构筑一个干部有思路、党员能引路、村民走富路、共奔小康路的新环境。

再响冲锋号

翻阅过去的工作日记，里面满满记录了一年驻村扶贫工作的印迹。打开前行的日历，又到了初夏的时日，不知不觉已经进入了六月。

望不尽的莽莽苍苍，数不尽的层层翠翠，说不尽的风风火火，这就是北方六月的面貌。

就在这样一个如火如荼、生机盎然的季节，桦川县脱贫攻坚战又开启了新的篇章。2018年6月1日，桦川县委、县政府在工人文化宫召开了脱贫攻坚“百日攻坚战”动员大会。

在全县600余人参加的动员大会上，桦川县委、县政府公布出台了脱贫攻坚“百日攻坚战”、支持乡村扶贫产业发展、深化思想扶贫“六扶”、社会扶贫“爱心超市”、农村危房改造、农村改厕、健康扶贫、就业扶贫、农村街路日常保洁管理、农村生活垃圾治理“五分钱工程”试点、开展“夺旗争星”活动、建档立卡贫困户“两清四改两净”工程、加强脱贫攻坚帮扶、成立督查考核局等15个意见、办法和方案。这是桦川县委、县政府对前期制定实施的责任、驻村、包扶、帮扶、思想、产业、教育、健康、金融、住房、社会保障等扶贫体系的补充、完善和深化。

在脱贫攻坚这场伟大战役最关键的时期，桦川县委、县政府审时度势，瞄准靶向，适时出台了这15个意见、办法和方案，对全县脱贫攻坚的责任和措施进行更深层次的细化、硬化、深化，明确了主要任务、牵头领导、责任单位、完成时限，对脱贫攻坚中的每个环节都形成了制度化的运营模式。

桦川县委、县政府因地制宜强力推进脱贫攻坚战的一系列建设性举措，实行责任、运行、督查、考核、奖励、问责“六大机制”，充分表明其打赢这场战役的信心和决心。

桦川县委、县政府实施的战略性举措，我们无法用几点思考就全部囊括其丰富的内涵。打赢脱贫攻坚战需要的就是这种“拉满弓”的勇气和力度。全县脱贫攻坚“百日攻坚战”动员大会又一次吹响了冲锋号，鼓舞全体参战人员以高昂的精神状态持续向贫困发起进攻，直至打胜脱贫攻坚战。

要打赢脱贫攻坚战，我们必须构建统筹运行机制。我们要在脱贫攻坚战场上实行“一揽子”作战方略，从县级领导到部门、乡镇村、驻村工作队、驻村医疗队、帮扶人等层层压实责任，编织全方位助力精准扶贫政策措施落实网络，建立机制化的有序运行模式，这样既可以实现“战线突破”，又能够取得全局胜利；建立环环紧扣的机制，有效防止交叉“打乱仗”、不会“打硬仗”、坐等“不打仗”、袖手“看打仗”等现象。

要打赢脱贫攻坚战，我们必须心系第一民生工程。面对贫困户自立自强能力弱化、理家能力弱化、产业能力弱化等现实问题，我们要采取“多帮一”“一帮一”的方式，从思想、健康、教育、环境、文化、住房、饮水、社会保障直至建立永续性产业，实行全覆盖，构建大扶贫工作格局，这样才能把第一民生工程实施好、落实好、发展好。

要打赢脱贫攻坚战，我们必须落靠所有扶贫政策。脱贫攻坚战的过程，就是政策落实的过程，也是我们在精准扶贫政策下开启创造性思维、启动创造性路径的过程。这个过程的核心在于政策落地，其关键在于责任落实，其根本在于效果“落户”。桦川县制定的每项措施后面，都有跟踪性的办法、评价性的方案，这些办法与方案解决了工作进程中“虎头蛇尾”的问题，用“一脚油门踩到底”的力度，让贫困人口真正分享到脱贫攻坚的战果。

这样一些贫困户

富裕生活好过，贫困生活难熬。这个道理无人不知，但如何让贫困人口蹚出一条致富的路子，却不是个简单的问题。

我们驻村工作队进驻苏苏村后，结合村情实际和贫困人口状况，明确提出“六扶策略”，对全村精准扶贫定了基调，也定了思路。

按照已经确定的“六扶策略”，驻村工作队和村“两委”在脱贫攻坚战中把“扶心志”“扶产业”作为重点，多次入户走访，始终将“扶心志”放在贫困户脱贫的前提位置上，鼓励他们提升心气、提振精神，帮助他们挺起腰杆，树立致富志向，让每个贫困户都对迈向富裕的新生活增添勇气和奔头。

自从2017年起，驻村工作队和村“两委”一边谋划产业扶贫，一边组织全村有劳动能力的贫困户开展贫困自救，让他们靠自己的双手走出贫困这个“泥潭”。时至今日，苏苏村贫困人口中涌现出了一批自强自立的贫困自救典型户。他们都根据个人的特长，选择了“自身产氧”“自我造血”的道路。

贫困户李春林，身患肺癌，手术治疗花销巨大，过去攒下的积蓄被病魔夺得一干二净，家庭陷入贫困。李春林经过化疗身体恢复以后，驻村工作队鼓励李春林不等不靠，让他力所能及地自己寻找致富路。李春林每天晚上在县城巴黎春天影楼打更赚钱，每月有1 000元工资收入。他2017年卖掉了原来居住的房子，再加上打更收入和产业分红资金，计划2018年在“老房号”自建两间砖房，彻底完成“脱穷壳”的过程。

仲吉波是一个患喉癌的贫困户，以前家住三间泥草房。2017年全县统一进行危房改造，在危房改造过程中，驻村工作队全程跟踪，为的就是保障住房质量。仲吉波住房改造为砖瓦房，解决了仲吉波家夏天漏雨、冬天透风的住房难题。仲吉波说："党给了咱好政策，我住上了亮亮堂堂的砖瓦房，生活上咱就得靠自己啊！还得自谋来钱道儿。"2017年仲吉波发展庭院经济种植辣椒、茄子、豆角等蔬菜，仅庭院小园年收入就超过5 000元。2018年4月起，驻村工作队为仲吉波联系了一份灌溉站打更的工作，其每年收入又增加1万元。

年逾70岁的贫困户张景聪，在村里当保洁员，其年收入可达3 500元。但他没有满足这个收入状况，仍然坚持自食其力，独辟蹊径寻找致富的路子。他利用保洁队没活儿的时间，推着车子割"架条"到城里市场上销售，年创收4 000元。当我走访张景聪家时，我问他："从你家的收入情况看，2018年脱贫没问题吧？"他笑着回答："我靠现在这个收入脱贫指正没事，光脱贫还不行，我还得富起来，我有这个干劲。"

三口之家的贫困户齐更焕，为早日摆脱贫困，主动寻找致富路。他从2017年开始养猪，养殖260斤的肥猪10头，如今已经卖掉1头，还剩9头。今年初他又买了10头猪崽。当驻村工作队问起齐更焕时，他说："养猪虽然有风险，但怎么也不至于赔上，还是能挣钱的，我是贫困户，可我不能躺在国家的身上等着吃救济啊!"

依靠小园改变贫困面貌的贫困户王玉喜，想方设法自立创收。2017年他利用自家小园种植豆角，在耕地的地头种植土豆和白菜，年收入达5 000元。2018年2月，当我到王玉喜家走访时，我对他说："如果你身体状况允许，你可以再扩大一点种植面积，还能增加收入。"目前王玉喜又扩大了蔬菜种植，增加2亩①地种植大葱。我再次

① 1亩=666.67平方米。

入户走访时他告诉我说:“我还有劳动能力，是你们驻村工作队给我提了醒，我能干点就想法多挣点钱，不能光靠产业分红过日子啊！”

这几户贫困户只是自力更生者的一部分，还有养猪户于恩艳、务工户周凤林、庭院经济户史洪才等，他们都有一种向上向好的志气，力所能及地用劳动换得富裕。

虽然还有一大部分贫困户因病和年龄等原因失去了劳动能力，尚不能自食其力，仍然需要加大力度帮扶脱贫，但我们驻村工作队能看到苏苏村有劳动能力的贫困户思想的变化、面貌的焕发、劳动的成果，深深为他们这种自我求变、自我致富的精神所感动。我们为他们而高兴，更为他们的思想变化而自豪。只有贫困户充分认识到了自己是家庭富强的主人，我们才能改变贫困户深度贫困的状况，才能使贫困户实现真正意义上的脱贫致富。

这就是驻村工作队驻村扶贫的根本目的所在。

苏苏蓝羽肉鹅养殖场的看鹅人

苏苏村，古老，传奇。

在这片一马平川的沃野上，曾经生活着以渔猎为生的女真人和赫哲族人。那个时期，这里沼泽布四野、松林点大地。先后生活在这里的女真人和赫哲族人，以兽皮为衣，鱼皮为裤。他们在这块水系丰足、百草丰茂、资源丰富的土地上，辛勤地为生存而奋斗着。

据史料记载，1951年以后，在苏苏村定居的全部为汉族人，在这片土地上已经不见了女真人和赫哲族人的痕迹。

如今，就在苏苏这个历史悠久的美丽村庄，我认识了一个叫王文喜的人，他给我留下了深刻印象，那是在苏苏蓝羽肉鹅养殖场建设时期。

那时，苏苏蓝羽肉鹅养殖场各项基本建设工程同时启动，平整场地、鹅棚建设、围栏焊接、电线架设、重新打井、彩钢房基础铺筑，可以说是多管齐下。在这个阶段，沙子、水泥、钢筋、红砖等纷纷进场。驻村工作队和村“两委”研究必须找一个敢于负责任的人看护这些物品。

村“两委”反复酝酿，几经筛选，选定村民王文喜看场地。当选定王文喜以后，村党支部书记齐更春找到我，他对我说：“老王头儿这个人准成，没什么说道，干啥都像样，还特别认真，那是嘎嘎地。”

王文喜，今年69岁，我和他见过几面、接触几次以后，觉得他是个和蔼可亲的人。“话前八分笑，不笑话不唠”，这是王文喜的性格特征和外在表现。他家中只有他和他的老伴两个人，他的儿子已经结婚生子，在苏州工作。他有一个幸福的家庭，家里不缺钱、不愁吃、不少穿，生活比较富裕。他儿子对他和他老伴儿百般孝顺，不允许他和他的老伴儿干任何体力活儿，吃、穿、用和零花钱都由儿子供着，他就是想让他们老两口儿在家度过幸福的晚年。

在一个艳阳高照的中午，我去苏苏蓝羽肉鹅养殖场建设工地勘查工程进展情况，我看到王文喜在那么多施工人员在现场的情况下，依然守候在他职责所在的阵地。

我走上前问王文喜说：“老王啊，怎么样啊？你昼夜在这里看摊守业的，是不是很辛苦啊？”

王文喜笑呵呵地对我说：“辛苦倒是不辛苦，咱都是庄稼院里的人，干这些活儿都习惯了，就是我儿子不让我干这些活儿，他害怕我累着。以前咱们屯里的邻居水稻插秧，我那时就琢磨，我在家里也闲不住，待着也是待着，还不如到地里干点活儿，就当锻炼了。儿子听说了，非让我回家不可，他说我不回去，他就从苏州回苏苏村来，我没招了，只好又回了家。”

王文喜说完，“嘿嘿”地笑了起来。他笑得那么憨厚、淳朴、正直。在王文喜身上，他的一言一行，一举一动，处处体现着传统农民的那种本分和善良。

在苏苏村第一批鹅雏进入养殖场之前，驻村工作队和村“两委”多次研究要聘请两名负责任、懂技术的饲养人员，但看好的人选人家不愿意干，怕担责任和风险，来竞聘的人又不尽如人意。眼看着鹅雏就要“进村入场”了，这时村党支部书记齐更春和村主任齐雁飞就和王文喜商量，让他在鹅雏进场后承担饲养任务，问他行不行。

王文喜听后，笑了笑说：“我说心里话，我养鹅没啥经验，再说了也怕养不好，这么多钱整这个场子不容易啊，要是我给养不好，我怎么交代啊？”

后经齐更春和齐雁飞反复做他的思想工作，说让他就当帮村里一个忙，先养一些日子看看再说。王文喜总算勉强答应了，但他只是说：“我先试试吧，不行的话你们赶紧找别人。”

王文喜在看场子时，就没提过一天多少钱，他承担了养鹅这个繁重的任务以后，也很少提及一个“钱”字。一个生活在农村的农民，

王文喜（左一）

况且马上快70岁的人了，在村里有困难的时候，他能挺身而出，为村里分忧解难，这种精神真的太可贵了。

当8月12日苏苏村第一批1 520只鹅雏进场后，等待王文喜的是垫稻壳、搬饲料，50个“隔断”鹅栏中有50只水桶、50只饲料桶，鹅雏吃得多、喝得多，需要王文喜不停地加水加料，而且每天晚上一小时就得看一遍，他既怕鹅雏缺水缺料，又怕鹅雏抱团踩踏，丝毫不敢大意，为的就是保个成活率，保个有效益。王文喜虽然昼夜忙得满头大汗，但他的脸上始终挂着喜悦且又灿烂的微笑。

在鹅棚里，王文喜陪我看鹅雏的生长情况，他对我说：“干这个得细心，还得不怕脏，就得死死地盯住它，看着鹅雏成堆地趴在一起，就得把它们撵开，看见有打蔫儿的，就得把它挑出来放在“疗养区”去，还得给它按时喂药，稍微大意点儿，那损失可就不是一只鹅了啊！咱村里整个企业不容易，你们那个艰难劲儿，我都看在眼里了，我虽然没养过鹅，我一定得精心尽力。”

我当时就伸出了大拇指，对王文喜说：“老王啊，我见过许多人，也和许多人有过交往、打过交道，你是我最佩服的人之一。不仅是你说的话让我佩服，你的行动更让我特别感动，如果人人都像你这样，我们不愁咱们村里的事情办不好。”

王文喜听后照例还是“嘿嘿”地笑了。

在苏苏蓝羽肉鹅养殖场，王文喜以村为家、以场为家，对肉鹅养殖场饱满深情地投入全部力量，为了村集体的事业甘于辛劳。我们对村里有这样的村民深感荣幸，他也是我和我们这些工作在城里的人们学习的榜样。

王文喜，一个年近70岁的普通农民，我打心眼里尊敬他，钦佩他。他是当今农村辛劳、善良、朴实农民的典型代表，他为苏苏蓝羽肉鹅养殖场的发展做出了不可磨灭的贡献，苏苏村发展的功劳簿上，将会永远记载王文喜这个名字。

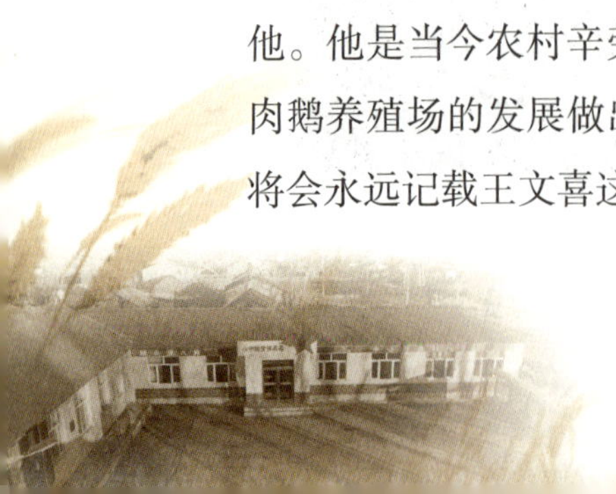

扶贫阵地上的尖兵

——桦川县悦来镇乡建助理彭雪扶贫纪实

在桦川县悦来镇，有一个家喻户晓的名字，他就是悦来镇36岁的共产党员、乡建助理彭雪。他用实际行动和开拓作为诠释了脱贫攻坚创造出的无畏精神，2016年彭雪被评为全县危房改造先进个人，2018年他又被评为全县优秀共产党员。

*心系危房户。*悦来镇是城关镇，面对行政村多、人口多、贫困户多、居住泥草房的户数多等特点，彭雪从脱贫攻坚战开始时就进入了紧张的工作状态。扶贫启动期是工作最艰难的时期，他负责住房维修改造工作，人员少，难度大，一切从头再来，“白手”闯扶贫。为了严格落实脱贫攻坚精准到户、精准到人的要求，实现“两不愁、三保障”，摸清全镇贫困户居住泥草房的真实情况，彭雪一人下村屯，逐户走访，逐户登记，逐户拍照，逐户了解情况，逐户宣传建、修、买、租、进、拆6项政策，逐户了解贫困户维修改造泥草房的底数，大量的、细致的、基础性的工作，都是他负责，都由他自己独立承担。这期间，彭雪走访农户1 000余户，从万里河、马库力、腰林子等偏远村屯，到悦江、冷云、敬夫等“城中村”，再到苏

彭雪入户走访

苏、万升、桦树、双兴、东兴等县城的“卫星村”，人们数不清他往返了多少趟。在贫困户的屋子里和房前屋后，人们记不起他跑了多少回，转了多少圈。哪家几口人、住几间房、房子是C级还是D级、住房结构怎么样、生活是什么状况、贫困到何种程度，所有这一切，彭雪了如指掌、一清二楚，真真切切地做到了情况明、底数清。他善于创造性地开展工作，组织每个村设计农户住房分布图，对泥草房等实行定位管理。在两年来的泥草房改造过程中，彭雪到村入户监督工程队的施工进度和质量，确保其按照标准和要求进行改造，让改造泥草房的农户达到满意。有时为解决一户泥草房改造问题，他一天内几次开展定点巡视，现场研究解决问题的方案，从不拖等时间，这已经成了他每天做事的基本准则。为了精益求精地做好工作，彭雪每天早晨六点左右到镇里，一干就到深夜十二点钟。他“起五更，爬半夜”，把全部精力都用在了让贫困人口住上安全房上。

情满大家庭。彭雪对精准扶贫工作满怀一腔热血，一心扑在扶贫事业上。儿子有病高烧，他不能亲自照顾，只好在电话里说上几句安慰儿子的话，仍然战斗在扶贫一线。家里水管儿漏水了，他告诉朋友到家帮忙找人维修，而他却仍然战斗在前沿。朋友说他：“你自家的屋子漏水了，你却还管别人家的房子，够可以的了。”每当这时，彭雪都一笑了之，只是随和一句“你辛苦了”。这些看似小事，可他是家里的“主墙骨”，他理应扛起的家庭责任，他却将这份责任心移植到了脱贫攻坚战役之中。彭雪对家里的大事小事置之度外，为的是让悦来镇居住危房的贫困户早日住上好房子，过上舒适日子。用他自己的话说：“我个人家里的事只是我一个家庭的小事，贫困户住危房的事涉及那么多老百姓，只要那些住着破屋子的贫困户能早点住上安全房，有个暖屋子，我牺牲一些个人利益也心甘情愿。”他就是用这种平实普通的话语，表白和阐述他高尚的内心世界。他把为老百姓办事看作是自己分内的事，也是他发自内心想去做、想做好的事情，他绝不装

样子给别人看，让他人去评功摆好。危房改造现场有他的身影，改厕试点住户有他的足迹。彭雪干工作不论分内分外，镇党委、镇政府领导指到哪里，他就出现在哪里、战斗在哪里。垃圾清运场地、道路拓宽施工现场、秸秆禁烧巡查现场都留下了他深深的印记。一名乡建助理，一名36岁的共产党员，一名拖家带口、需要担起家庭责任的年轻干部，舍小家为大家，倾心尽力地献身于脱贫攻坚大业。所有这些，是他心系民众的境界和他人格魅力的展现，更是他勇为人先精神的写照。干工作就要像彭雪这样无怨无悔，搞扶贫就要像彭雪这样踏踏实实，一步一个脚印地走着“为民的路”，走就走出个让老百姓心满意足的“轨迹”来，这样就能走得扎实，走得牢固，走得长远。彭雪，不愧为一名进取型、开拓型、奉献型且又不图名利的扶贫工作好干部。

身献扶贫地。彭雪承担的危房改造工作可以说是焦点凸显、矛盾重重。在农村，有一种现象叫“攀比”，有一种现象叫“挑刺儿”，还有一种现象叫“难缠”，一旦触及利益问题，马上就会出现“百态云生”现象，工作中什么样的事都能碰到。但彭雪通过耐心细致的工作，不但化解了矛盾，还赢得群众的满意。万里河村位于瓦里霍吞古城遗址，有21户贫困户居住在破损的泥草房里，急需房屋维修改造。在他多次与相关部门的协调下，万里河村21户贫困户中有16户新建砖房、5户进行维修改造，一次性全部改造到位。万升村贫困户朱柏文家住两间小仓房，低矮潮湿，为了尽快让朱柏文摆脱这种居住环境，彭雪联系施工队对朱柏文的住房进行拆除重建，真正解决了贫困户住房难的问题。文澄村贫困户杨义的妻子患尿毒症晚期，家里依靠杨义一人打工度日，生活非常困难，彭雪得知杨义的家庭状况后，立即指挥施工队对杨义家的住房进行维修。在苏苏村、双兴村改厕试点中，许多住户院内挖掘机无法进入，彭雪一户一户协商，确保了改厕施工进度。泥草房“灭迹”更是一项艰难的任务，尽管拆扒泥草房跟着补贴，但面对农户坐等动迁、拆扒意愿不强的实际，他与每个村的村干部针对实际研究动员，付出了艰辛的努力。

真心搞帮扶。彭雪每天从事着复杂和矛盾性较多的工作，同时还帮扶桦树村的王会民、方春珍两户贫困户。尽管工作又苦又累，他忙起来连饭都吃不上，但他在脱贫攻坚战中坚持为帮扶的贫困户多做实事、多做好事。稍有闲暇时间，彭雪就到他所帮扶的贫困户王会民和方春珍家，帮助他们扫院子、收拾屋子、种小园子。为让贫困户家庭达到“两清四改两净”，彭雪为王会民家提供涂料、水泥、红砖等建筑材料，用以粉刷室内墙壁，使王会民家屋内焕然一新。王会民家室外一仓房西山房要倒塌，彭雪到现场发现仓房的墙是土墙，而且已经年久失修，这些，他都看在眼里，记在心上。他为贫困户提供了水泥和500块红砖，用以重新修复即将倒塌的仓房。贫困户方春珍家在2017年对危房进行了改造，虽然室内干净整洁，但上级要求贫困户室外门斗要抹水泥墙，彭雪二话没说，为其提供了水泥。目前不管谁到方春珍家，方春珍都笑呵呵地说：“我这门斗是彭雪帮我整的水泥，他真是党的好干部。”悦来镇危房改造已近尾声，彭雪正忙于工程收尾和验收等工作。虽然他自己没有太多时间，但他挤时间又到贫困户家，对破损的电线开始进行改造。

人活在世界上，活在事业里，光靠“嘴拱”不行，光说不练也不行，光为了在自己头上戴上光环不行，光看别人的短处和缺点更不行，打铁还需自身硬。

一个人做一件事并不难，难的是面对矛盾在苦心奋斗的做事过程中创造出光辉的业绩，没有久久为功的韧劲、持之以恒的精神和逐风破浪的斗志，这是万万做不到的。在彭雪付出的全部心血和辛勤汗水里，也呈现了令人瞩目的辉煌战果。悦来镇维修改造泥草房571户，其中贫苦户341户，低保、五保、残疾人户112户、一般农户118户；泥草房拆扒“灭迹”86户；“厕所革命”试点改厕146户。

脱贫攻坚战仍在推进，彭雪每天依然在为他心中的理想而战斗着！

强村富民的一片“蓝海”

——黑龙江省苏苏蓝宇农业发展有限公司正式运营

在桦川县悦来镇苏苏村脱贫攻坚战进入冲刺期和验收期的关键时点，黑龙江省苏苏蓝宇农业发展有限公司正式运营。

苏苏村在精准扶贫过程中把“精准”两个字作为总原则，竭尽全力实现“六个精准”目标，而且始终沿着这个目标前进，同时也把提升贫困人口收入、一般农户收入、村级集体收入水平，作为快脱贫、不返贫、没有贫、永不贫的出发点和落脚点，全心全意谋划民富村也富、民强村更强的思路和途经。

为实现这个“向富裕出发、向幸福前进”的目标，驻村工作队和村“两委”反复研究，多方论证，组织召开全村党员会议、村民代表会议，集众人之智，纳百姓之言，充分听取意见和建议。党员和村民代表一致认为，民富和村富缺一不可，要想让苏苏村真正成为现代化的富裕小康村，必须让老百姓生活富起来，让村集体经济强起来，这样全村老百姓心里才能托底，日子才有奔头。在党员和村民代表的强力支持下，苏苏村决定在发展定位上，要把脱贫攻坚与乡村振兴两项战略实施紧密衔接，积极探索“村办产业公司化、农业发展质量化、产业方向特色化、民众经营合作化、基础建设公共化”的路子。

尽管一个行政村的这种思路和做法可能是个性化的、摸索式的、实验性的，但它毕竟对巩固脱贫攻战成果、启动乡村振兴战略具有实践价值。

苏苏村党支部书记齐更春为尽快把“黑龙江省苏苏蓝宇农业发展

有限公司”办起来，和苏苏村顺德建筑工程公司经理、致富带头人史洪兴一起，到县直部门办理营业执照、税务登记等，付出了艰辛的努力。但他们没叫一声苦，没喊一句累，成功地办成了公司，现在公司已经正式运营。

在苏苏村，苏苏蓝羽肉鹅养殖场资产、入股苏苏东旺合作社资产、秸秆打包机和搂草机等资产，都属于“黑龙江省苏苏蓝宇农业发展有限公司”，而且其收入将全部纳入公司账户。2018年，公司纯收入将实现10万元以上，这是苏苏村除耕地承包收入以外的收益，填补了苏苏村集体经济发展的一项空白。

许多年以前，也曾有过村办企业，也曾出现过一窝蜂式的“村村点火，村村冒烟”的境况，也曾经历过村办企业运营后在几个月甚至是几天之内就悄然消失，也曾再现过匆忙上马的大项目没等几年就变成了瓦砾和废墟，这些都是不堪回首的惨痛教训。

教训绝不能重演，失败绝不能重来，但做任何事情都不能因噎废食。

村办公司的兴与衰，市场、技术、人才、管理这四大要素至关重要。苏苏村为把村办公司建成有生命力、有持续力的村办企业，将实行股份制模式运营，吸收苏苏村村民耕地、资金、技术等入股公司，实行“股份共享，投资共理、经营共治、股东共管”，借鉴现代企业的管理理念和运营方式，把科学的大模式引进村办的小企业，慢慢把“蛋糕”做大，把公司做强。

有许多人说：“农村集体经济发展壮大要充分利用耕地资源，运用好机动耕地，只有这样才能把集体经济做强。”我认为这只是发展壮大集体经济的一个重要方面，如果过去几十年农村集体经济真正有效地利用了机动耕地资源，根本就不会出现那么多“债务村”“空壳村”，对机动耕地资源的管理和使用堵不住“漏斗”，如果说是资源，那也只能说是没有实现最大价值的资源，农村集体经济照样强不起来。因此这些机动耕地资源必须用好用足，农村集体经济必须围绕机动耕地资源做大文章。

农村集体经济发展仍要提高站位，拓宽视野。现代化农村建设绝不仅仅只是依靠耕地，我们必须因村制宜研究种养加产业链条发展，研究农村化的服务业水平提升，研究特色化产业增值，切实走出一条既有机动耕地资源主导又有村办企业补充的良性循环的路子来，同时要善于吸收和运用企业管理的法则，有针对性地解决农村发展问题，这样农村才有美好的未来。

突出思想扶贫 拔掉心灵穷根

——桦川县悦来镇苏苏村开展思想扶贫纪实

苏苏村在脱贫攻坚战中结合村情实际，坚持“抓党建促扶贫”的指导原则，确定党建统领、精准扶贫、强村富民、全面升级、勇创一流、越来越好的总体思路，明确提出“扶心、扶志、扶风气，扶业、扶才、扶精神”六扶策略，把思想扶贫作为拔掉穷根子、甩掉穷帽子的重中之重，通过多措并举，从根本实现贫困户思想有靠头、心灵少骨头、脱贫没劲头、致富缺盼头。

分类走访，开通观念。苏苏村驻村工作队、驻村联络队和村“两委”从脱贫攻坚战之初，就对低收入户、危房户、重病大病户、难点户、种养殖大户、自主创业和务工户、党员和村民代表户，采取分七种类型进行走访的方式；贫困户确定以后，又对贫困户重新进行分类，对危重病户、大病户、年迈户、鳏寡孤独户、失去劳动能力户、具备劳动能力无致富门路户等分户走访；通过分类走访，逐户分析不同类型贫困户家庭成员结构、身体健康状态、子女经济状况、耕地资源情况、劳动技术能力、家庭收入构成，对每类贫困户实行细分后找出共性特点，增强逐户逐类开展思想扶贫的瞄准性和针对性；根据每户贫困户基本情况，分别确立不同的思想扶贫方式，比如，通过扶贫使贫困户后代致富，依托子女忠孝使之承担义务，通过扶贫使贫困户挺起精神，鼓励其依靠双手实行自救，通过扶贫使贫困户拓宽眼界，积极寻找发家致富之路。

党员帮带，贴心扶志。苏苏村要发挥党员先锋模范作用，提升党员的影响力和带动力。一是实施党员“一带三”帮扶模式。每名党员帮带3个农户，驻村32名党员共帮带各类农户96户。驻村工作队、驻村联络队和村“两委”开展党员帮思想纯正、帮精神提振、帮矛盾化解、帮家风转变“四帮”活动，通过全体党员对农户实施“一带三”“四帮扶”，解决贫困户等靠政策、意志衰退等思想问题，同时解决矛盾纠纷110余件次。二是实施党员“家庭户外挂标识”示范模式。党员家庭户外标识牌上写着政策宣传员、人民调解员等“10大员”义务标准，村民根据党员“10大员”履行义务情况对其进行评价。三是实施党员“戴着党徽走农户”影响模式。党员“戴着党徽走农户”目的是让党员作为贫困户身边的人为他们脱贫想实招、办实事，反映村民的合理诉求，把矛盾和问题就地解决在农户家中，把共产党员的先进性体现在真真切切的行动上。四是实施党员“带领群众一起干”牵动模式。党员于恩江经历了多年的贫穷生活，深知贫困对每个家庭而言意味着艰辛与痛苦，意味着度日如年。因此他致富不忘本，发家不忘父老乡亲。在他牵头承包建筑工程时，主动带着苏苏村的王立君、施伟东、张井权等贫困户到他的工程队打工赚钱，他还带领贫困户建广场、修民房，建设村里的肉鹅养殖场。党员张忠会、邹凤龙建起了家庭农场，引动贫困的父老乡亲过上富裕的生活。

致富引领，助推富强。全村实行“场社户”三级联动，依靠能人、带头人带动贫困户致富欲望。在2017年实施“239产业发展引动工程”基础上，2018年苏苏村又实施了“12515产业发展引动提升工程”：一是建设苏苏东旺1个8公顷耕地面积的果蔬产业园，投资50万元，通过资本收益分红、劳务用工分红、产品销售分红、定价代售分红等模式，带动全村68户贫困户，每户增收1 050元；二是建强穗丰、源顺两个水稻专业合作社，其中源顺合作社带动贫困户34户，驻村工作队组织华康精谷农业有限公司与合作社签订水稻高于市场价格销售的订单合同，牵线双方举行签约仪式，确保合作社水稻“保底”销售价格，对贫困户实行地价分红、超产分红、劳务分红，每户贫困户获得收益1 030元；三是建好4个特色家庭农场和1个建筑工程公司，其中不怕辣十亩田家庭农场带动4户贫困户，每户贫困户受益1 000元，顺德建筑工程公司通过承包工程吸纳贫困户就业，带着贫困户通过劳动一起致富；四是建壮致富带头人队伍，在建筑、运输、快递、养殖、豆制品、棚室经济等9个领域选定了15户致富带头人，刘海涛、史洪峰等一批青年致富带头人在村里发挥模范作用，引导农民增强内生动力，通过发展实现富裕。

鼓励谋生，因户选业。苏苏村组织召开贫困户自强致富汇报会、自我发展座谈会，鼓励贫困户自谋就业、自寻生计，坚定他们“幸福就在脚下，我能过得更好”的信心，鼓励他们提升心气、提振精神，帮助他们挺起腰杆，树立致富志向，让每个贫困户都对迈向富裕的新生活增添勇气和奔头；组织有劳动能力的贫困户开展贫困自救，让他们靠自己的双手走出贫困的“泥潭”。时至今日，苏苏村贫困人口中涌现出了一批自强自立的贫困自救典型户。他们都根据个人的特长，选择了“自身产氧”“自我造血”的道路。一是鼓励自立自强。贫困户李春林手术治疗花销巨大，其过去攒下的积蓄被病魔夺得一干二净，家庭陷入贫困。李春林经过化疗身体恢复以后，驻村工作队鼓励李春林不等不靠，让他自己寻找致富路。李春林每天晚上在县城巴黎春天影楼打更赚钱，每月有1 000元工资收入。他于2018年在“老房号”自建两间砖房，彻底完成“脱穷壳”的过程。二是鼓励自食其力。贫困户仲吉波以前家住三间泥草房，2017年全县统一进行危房改造。在危房改造过程中，驻村工作队全程跟踪，为的就是保障住房质量。仲吉波住房改造为砖瓦房，解决了仲吉波家夏天漏雨、冬天透风的住房难题。2017年仲吉波发展庭院经济种植辣椒、茄子、豆角等蔬菜，仅庭院小园收入就超过5 000元。三是鼓励自寻富路。贫困户张景聪年逾70，他在村里当保洁员，年收入可达3 500元。但他没有满足这个收入状况，仍然坚持自食其力，独辟蹊径寻找致富的路子，利用保洁队没活儿的时间，推着车子到离家很远的地方割“架条”，把“架条”再推到城里市场上销售，他卖“架条”年创收3 000元。四是鼓励自耕持家。贫困户王玉喜依靠小园想方设法自立创收，2017年他利用自家小园种植豆角，在耕地的地头种植土豆和白菜，种植蔬菜这一项收入就达5 000元。2018年王玉喜又扩大了蔬菜种植，增加2亩地种植大葱。庭院经济户史洪才充分利用庭院种植茄子等蔬菜，每年收入在6 000元以上。这些贫困户都有一种向上向好的志气，自食其力地用劳动换得富裕。

搭建平台，激发动力。贫困户思想转变不是一蹴而就的事情，需要持之以恒、久久为功。在开展思想扶贫过程中，驻村工作队和村“两委”采取多维方式，激励贫困户增强致富动力。一是兴办爱心超市，激发致富劲头。苏苏村兴办了标准化的爱心超市，制定9项标准和条件，确立了管理制度，实行双月考核积分制。超市有6个单位的爱心捐助，物品100多种，价值2万余元。为营造一个引导性的氛围，工作队分别在爱心超市两面墙上书写“勤劳积财富，忠孝积美德”“善行传千户，博爱助万家”等美术字，贫困户兑现积分时对其讲解内涵。二是建设村史一条街，激发精神传承。苏苏村历史悠久，曾经是金代部落、赫哲村落，在这里有赫哲族抗日英雄卢英春，有中国历史上杰出的医学专家，有垦荒岁月的“追歌”先辈。工作队把苏苏村光辉璀璨的历史通过图版模式在村史一条街上展现给苏苏村村民，让他们知道幸福生活来之不易，发挥历史教育人、鼓舞人、激励人的作用。三是组织大型义诊，激发精神斗志。苏苏村聘请佳木斯市中心医院6名专家，带着B超、心电机等设备，来村开展义诊活动，为村民免费服务，有100多名村民踊跃参加。义诊仅仅是一次活动，但却让贫困户感受到了党组织的温暖，为他们增强体质提供了医学保障，使他们焕发了向健康生活和富裕生活迈进的信心。四是组织文体活动，激发精神动力。苏苏村组织40多人的广场舞队和秧歌队，其中贫困人口占三分之一，每晚6点至8点集体活动，让他们在音乐和舞蹈中打开自强不息的心灵之窗。村党建中心设置文化展示室、体育健身室，组织贫困户参与棋牌、乒乓球等活动，使之焕发对美好生活的向往。

打造环境，强化自信。为让贫困户摆脱“穷环境”“穷氛围”，苏苏村在县、镇政府支持下，对人居环境、卫生环境进行彻底改善：硬化路面23条4 360延长米，改变“晴天扬灰路、雨天水泥路”的状况；饮水入户156户，全村吃上了自来水、安全水；改造危房101户、拆扒泥草房6户，为32户村民建设室内卫生间，解决了贫困户的居住环境；新建文化休闲广场1 360平方米，安装体育健身器材19套，为居民提供了娱乐、休闲、健身场所；建立环境卫生治理机制，解决乱堆乱放、乱停乱靠、乱挖乱占、乱贴乱挂“八乱”现象，使全村向路面清、边沟清、庭院清、室内清“四清”方向和人格美、环境美、家境美目标迈进。苏苏村通过硬环境建设，提升贫困户生活品位和生活质量，唤醒贫困户改观念、改习惯、改落后面貌。

脱贫路上又见新彩虹

——苏苏村不怕辣十亩田家庭农场发展纪实

在农村，特色鲜明的新兴经营主体不断涌现，群众性合作组织如雨后春笋，在风雨中茁壮成长。

桦川县悦来镇苏苏村有3家农民专业合作社，主要种植水稻、果树和蔬菜。这是农村经济发展的载体和趋势。苏苏村自从2017年以来，又诞生了一种新兴经营主体，这就是家庭农场。这些家庭农场与过去传统意义上的家庭农场有着本质的区别，其运营模式不都是一家一户式，也不完全是血缘亲族式，而是农民组合的合作性经营组织。

在苏苏村4个家庭农场里，2017年被评为全村“十星级党员”的永发屯邹凤龙，兴办了不怕辣十亩田家庭农场。该家庭农场由7户农户组成，农户实行带地入场模式运营。这个家庭农场是以发展庭院经济、种植特色作物为主的“带贫家庭农场”，带动苏苏村永发屯史洪才、汪木兰、张忠礼、邢占元等4户贫困户，2018年每户贫困户除带地入场收入以外，在不怕辣十亩田家庭农场获得收益1 000元。

不怕辣十亩田家庭农场占地面积98.8亩，其中耕地88.4亩，种植大葱20亩，年产量13万斤，种植小毛葱2亩、白菜4亩、水稻35亩，年总收入27.7万元，剔除成本每年纯收入17.7万元。

邹凤龙致富不忘贫困的父老乡亲，他常说一句话：“我是一名有多年党龄的老党员，我是在党的旗帜下成长起来的，在党需要我的时候，我就要挺身而出，现在正是精准扶贫期间，我一定发挥好先锋作用，带领大伙儿走上生活富裕的路子，这也是我的责任和义务。”

尽管邹凤龙已经是年近60岁的人了，但他作为一名共产党员，始终牢记身上承担的使命，为了帮助老百姓摆脱窘困的境况，让老百姓过上小康生活，他通过探索兴办家庭农场这种有效的方式，在生产实践中引领致富，同时践行承诺，把承诺化为行动、变为现实，体现了共产党员的品格和情操。在苏苏村永发屯老百姓中流传这样一段佳话：

家庭农场十亩田，场长十星级党员。

带贫联结助四户，非老即病就是残。

庭院经济别小看，一亩能顶十亩钱。

农村小园是宝地，每家每户圈里边。

合作经营走富路，开发利用并不难。

辣椒成串不费力，每天平均四十元。

苏苏村不怕辣十亩田家庭农场的实践证明，在生产力水平仍然需要大幅提高的农村，提升领导力和组织力也好，释放贫困户能动力也好，干部牵头、党员领头、能人带头不可或缺，因村制宜建立一个适应致富的好模式更是重中之重。不同特色的家庭农场引带贫困户脱贫致富，着实值得探索、思考和实践。

在农村改革发展中特别是在实行脱贫攻坚战这一关键时期，共产党员作用的充分发挥，致富带头人的真帮真带，不能停留在一般号召上，更不能停留在口头上，必须动真格的，来实在的。在苏苏村，邹凤龙等一批共产党员和致富带头人，敢于站在引领脱贫致富的“潮头”，为父老乡亲当表率、谋福祉，充分体现了党的先进性和人民性。

老百姓能不能尽快富裕起来，最基础的因素就是要有好政策、好观念、好风气、好思路、好模式和好的领路人。具备了这些基础条件，就要有效利用资源和地缘两大优势，发扬“实字为要，干字当头”精神，要有“国不富强心不甘、家不富裕誓不休”的气概和劲头，只有这样才能真正建设成人民期盼的小康生活。

驻村日记

写在苏苏村文化休闲广场建设之际

2017年7月
15
星期六
晴转多云

炽热的七月，天气多变，正当骄阳似火，霎时阴云密布。不管天气如何变幻，在这个多彩的季节，炎热引发人们大汗淋漓可谓常态体状。

魔幻般的气候转换神奇，是上苍赋予世界及人类的经典佳作。

我所驻的桦川县悦来镇苏苏村，也毫不例外地在这种天赐的自然幻境中，享受着不可抗拒的“光阴”。

艳阳高照的昨天，驻村扶贫工作队与村“两委”组织人力，开始对拟建文化休闲广场地面上的附着物与杂草进行全面清理，出动大型工程机械对重物及垃圾实施转运；今天则动用两台大型运输车拉运建筑残土，雇用一台挖掘机对文化休闲广场地基进行平整。过去杂草丛生、凸凹叠洼的地块，如今已经成了一千平方米大小的“坦途平川”。

仅仅两天时间，苏苏村文化休闲广场已初具雏形。虽然只是两天时间，但其中的波折、坎坷、艰辛与煎熬，我们怎能用两天时间去折算、盘点和概括？一句话，两句话，三句话，任何人都能说，任何人都可以去评论与评价，可在纷繁复杂的生活世界里，万事皆离不开“说起来容易、做起来难”的残酷现实。这里需要滴洒多少汗水，需要饱含多少心血，需要耗费多少精力，需要用尽多少脑细胞，需要付出多少能量，才能实现既定的目标？许多人都会看在眼里，记在心上，但运作过程中的往复周折、苦辣酸甜的滋味，只有当事者心知肚明。

功夫不负苦心人。桦川县悦来镇苏苏村无一块机动地，面临着艰难的决策选择，然而文化休闲广场的选址、清理、平整目前已接近尾声，况且村文化休闲广场紧依公路，临近村部，前望稻田，位置佳优。有一句话叫“世上无难事，只要肯登攀”，这句话听起来似乎不符合自然的逻辑和法则，若我们反念转思，在生产生活实践中细细咀嚼，这话确有一番“战无不胜”的道理。苏苏村就是踏破了千难万困，才有了今天广场的选址和前期工程的顺利建设。不久的将来，这里，经过苦心经营的这里，将是苏苏村全体村民休闲、娱乐、运动的场所，将是苏苏村“文化长廊”建设的集聚地，也必将成为丰富村民业余生活、汇聚村民精神力量的动力之源。

人总是要有一点精神，总是要有一种耐心，总是要有一股魄力，总是要有一番斗志。具备了这样一种想事业和干事业的态度、心境与能量，任何艰难险滩也阻挡不住我们前行的步伐。

这是值得难忘的一天

2017年8月
8
星期二
晴转雨

世界上有诸多珍贵的东西。

享受自然，维系生命，延续感情，展现价值，这些或不限于这些都是人类经过努力可以创造和把控的物质和精神财产。但唯有时间这个天然财产，看不见，抓不着，锁不住，撵不上，不管人类释放多大能量、施与多少力量，也无法控制它滚滚向前，这对人类而言或许就是如箭如梭的岁月。

这天是立秋后的第二天，也是我驻村扶贫的第62天。62天的光阴，每天都有新情况和新色彩。这些不同的脱贫攻坚“纪实影像”，

深深地扎根于我的记忆，让主宰我灵魂的大脑储存了千景万象。

8点20分：我与省县扶贫工作队员一起走访贫困户李春林家。李春林是癌症患者，家里户籍上有两口人，李春林在医院手术后，始终保持良好的心态，通过健身，李春林逐渐恢复体能，对生活充满了信心。当走入李春林家门口时，李春林笑呵呵地迎了出来："你们驻村扶贫工作队到村上两个多月了，为了我们老百姓过上好日子，你们辛辛苦苦地贪黑起早搞扶贫，受这么多累，我都看在眼里。"县扶贫联络队员张国彪问李春林："你身体有毛病，我看你每天都在锻炼，那你现在还能干些力所能及的活儿吗？"李春林回复说："我晚上到县里去打更，一个月也能挣点零花钱，咱得病了，生活虽然困难，也不能老躺在党的政策上吃饭啊！"

俗话说："人穷志不能穷。"

李春林虽然因病致贫，但在这次走访中，他对省县扶贫工作队说的每一句话，都源自他的真实感受，充分体现了一个贫困户对党的感恩情怀、对生活的无限热爱和对驻村扶贫工作队的贴心理解，在场的每名扶贫工作队员备受感动。

8点40分：天空上的云在集聚，云层堆成了云山，渐渐向地面压了下来。霎时间乌云化作了雨滴，地面一片湿润。我与省县扶贫工作队员在苏苏村文化休闲广场查看施工进度，尽管衣服沾满了雨水，然而眼前文化休闲广场施工过半的场景，同时也在沁润着全体队员的心房。这是村"两委"点点滴滴奋进的心血凝结，这时的我们，在雨中享受着欣慰与兴奋。

9点10分：在村委会会议室，省县扶贫工作队集中学习泰来县驻村扶贫工作队胡滨同志的先进事迹。胡滨同志在脱贫攻坚战役中突发心梗，牺牲在工作岗位。我们每名队员都深感悲痛，他一心为百姓竭诚服务的敬业精神、衷心为扶贫大业耕耘的奉献精神、全心为实现小康目标的牺牲精神，深深地感动着、震撼着、激励着每名驻村扶贫工作队员的心灵。胡滨同志印证了生命的质量，活出了生命的价值，展现了生命的意义。

一个人的生命有长短，一个人的一生有起落，一个人的生活有贫富，一个人的奋斗有成败，但只要是为理想而追求、为事业而苦斗，即便生命再短暂，也谱写了永放光芒的生命赞歌。

也是这天，我和县扶贫联络队的张国彪共同接受了县电视台的采访。采访只是个过程，深切缅怀胡滨同志才是我和张国彪发自肺腑的心愿，我们要让胡滨同志在脱贫攻坚战役中创造出的扶贫人品质、扶贫人作风、扶贫人精神，在我们驻村扶贫工作实践中发扬光大。这不仅是我和张国彪两个人的信心和决心，也是省县驻苏苏村扶贫工作队全体队员的一致心声。

为了让苏苏村贫困人口享受党的脱贫政策，把省、县、镇的脱贫攻坚举措变为百姓美好生活的现实，省县扶贫工作队有义务、有责任、有恒心将贫困户托入生活富裕的康庄大道。

这是百姓笑容满面的一天

2017年8月
20
星期日
晴

与陆游、尤袤、范成大并称“中兴四大诗人”的南宋诗人杨万里在《秋热》诗中曾经这样描述：“今年秋热倍常年，更住西峰落照村。最是樱桃梢上日，裴回不落等黄昏。”今年立秋后，着实炎热，超于常年，这在东北，人们俗称为“秋老虎”天气。

这天，是我驻村扶贫第74天。

焰焰流光热凝翠。老天使出浑身解数，向地面尽情泼着阳光，拼命洒着热浪，将滔滔热气铺向生命存在的人间。

在一动一身汗、一步一身湿的星期日，我与省县驻村扶贫工作队

任铁华、王琦、周爱周同志，共同与村委会主任齐雁飞、村副书记齐更春、永发屯屯长史会军一起前往苏苏村永发屯勘察水泥路面硬化施工进程和贫困户危房改造情况。

十天前，也是一个艳阳高照的日子，苏苏村永发屯路面硬化开始启动，这是桦川县委县政府和悦来镇党委镇政府吹响民生号角、扛起责任大旗的使命之举，是对苏苏村永发屯老百姓挚爱关怀之举，也是顺民心、合民意、解民忧的贴心举措。

很早以前，我就不止一次地听说过一句话，叫作："要想富，先修路，少生孩子多种树。"

在苏苏村永发屯，晴天"扬灰路"，雨天"水泥路"，已经有了"悠久"的历史。多少人曾经为此而数说，多少人曾经为此而奔波，多少人曾经为此而惋怨，甚至有些文化底蕴深厚的人士，也以此作为茶余饭后的谈资：在几千年前的远古时代，农村就是这样路面，改革、发展与前进的滚滚洪流延至今日，老百姓仍然还抱着古人走过的路前行。

民心所向且又成就作为的修路筑桥，确为民生大事。路和桥虽然在老百姓的脚下，实则装在老百姓心里。因路和桥这个始于足下的"命运"载体，真真切切地是当今老百姓走向致富的通途，更是连接党与老百姓的"心灵之路"与"情感之桥"。

苏苏村永发屯老百姓企盼已久的愿望，终于在脱贫攻坚战役中得以实现。我们省县驻村扶贫工作队员和村"两委"负责人走在铺好垫层的路面时，展现在我们面前的不仅是脚下平整的路面与规则的涵洞，映入我们眼帘的还有老百姓喜笑颜开的面容，冲进我们眼球的还有老百姓主动参与铺设塑料薄膜的举动，刻印在我们脑海的还有老百姓归拢院子门前杂物的身影，萦绕在我们耳畔的还有老百姓自觉而热情地上前打招呼的笑声。我们的所见所闻，都是一种表象，是老百姓为路而荣的外在表现，这其中蕴含着党心与民心的交融，体现着党的好政策与老百姓需求心声的交汇，证明着桦川县委、县政府与悦来镇党委、镇政府领导亲民决策与老百姓渴求改善生存环境的交通。

面前一切的一切，任何人均为之感动。当老百姓合理的目标需求变为现实时，这就是官民一心、造福百姓的上乘佳品，老百姓心花怒放，为官者亦倍感欣慰。看见这种场景，苏苏村村委会主任齐雁飞笑了，副书记齐更春笑了，永发屯屯长史会军笑了。他们的笑容，带着满足，带着自豪，也带着慰藉。

危房改造是解决贫困人口“两不愁、三保障”的重中之重。苏苏村贫困户存在“三多”：土房多、危房多、常住危房户多。当我们走进永发屯的刘长仁和盖志文家的院子时，有着红砖墙面、蓝色瓦盖、塑钢窗户的房子让我们眼睛一亮，这是贫困户危房改造后全新的居所。

在刘长仁家，我们从居室到厨房，从窗台前到房山墙，我们走到哪里，刘长仁和老伴儿就满脸笑容地跟到哪里，边走边和我们说：“这回好了，你看这房子，就像新房子一样。”我当时问他：“这房子住着舒服吧？和你以前的房子比怎么样啊？”刘长仁说：“那没法比，以前房子又漏雨又透风，现在这跟新房子一样，感谢县里镇里惦记我们啊！”

老百姓对幸福指数的衡量，心里始终存有一条底线。这条底线并不高，只是他们生存的“最低线”，他们没有过高的奢望与乞求。尽管造成贫困的原因各有所别，但任何家庭包括贫困户都不希望生活在贫困潦倒的世界里。他们之所以在艰难的条件下挣扎，持续地在困苦中生存，保持上苍赐予的鲜活生命，是因为他们对生活充满着希望，对未来寄托着憧憬。

他们纯净的内心世界与真诚的感恩告白，以及他们对生活的珍惜和热爱，让我们每个人的心灵顿感升华，这就是咱们的老百姓！

这是开启新环境的一天

2017年8月
31
星期四
晴转雨

历史上的今天，国内外发生了许多重大事件。仅就我国来说，这一天就出现过许多具有里程碑意义的伟大壮举。比如，全国第一座综合性体育场北京工人体育场建成，国家自主设计建设的第一座现代化露天煤矿霍林河南露天矿在内蒙古自治区建成并投产，我国最大的海上油田投产，广东大亚湾核电站一号机组并网发电成功，等等。

这是时代前进与发展的鲜明产物。这些，所有这些历史性事件，都是我国国力日渐强盛的缩影，也是我国国威日渐显赫的象征，国人为此慨叹和骄傲。

然而，人并不是每天都生活在高亢与震撼的环境里，在更多的时间里则历经着许多值得记忆的小事儿。或许这些貌似平常的小事儿不能载入史册，也许一些小事儿从发生之日起便注定会被滚滚洪流所淹没，剩下的只有鼓起的几朵浪花，抑或是散淡的余波。但，这就是生活，就是这些平凡的小事儿，构筑了人的生活轨迹和生活印迹。

我驻村以来，体验过众多心波如平的小事儿，尤其是发生在贫困村的小事儿，每一桩，每一件，均让我的生活增色添辉。

也是在这天，只不过是2017年的8月31日，对桦川县悦来镇苏苏村而言，也是一个值得铭记的日子。尽管这天在苏苏村刻下的可能是不久就会被人们遗忘的印痕，根本无法与历史性的催动人们心灵的重大事件相提并论，但正是这天，由贫困户赵广喜、乔海洋、王立君、高佩友、施伟东等7人组成的环境保洁队，给苏苏村填补了没有专业环境保洁队的空白。他们从此日起身着统一的保洁服装，在村内各垃圾箱前开始清运垃圾。在农村，如今也能看见恰似城里环卫人员一样的影子。过去农民不敢想象的一件小事儿，今日在眼前竟变成了现实。

在此之前半个月，苏苏村这支村级环境保洁队正式成立。

桦川县为打赢脱贫攻坚战，采取多维策略，实行多措并用，全方位扶持贫困人口脱贫致富。县镇组织成立村级环境保洁队，从表象上看只是精准扶贫的一剂“良方妙药”，实则一举三利之策：一是环境保洁人员均来自贫困户，在统一规定的保洁月份内，每月享受500元工资收入，拓宽了贫困户收入渠道；二是鼓励有劳动能力的贫困人口依靠双手创造财富，通过劳动获得收益甩掉贫困帽子，培养贫困人群自立自强的精神；三是有利于村级环境整治及美丽乡村建设，推进村级环境常态化管理机制的形成。

自苏苏村环境保洁队成立至8月31日，环境保洁人员坚守纪律、坚守时间、坚守岗位，是他们在阳光下铲除杂草，是他们在风雨中装卸垃圾。正是他们的辛勤劳动，使全村路边杂草丛生乱象大有改观，路面尘土纸屑迹象成为历史，路边沟残土瓦砾景象不复存在。

赵广喜是苏苏村环境保洁队队长。有一次，我曾经这样问过他：“你得脑梗病落下了后遗症，每当劳动强度稍微大些时，你能坚持住吗？你愿意继续干这个活儿吗？”赵广喜是个老实憨厚的人，听了我的问题，他笑了笑，然后咧着嘴说：“太累太急的活儿，那肯定不行，不过像割割杂草、清清路边沟、装装垃圾这样的活儿，还不算重，能扛得住！再说了，这是党的政策好，处处想着咱贫困户，我尽力干好，我也想早点富起来。”在赵广喜简单回复我的言语中，我真切地感受到在他心中有决心、有理解、有感动，更有鼓舞。

一个普通农民的实诚心声，一个贫困户的感恩情怀，还有他那企盼早日脱离贫困的渴求，代表着绝大多数贫困人群的共同心愿。

这不是一个说着过去事的故事，展现在我们面前的是讲着当下并能成为过去事的故事。

写在全国第4个“扶贫日”

2017年10月
17
星期二
晴

今年不知道何种原因，在霜降来临前，我总有一种通身冰冷的感觉。或许因为我已年过半百，身体机能和各种器官进入衰败状态而出现这种必然反应，抑或源于我多年未在条件艰苦的农村常驻生活，已经不适应到处均为寒风席卷的环境变化。

国庆长假即将结束之日，在我又将踏入桦川县悦来镇苏苏村扶贫之际，临行前老伴儿不停地翻箱倒柜，翻腾着冬天方能用得上的棉衣服，关切地再三叮嘱：“天气开始降温，同样气温农村要比城里冷，扶贫也要注意身体，一定要把棉服带上。”

即使我穿上棉衣，仍然寒气透骨。

从家回到扶贫驻地弹指一挥间，国庆长假被甩出去将近十天。

这天，既是“国际消贫日”，也是全国第4个“扶贫日”。在我看来，国家设立“扶贫日”，充分体现了党和国家对扶贫开发工作的高度重视，体现了党和国家对贫困地区、贫困群众的殷切关怀，也是党和国家继续向贫困宣战的重要举措。国家“扶贫日”的含义，不只是“这一天”和“在这一天”扶贫，而是告诫人们不管到任何时候，在任何环境下，都要时刻牢记贫困是人类的天敌，都要永远不忘扶持贫困这一艰巨的使命。

国家“扶贫日”对奋战在扶贫前沿的驻村工作队而言，更昭示着全体扶贫工作者全心服务伟大扶贫事业的信心和决心。每名扶贫干部只要投身到扶贫事业行列，代表的就不仅仅是个人，他撑起的更是共产党人“打铁还需自身硬”的政治自信和政治担当。

尽管在全国第4个“扶贫日”这天，我驻村扶贫所在地气温仅有-7~8℃，即便穿上厚厚的棉服，周身仍觉瑟瑟发抖，甚至从肌肉缝隙里往外钻着凉气。但为了永久纪念这个日子，营造人人关心扶贫、人人支持扶贫、人人参与扶贫的社会氛围，打好打赢精准扶贫、精准脱贫攻坚战，天气再冰冷，气候再恶劣，我们也要抓住“扶贫日”这个有利契机，沉下身子接触群众，迈开步子贴近群众，倾心做好扶贫宣传教育工作。

在扶贫一线，驻村扶贫工作队不仅是精准识别“调查队”，更是致富工程“引领队”、扶贫政策“宣讲队”。正是鉴于这个认识，我和我共同为一个目标而奋力前行的同事王琦、刘天佐、任铁华、周爱周，以及村“两委”干部齐雁飞、齐更春，在“扶贫日”深入开展了系列宣传和带头示范活动。

我们此次主要是开展“五个一”活动。

开展一次阵地宣传。我们充分利用刚刚建成的村党建中心宣传栏，对外张贴宣传政策，将《致广大农民一封信》和《教育扶贫政策》《医疗扶贫政策》《饮水安全政策》《社会救助保障政策》等张贴上板，让更多的群众知晓掌握扶贫政策。

开展一次集中走访。我们先后走访贫困户、危房改造户、饮水改造户、肉牛养殖大户、党员户共9户，针对不同类型农户，广发宣传国家扶贫政策和重要举措，同时提出党员户要带头致富、养殖户要引领致富、危房改造户要发展致富、贫困户要帮扶致富，切实让党和国家的扶贫政策既扎根落地，又深入民心。

开展一次温情慰问。省县驻村工作队与村干部驱车到桦川县医院看望慰问赵广勤等2户家中有病人的贫困党员，把党组织的温暖送到困难党员身边，以体现党组织对党员的关心与爱护。

开展一次工程勘查。我们现场勘查苏苏村永发屯村外路拓宽施工进展情况，对群众关心的民生工程、民心工程与施工方现场研究工程质量，确保修成群众满意的“顺心路”“便民路”“致富路”。

开展一次义务劳动。村主任齐雁飞等组织村干部到文化休闲广场刨坑掘土，为尽快安装4盏“太阳能灯”做好准备，发挥了村干部一心为集体的带头和表率作用。县扶贫联络队长任铁华亲自驾驶自家车辆前往佳木斯市拉运文化休闲广场宣传板，用实际行动展示了“誓为扶贫展大业、甘将苏苏做已家”的奉献精神。

这些，所有这些，只是在全国第4个“扶贫日”这一天开展的主题活动。扶贫是一项系统工程，在“啃硬骨头”和“攻坚拔寨”阶段，我们面临着脱贫速度和扶贫质量的严峻考验，尚需持续发力，多方助力，才能确保实现脱贫目标，也才能真正让贫困群众心中久违待放的“五色”鲜花竞相绽放！

写在严控秸秆焚烧期间

2017年10月
24
星期二
晴

在北方，有一句俗语叫“寒露不算冷，霜降变了天”。二十四节气中“霜降”这个节点，标志着一年的光景已经到了“临秋末晚”。

进入深秋，随着气温逐渐下降，冷风打着旋地拼命吹落树叶，丰茂的百草转为枯萎、冷寂和萧条。

许多人的体征和精神，也在骤降的气温下，或多或少出现一些微妙的变化。无意间，松弛的肌肉神经顿感紧缩，坦舒的心绪陡然凸显惆怅、落寞和空寂。

然而正是在这个季节，丰收的庄稼渴望移地入仓，更多的人充满着期盼、收获、向往和满足。

这天，是我驻村扶贫工作第138天。

回首驻村扶贫以来的日日夜夜，我们碰到的每一件事情、遇到的每一个难题，都充满了挑战和劳顿，我们着实经历了艰苦的征程。但艰辛过后，当夜深人静之时，凝神思索如同影片特写镜头般的每一个亲历的过往片段，又萌生一种坚信、豪迈和憧憬，倍感欣慰。这或许就是人的天性吧！

每个人天性里百折不挠的意志和韧劲，必经艰苦卓绝历程的考验，也许这便成了战胜艰难困苦、坚定直步前行的法宝。

在连日来严控秸秆焚烧的战役中，桦川县悦来镇苏苏村坚持多措并举，确保全民性宣传、全时段监控、全范围禁烧。苏苏村实行宣传先行策略，成立专门组织机构，组成严控秸秆焚烧巡查队，在村委会张贴“政府令”，选择村里醒目位置悬挂严禁焚烧秸秆宣传语，逐户发放宣传单，利用广播播放通告，强力宣传秸秆焚烧禁令，千方百计提高村民自律意识和“守令”行为。

万事在于必重，更在于必行。

为强化有效监控，我和我的同事任铁华、刘天佐、周爱周如履薄冰，丝毫不敢懈怠，把严控秸秆焚烧战役作为脱贫攻坚战役的重要组成部分，与苏苏村“两委”干部以及巡查队员日巡视、夜巡查，分工负责，分控区域，分段把守，生怕在粗枝大叶和麻痹大意中“火烧连地红”。

在苏苏村“两委”干部、驻村扶贫工作队以及巡逻队严密控制下，全村未发现“起火点”，更没有“生火地”。在村民对焚烧秸秆危害尚未形成自律理念的大环境中，这是在茫茫人海中采取的有效“人海管控战术”。我，我们，还有我们大家，尽管释微薄之力，但只要人人尽责，就一定能在不久的将来，讨回大自然赋予人类的一片蓝天。

人，一旦降临这个世界，客观上需求的是：头上永久呈现蔚蓝的天空，空中始终流动洁净的大气。人人都希望在“蓝天悬金日、大气含甜丝”的环境里度过意义深远的一生，这是生存在地球上的所有人最美好的心愿。尤其是在物质条件发展到较高水平的今天，没有一个人不期盼站在蓝天下接受清新大气环境的洗礼，只要所有人形成理念自觉、意识自觉、行动自觉，这一天就在眼前！

写在桦川县“看比学”检查日

2017年10月
26
星期四
晴

这是秋光高远、日散暖阳的一天。就在这天，桦川县委、县政府在全县开展了“看比学”活动。

全县开展“看比学”活动是一项管用、适用的重大举措，有利于全县找差距、查不足、正视问题，有利于全县开阔视野形成新理念，有利于全县学习借鉴先进经验补短板，有利于全县促进经济社会全面发展。

这天下午2时，桦川县委书记郭广福、县人大主任孙国炜、县长姜宇峰、县政协主席武庆祥等四大班子全体人员以及县直各部门“一把手”、乡镇党委书记和镇长共计100余人莅临苏苏村，参观了苏苏村党建中心。这是苏苏村历史上具有里程碑意义的大事，苏苏村被确定为“看比学”定点现场，这对省农发行驻村扶贫工作队、县驻村扶贫联络队和苏苏村“两委”都是一次极大的鼓励和鞭策。

在参观过程中，我代表苏苏村党支部结合对党建中心党员活动室、党建档案室、支部建设室、村级发展室、脱贫攻坚室、文化展示室、体育健身室等七大“主题室”进行全面介绍，重点汇报了全村“抓好党建促发展，强化党建构和谐”等情况。我向前来参观的各位领导介绍了苏苏村党建中心的主要特点。

一是结合村情实际建中心。苏苏村党建中心充分体现党要管党、从严治党和建设“五新”桦川的总体精神，立足苏苏村现状及未来，将党建中心打造成干部信心平台、党员学习平台、干群互动平台、群众建议平台、村民教育平台、农民致富平台、文明传播平台。

二是结合全面升级建中心。苏苏村党建中心充分体现全面升级战略，改善“软弱涣散”班子现状，突出党支部班子建设和党员队伍建设，细化创建“五型党支部”的实现方式，向更快、更好、更优、更强的目标迈进。

三是结合发展致富建中心。苏苏村党建中心充分体现全力发展“产业经济、特色经济、庭院经济、设施经济、能人经济”的致富举措，依据具体情况展现发展规划，对全村发展前景和发展方向、目标、方式、路径有重点地进行展示。

四是结合弘扬文明建中心。苏苏村党建中心充分体现文化传导、优化环境、打造铁纪、清白为官、大树新风的重要内涵，把爱党、爱祖国、爱家乡的境界化为现实，让全村党员和全村村民感受到党的关怀。

全县“看比学”活动组织单位安排每个现场的参观时间为十分钟，但郭广福书记、孙国炜主任、姜宇峰县长、武庆祥主席等在苏苏村党建中心足足参观了30多分钟，边参观边开展热烈的讨论。

郭广福书记、姜宇峰县长等领导同志饶有兴趣地参观了七个“主题室”，对苏苏村“抓党建促发展，强党建保稳定”的做法给予充分肯定，认为苏苏村抓党建工作“接地气”，不是空中楼阁，党建方面的一系列措施都来自苏苏村实际，来自强村富民的迫切需求，体现了“苦干实干加巧干”的精神。

领导的赞誉是苏苏村前行的动力，是必激励省农发行驻村扶贫工作队、县驻村扶贫联络队和苏苏村“两委”带领全村党员、全村村民更好地学习贯彻新时代中国特色社会主义思想，按照建设“五新”桦川的总体思路，凝心聚力建设好繁荣富强、文明向上、和谐稳定的新苏苏。

写在苏苏村深秋兴起的“建库热”

2017年10月
28
星期六
雾霾加风

今年深秋的气候异常奇怪，几股冷空气过后便是暖洋洋的天气，前些天飘着的风不知躲到了何方。尽管白天多为阳光明媚，但偶尔太阳也悄悄地藏在灰蒙蒙的天空后面，公路两侧掉了叶子的树，静静地矗立着，似乎在沉寂中为迎接寒冷而默默地等待着。

然而今天却刮起了灰黄色的风，风伴着雾霾在空中旋转。

这天是星期六，也是我驻村扶贫的第142天。

不知从何时开始，苏苏村兴起了“建库热”。

这股热潮或许源于苏苏村临近县城的地缘因由，亦或许是县里城建发展速度较快引来了人们建设储存大库的欲望。不管何种原因，大兴“建库热”已经成为苏苏村势不可挡的趋势。

我今天检查秸秆焚烧之余，从位于村东的村委会走向村西的大坝。途中，映入眼帘的有许多大兴土木的场景。正在兴建和业已竣工的储存大库着实不少，我粗略计算大约也有十几栋，每隔20或30座民房，就可见方方正正的储存大库，村民反映又有五六户村民卖掉了“地号”，买“地号”的人们也正在酝酿筹备建库。

我走近正在兴建储存大库的一个建设场地，问一个正在组织施工的陌生人：“这储存大库是你建的吗？”显然这个陌生人不是居住在苏苏村的常住户，我在入户走访中从未见过此人。陌生人转身看着我，答道：“是我建的大库，这不，大库马上就要竣工了。”我接着问：“我在苏苏村没见过你，你是县里的吧，怎么选择在苏苏村建储存大库呢？”

陌生人回复说："我是县里的，苏苏村距离县城近，我在这儿建储存大库以后好面向城里出租。"我又问："你看建大库前景行吗？能有租户吗？"陌生人笑着对我说："城里地方就那么大，建设速度又挺快，没地方储存货物就得找距离县城近的地方，大库肯定有人租。"

陌生人的一番话点醒了我。

我回到驻村扶贫工作队驻地，反复思考这股"建库热"到底能给苏苏村的发展带来什么样的变化。我想，只要农户卖掉"地号"后不是无家可归，仍然居有定所，兴建储存大库还真是带动苏苏村发展致富的良好契机。

一是兴建储存大库给村民带来了兴家致富的精神，通过建设大库这一举措，洗涤了村民祖祖辈辈形成的老守田园的陈旧思想，促动村民增强市场化意识商品化意识，对村民开阔致富眼界将起到潜移默化的作用。

二是兴建储存大库为村民提供了从业增收的渠道，在农闲之时，村民可以从事货物装卸和运输，在土地收入之外再获得收益。

三是兴建储存大库有助于推动苏苏村产业经济、特色经济、设施经济、能人经济战略的实施，有利于形成"一村一品上规模、一业一品成特色"的产业格局和架构，在模式构建上启迪苏苏村村民向这样的方向集聚，便于倡导鼓励村民走规模化、集约化发展致富的路子。

思路决定出路，出路决定富路，富路决定前路。

一种事物的出现，必然具有事物出现的内在规律。尽管表面看来苏苏村"建库热"由外地人、城里人、陌生人兴起，苏苏村村民除了卖"地号"外并未直接得到实惠，但如果用战略的眼光展望未来，这将是苏苏村村民实现全面富裕的起点和开端。

这个判断留给历史去验证！

写在双兴村玉成现代农机专业合作社考察学习日

2017年11月
3
星期五
晴

在东北，立冬将至，万物萧条，地面剩下的所有生物似乎均已开始进入冬眠状态。

随着冬季临近，脱贫攻坚也进入了关键阶段。

打赢脱贫攻坚战有三个最重要的基本点：一是精准识别，二是产业扶困，三是智业融合。这才是真扶贫、扶真贫的合理内核。这三条我们若做不到、做不好、做不精，我们的工作将会严重违背党提出脱贫攻坚战的初衷，也很难取得脱贫攻坚战的全面胜利。

这天是11月2日，我和任铁华、刘天佐、齐更春为使苏苏村产业扶贫规划尽早落地，借鉴成功的产业扶贫模式和经验，一同前往悦来镇双兴村玉成现代农机专业合作社考察学习。

在双兴村市县驻村扶贫工作队长王志巍等的支持协调下，我们听取了玉成现代农机专业合作社理事长赵德山的全面介绍。

据赵德山理事长介绍说：玉成现代农机专业合作社成立于2015年4月10日，发展至今走过了艰辛的历程，经历了艰难的抉择。合作社刚起步时面临的是走家串户动员不入社、启动资金筹集不通畅、粮食丰收销售无门路，但经过县镇村及相关企业的鼎力支持，合作社终于走出了困境。目前合作社办公楼面积960平方米，场所占地2万平方米，机车厂库棚面积1 400平方米，农机具棚面积400平方米，周围栅栏560延长米，总资产800余万元。2016年入社成员117户。2016年入社成员人均增收1 842元，2017年预计人均增收2 600

元。合作社财务核算实行理事会议决制度，重大财务支出由集体决定，5 000元以下支出由理事长审批，账务科目实行分设。到2017年末合作社集体收入预计为300多万元。

通过赵德山理事长的介绍，我对玉成现代农机专业合作社的经营模式、运营方式进行了认真研究分析，对其概括为6句话36个字。具体是：

带地折资入社。在117户入社成员中带地入社耕地7 305亩，成员中带地入社最多的230亩，最少的3.9亩，所带耕地均为水田，入社成员以地折资。其中有27户带资入社，带资入社资金500万元，最多的入社成员带资100多万元，最少的带资7.5万元。

分区定产管理。合作社将入社耕地根据地力状况、所处地域划分为15个作业管理区，由15个区长实施管理。对15个作业管理区依据地力地块分别实行定产，每公顷最高核定水稻产量8.5吨，最低核定水稻产量7.5吨。

单机定额作业。社里有大型农机具79台套，其中有东方红904胶轮车、约翰迪尔484胶轮车、洋马插秧机、井关插秧机、久保田688Q收割机、沃得收割机、田间运输车等。对农机具实行集中管理、折旧维修、单机核定耗油量，严控耗油成本。

定性划段分红。合作社每年对入社成员3次分红。实行耕地保底金分红，每亩耕地800元，按每元回报率计算分红；实行耕地折资分红，每公顷耕折资1.2万元，按耕地回报率折资分红；实行国投300万元农机具产生价值按户分红。

订单合作销售。合作社与桦川县桦誉粮油有限责任公司签订水稻销售订单，2017年订单价格为每市斤水稻1.7元，实行订单保底价收购，如市场价格高于所签订单价格，高出部分的50%由桦誉粮油有限责任公司返给合作社。

扶持贫困增收。在入社成员中有贫困户7户，对贫困户采取特殊

扶持举措，贫困户入社时每公顷耕地要比其他入社成员多得2 000元。剩余9户贫困户预计2018年入社，到2018年末贫困户可实现增收3 000元。

双兴村玉成现代农机专业合作社已经趟出了符合实际的合作社经营模式。这种经营模式是农业实现规模化、集约化、科学化、效益化的有效路径，是在家庭联产承包责任制下催动土地适度合理流转的实现方式，对贫困户脱贫致富、村级经济整体发展、农业实现产业升级、产业经营链条化和建设现代科学农业都具有实践和引导作用，尤其是对脱贫攻坚战而言，通过兴建合作社方式带动贫困户脱贫直至致富，更是一种实实在在的好模式。

探索和研究贫困户脱贫致富，规划举措必须落地，路径方式必须实际，产业模式必须可行，能人带动必须倡导。即便合作社模式实现困难较大，筹办专业农场、家庭农场、特色农场、能人带动也是不错的出路。只要我们因地制宜、谋划科学、久久为功，或许通过脱贫攻坚伟大工程的实践成果，也会对农村经济全面发展带来有益的尝试，发挥不可替代的作用！

写在苏苏村“239产业发展引动工程”启动日

2017年11月
25
星期六
多云

寒气在灰蒙蒙的天空萦绕盘旋，大地一片冰冷，人们裹着棉衣在大道上匆匆而行，雪在路人脚下形成一个个深窝儿，留下了一行行体温过后的印迹。

在桦川县悦来镇苏苏村党建中心会议室中，却是人们多年不见的一番景象。

这天，是我驻村扶贫的第172天。

172天脱贫攻坚的时光，短暂而漫长。

这期间，我经历了112户贫困户精准识别、1 551户次入户走访、1 300平方米广场建设、23条路面硬化、151户饮水入户、44户危房修缮、280平方米村部修建和300平方米党建中心建设以及全村农电改造。这些党建工程、脱贫工程、民生工程，无一不是为苏苏村百姓脱贫致富而实施的重大举措。然而这还远远不能让苏苏村百姓实现共同富裕的愿景。

俗话说："农民富不富主要看收入，农村强不强重点看住房。"

苏苏村这个有着500多年历史的古老村落，饱经沧桑的岁月，历史的印痕依稀可见，仍然未摆脱传统落后的思想、习惯、作风和生活状态，原始的生活方式和生产方式不同程度地残存着，全村距离小康生活远之又远。

就是在这天，为了把苏苏村百姓拉向生活富裕的康庄大道，苏苏村召开2个合作社负责人、3个家庭农场代表、9个脱贫致富带头人产业引领发展研讨会。悦来镇党委书记李季明、副镇长关英武、组织委员许丹、包村干部赵学春与省县扶贫工作队和村"两委"干部共计28人汇聚一堂，深入研究推进落实苏苏村党支部制定的"239产业发展引动工程"。

"239产业发展引动工程"主要是：完善重建穗丰、源顺2个水稻专业合作社，兴办永兴水稻、华彩蔬菜、凤龙洋葱3个专业家庭农场，发挥建筑、运输、快递、养猪、养牛、豆制品、棚室经济7个行业9名致富带头人的引带作用。

苏苏村通过"239产业发展引动工程"的落地实施，引领村级产业发展，催生村民致富意愿，带动贫困人口脱贫，促进全村共同富裕。

在研讨会上，悦来镇党委书记李季明和驻村第一书记分别对“239产业发展引动工程”的引动作用、实现方式、推进模式、比较效益和深远影响等进行展望，提出了可行性的践行举措。

这是一次驱动村强民富的誓师会，是一次脱贫致富的推进会，也是一次乡村振兴的启动会。研讨会上人人笑逐颜开，看得出，也想象得出，他们面上绽放的笑容，源自内心，发自肺腑。

一阵阵热烈的掌声，不是他们出于礼貌所走的形式，而是他们感谢党组织的心声，是他们心灵备受触动的回声，是他们久郁渴盼奔放的化声。这种心声、回声、化声，抒写了他们内心世界的真实，衔接了他们外化于行的期盼。

苏苏村破解发展难题、厚植发展优势，即将从这次研讨会开始，只要全村同心谋愿、向行聚动，必将迎来村强民富的美好明天。

写在领导考察和全村党员及村民代表大会之日

2017年12月
5
星期二
多云

黑龙江的气候就是这样，夏天热起来难耐，冬天冷起来要命。这就是自然的威慑力，也体现了区位的特殊性。

在零下20多度的冷空气下，苏苏村街路上，少有的老百姓裹紧衣服，抱肘前行。

这天，佳木斯市委副书记邵国强同志一行在桦川县县长姜宇峰、县委副书记李岩焱、县委常委张雨喜、悦来镇党委书记李季明陪同下，轻车简从莅临苏苏村。这是继12月2日省委组织部部务委员马晓明一行考察苏苏村后又一位领导满怀对苏苏村的关怀和厚爱，在冰天雪地之际深入苏苏村考察工作。

邵国强副书记认真听取了苏苏村党支部提升思想站位、坚持党建统领、促进脱贫攻坚、引领产业发展、实现全面升级的工作汇报，参观了苏苏村党建中心七个“主题室”。每到一个“主题室”，邵国强副书记都驻足凝望符合村情实际的政策、制度、规划和成果，兴致勃勃地详细听取内容讲解。他边听边询问，边听边评价，对苏苏村党建中心实行“主题鲜明式”建设、“贴近民生式”战略、“为民服务式”举措予以高度肯定，对苏苏村的发展变化和未来前景寄予厚望。

句句赞誉，声声赞扬，均是对苏苏村“两委”干部、驻村工作队和全村农民在短短时间内取得成效的认可，这些声音激励苏苏村奋力扶贫、奋进致富、奋勇前行，鞭策全体村干部和驻村工作队在实施乡村振兴战略征程中当好领头羊、铺路人和辅导员，做好百姓致富的引带人、指导人和贴心人。

也是这天，苏苏村党支部主持召开党员大会，全村常驻29名党员胸前佩戴党徽，共聚党建中心会议室。村党支部安排部署党员学习党的十九大精神规划，与会党员认真学习党的十九大精神，决心不忘初心，牢记使命，在村党支部带领下，为“脱贫致富奔小康、大上产业兴苏苏”贡献力量。

阳光下的政策照亮每名党员的心灵。参会党员本着对脱贫攻坚事业负责、对苏苏村党支部负责、对全村贫困人口负责的态度，认真商讨建档立卡动态调整工作，根据政策标准严格履行了党员审议责任和义务。

党员大会通过了史会军、司明两名预备党员的转正申请，他们成为正式党员，为党组织增添了新鲜血液，苏苏村党员队伍又得到了发展与壮大。

村党支部对“两个党员服务示范区”开展“五比五看”“十星级党员”评定、党员“一带三”帮扶行动、党员户“挂牌”服务等做出评定总结前的阐释说明。这些在苏苏村前无历史的举措，在党员中引发了强烈的共鸣。

还是在这天，苏苏村村民代表大会高票顺利通过了建档立卡动态调整名单，24名村民代表胸挂“村民代表”标牌，在庄严的环境和氛围下郑重地行使他们“参政议政”的权利和义务。

在村民代表大会上，村民代表倾听脱贫攻坚政策之时，人人态度审慎，他们都有全局性和大局观，脸上自始至终挂着微笑。

这微笑，饱含着他们对驻村工作队的尊重和支持，充满着对村“两委”作风转变的满足和期望，体现着他们对贫困户脱贫致富的信心和憧憬。

苏苏村的党建工作、精准扶贫、产业发展和环境治理等工作，得到领导重视、党员拥护、农户理解、村民代表支持，就一定能够在不久的将来实现“花开千枝艳、叶茂百树青”！

写在银企社（场）订单农业座谈会之际

2017年12月
15
星期五
阴

寒冬时节，雪厚压大地，风寒刺行人。

这样的季节，正是农民躲清闲、喝烧酒、打麻将、串亲戚的“猫冬”日子。但在桦川县悦来镇苏苏村却呈现一片繁忙的景象。

这天上午，苏苏村召开“239产业发展引动工程”推进会。省县驻村工作队全体队员、包扶单位领导同志、悦来镇包村干部、村“两委”班子成员、2个合作社和1个家庭农场负责人，会聚村委会，立足村情，围绕地缘、资源、水源3大优势，共商提速产业发展、加快产业升级、增提产业效益，为精准扶贫、共同富裕趟出可行性路子。

产业发展是精准脱贫的要害“管道”，是奔向富路的直接“通道”，也是强壮集体的通天“大道”。立村产业缺位，脱贫攻坚就失去了支撑；产业发展滞后，强村富民就失去了载体。

苏苏村在脱贫攻坚战役中，坚持做大、做实、做强产业的主导思想，把“走产业路、打产业牌、靠产业富”作为重中之重，把抢抓发展契机、深化发展合作、塑造发展模式作为急中之急。

正是基于这样的认识，在苏苏村召开“239产业发展引动工程”推进会后，经包村单位县农发行行长王海君倡议和协调，我与省县驻村工作队的任铁华、刘天佐、王琦，包村单位县农发行行长王海君，村副书记齐更春，穗丰合作社负责人刘银东，源顺合作社负责人刘国勇，永兴水稻专业家庭农场负责人刘海涛，共9人立即前往农发行黄金客户华康精谷农业有限公司。

在华康精谷农业有限公司会议室，共同召开银企社（场）订单农业座谈会，与公司经理李子龙就合作社和家庭农场水稻收购订单细节问题进行了认真研究，与会人员根据各自实际，对水稻市场需求、价格走势、适宜品种、质量标准、订单模式、结算方式及未来合作前景发表了建设性意见。

在会上大家“你提我答”“我问你回”，释疑解惑，增进信任，气氛热烈而融洽，达成了水稻收购订单合作共识。

李子龙经理表示，有农发行作为连接合作的平台，这是企业和合作社形成合作机制的基础，他坚定地支持公司与苏苏村合作社和家庭农场开展订单尝试和探索，在建立企社合作关系上实行渐进式深化，同时表示双方要在最短时间内签订合作合同或合作协议。

我在座谈会结束前提出：这次银企社座谈会只是合作的开启，县农发行为企社合作铺路架桥，甘当企业与合作社、家庭农场创新发展的云梯，这样的鼎力支持，是苏苏村产业发展逐步呈现张力的大好时机。有了信任平台，有了连接基石，有了合作意向，从订单合作开始，深层次的企社合作模式一定可以成为现实，一个发展互信、资源互补、信息互享、生产互动、利益互接的生产企业与生产基地紧密型的合作模式就在明天！

写在模拟第三方检查日

2017年12月
23
星期五
阴

2017年12月23日，东北农业大学师生组成第三方模拟检查组，深入苏苏村进行第三方脱贫攻坚模拟检查。

苏苏村省县驻村工作队和村“两委”于检查组进驻前一天的深夜召开筹备会议，安排14名引路人、10台车辆并准备迎检事宜。

模拟第三方检查是一件意义深远的好事，是对驻村工作的一次全面“体检”，有利于全村打好、打赢、打胜脱贫攻坚战役，有利于驻村工作队在脱贫攻坚战役中不断完善战略举措，有利于驻村工作队查漏补缺，也有利于借助“第三人”作用深入掌握村民心里诉求和满意度情况。

但无论是模拟第三方检查，还是采取其他方式对脱贫攻坚进行规范性督查和验收，其根本目的就是要按照精准扶贫的原则，对精准识别、精准帮扶、精准施策、精准脱贫、精准见效进行系统化的检验，确保真扶贫、扶真贫、真脱贫，千方百计帮扶并促进贫困人口致摆脱贫困，走上强家致富的路子，补齐全面建成小康社会的短板。

这是脱贫攻坚战的本上之本、重中之重。

我们开展脱贫攻坚战，就是要把党和国家的农业农村政策落实、落靠、落到户，就是要把那些真正贫困的人口帮好、帮富，使之“不掉队”，就是要把农村干群关系扶正、扶优、扶理顺。

我们要打好、打赢、打胜脱贫攻坚战，必须结合农村实际，注重根本点、抓住关键点、找准突破点，在要害问题上着力攻坚。

一是从严把握定性准不准这个基础。对贫困户、贫困人口的识别认定是脱贫攻坚战的基础环节，偏离这个基础我们就失去了脱贫攻坚战的靶向目标。尽管精准识别过程已经成为过往，但在扶贫进程中我们必须继续深入研究贫困户家庭的结构性特点，对贫困户因病、因劳力、因土地等每类致贫原因要采取细分法方式认真分析，对贫困户存在的等、靠、要等内生动力不足现象要采取扶心扶志的办法激发其积累财富的潜能，有针对性地实施定性、定向、定户管理，突出对贫困户进行反复“体检”、精确诊断、对症下药、因病施治，要准到“把脉”上、准到“确诊”上、准到“医治”上，坚决杜绝“头痛”就给镇痛药、“咳嗽”就打消炎针。失去了精准就丢掉了脱贫攻坚的精髓和真谛，我们必须注重贫困户的个性化特征，严防简单化、模式化、笼统化、统一化的“大一统”扶贫方式的出现。

二是从紧把握过程实不实这个关键。脱贫攻坚战是一场战役，既然叫战役，我们就不能图形式、搞花样、走过场，就不能搞劳民伤财和徒劳无益、疲于应付的无效之举。我们要在脱贫攻坚战中有创新、有特色、有新路、有管用的举措，这是精准扶贫的内在要求，值得大力鼓励和倡导。我们做任何事情，必要的形式不可或缺，但形式一定要为内容服务，这是个颠扑不破的真理。如果脱贫攻坚战不实打实、不真对真，无用功多、重复劳动多、表面文章多，势必浪费扶贫资源，由此引发的负面影响也将无法消除。脱贫攻坚战不仅要满足贫困户的物质财富需求，更重要的是在取得胜利之日要为群众留下持久的精神财富，让群众真切地感知在他们身边始终有一种强大而驱不尽的力量，有一种支撑而不凋谢的精神，这才能为群众铺就物质和精神同奔小康之路。

三是从重把握满意度高不高这个难点。打好脱贫攻坚战，群众满意度是最头疼、最棘手的难题。自古以来农民“不患贫，患不均”的思想根深蒂固，加之不同类型农户的差异化较大，多年累积的问题也渐渐“浮出水面”，在不同农户群体中攀比、不平衡、不满足、漠不关心、矛盾转嫁等心理不同程度地存在。这些复杂的心理状态，是群众满意度难以提升的根源所在。我们扭转这种局面不可能一蹴而就，需要一个艰辛的过程。满意度提升单兵作战力不能及，关键在于合力公关，其着重点在于：一是驻村工作队走访入户宣传政策是否到位，能否将脱贫攻坚政策疏导至不同农户的心坎上；二是村“两委”的主导作用发挥是否到位，能否彰显解铃还须系铃人的效应，将群众情绪化的心结打开，同时引导到正确的心灵轨迹上来；三是借助家族“领头”势力做好耐心说服工作是否到位，能否利用好血缘、亲缘“链条”关系产生正面影响作用非常关键；四是帮扶人信息传导到户是否到位，能否实现帮扶人通过帮扶贫困户实行传导机制，引带贫困户周围的亲属朋友加深对政策的理解和把握；五是产业发展惠及不同类型的农户是否到位，能否将村级或农业合作社等支柱性的引动产业扩展到大多数农户，让大多数农户好上加好、富上加富。

四是从快把握产业强不强这个重点。贫困户脱贫致富选定路径是第一要务，没有产业引带，没有企业支撑，没有就业依托，没有收益来源，贫困户脱贫就无依靠，其致富也就无凭靠，这是脱贫攻坚战中面临的重要课题。因此说产业发展是当前最急迫的扶贫战略措施，我们要将有劳动能力与无劳动能力的老弱病残、鳏寡孤独贫困户区别开来，因户制宜，分户施策，或实行多措并举，分别运用县域企业定向拉动、产业园区就业牵动、服务行业吸纳驱动、村级实体企业引动、农业合作社带动等产业发展推进策略。但长久之策还是要走“一村一品”的发展路子，把村级企业和农业合作社做好做精、做大做强。贫困户家在农村、地处农村，故而要还贫困户脱贫潜力于“地缘”，还贫困户致富路径于“村源”，让贫困人口在家门口分享发展红利，与富裕农户共同进入小康社会。

写在“粮食销售订单签约仪式”日

2018年1月
15
星期一
阴

昨天晚上，我们这里刚刚飘过入冬以来最大的一场大雪，这场雪纷纷扬扬足足下了一夜。

当我今日清晨走出驻地放眼望去，民房、街道、院墙、柴垛，到处都是雪的世界。这突如其来的雪，似乎淹没了眼前所有的一切，广袤的大地银白一片，铺上的也是厚厚的一层“棉絮”。

这雪，似锦棉，如白沙，晶莹剔透，如幻如梦。

就在瑞雪静卧大地之日，2018年1月15日下午，在佳木斯市农发行、桦川县农发行大力支持下，桦川县悦来镇苏苏村举行“苏苏村合作社与华康精谷农业有限公司粮食销售订单签约仪式”。在签约仪式上，苏苏村穗丰农民专业合作社、源顺农民专业合作社、永兴水稻专业家庭农场与华康精谷农业有限公司本着“诚信为本、规范运营、产加一体、互利互惠、共同发展”的原则，签订了粮食购销合同。

这个签约仪式是苏苏村历史上意义深远的大事，也是苏苏村农业实现产业升级和百姓实现共同富裕的良好开端和大好契机。

中国农业发展银行佳木斯市分行党委书记、行长杨秀东，桦川县悦来镇党委书记李季明，华康精谷农业有限公司经理李子龙，苏苏村合作社、家庭农场代表刘银东，分别在签约仪式上发言，他们对合作社、家庭农场和粮食加工企业实行订单合作的模式寄予希望，对社企合作、场企合作前景提出了切实可行的意见和建议，对未来苏苏村乃至农业发展趋向进行了分析和谋划。

县农发行行长王海君、悦来镇副镇长关英武、县驻村联络队队长任铁华、村主任齐雁飞、村副书记齐更春、永发屯长史会军、省县驻村工作队员、华康精谷农业有限公司有关人员参加了签约仪式。

当签约各方在合同文本上签字并交换文本时，会场上气氛热烈，人人脸上绽放着微笑，并不时爆发出令人欣慰而又充满期盼的掌声。这笑容，这掌声，发自参加签约仪式的每一名人员的心底，源自人们对因地制宜办好农业产业的信心和决心，来自人们对粮食加工企业发展的关怀和对苏苏村老百姓发展致富的期待与憧憬。

签约仪式只是个形式，但签约的内涵却远远超过这个仪式呈现出来的表层现象。

大力发展订单农业的意义在于：

有利于促进耕地合理流转。通过兴办合作社、家庭农场等新兴农业经营主体，采取订单方式运营，百姓吃上了粮食生产销售“定心丸”。在合作社、家庭农场引动下，企业与合作社、家庭农场实行稳定的需求性订单衔接，百姓无论带地入社还是带地入场，都能享受到订单红利，从而利于打通耕地流转瓶颈，带动吸纳耕地集中。

有利于促进规模农业发展。土地连片种植、实行规模经营是现代农业发展的客观需要。订单农业从粮食购销订单入手，鞭策百姓加入新型农业经营主体，减少单户独耕作业，驱动耕地资源利用、技术装备整合、投入成本降低、管理要素配置等向大农业方向迈进。

有利于促进新兴主体繁荣。合作社和家庭农场在兴起之初，多数处于不规范或是空架子状态，要么是名不符实，要么是有名无实。社企场企订单实行后，必将对合作社和家庭农场规范运作、守则经营、科学种植、精耕细作、定向定品、培养地力等起到约束作用。

有利于促进粮食品质提高。在订单企业引导下，合作社和家庭农场依据合同约束强化田间管理、因需种植品种，对改善粗放经营、盲目种植粮食、提升市场应变等均有了遵循标准和信息渠道，在因需定产、因需定量、因需定标基础上，千方百计促使农户种植好品种、生产好粮食，真正让黑土地生产出的粮食在市场上成为品牌、成为声誉。

有利于促进生产基地建设。全村发展大农业必须营造紧密衔接的产业链，实行信息、需求、技术、装备、生产、加工、销售“七位一体”，形成农业向工业、市场延伸的全产业链。社企场企订单购销有利于加工企业形成稳定的粮食原料生产基地，减少加工企业抓粮食、看价格、筛品质的时间成本和人力成本，提高了加工企业的产出效率。

苏苏村穗丰、源顺两个合作社和永顺家庭农场，自签约仪式开始，已经走出了多少年来农民从事农业生产所一直延续的“原始自然”生产状态，开启了奔向发展现代农业的第一步。尽管起步艰难，开局懵懂，但有华康精谷农业有限公司与之精诚合作，在不久的将来，其一定能够成为现代农业这个大“园区”里的靓丽风景。

写在佳木斯市省市派驻村工作队座谈会之际

2018年1月
18
星期四
阴

黑龙江的冬天，冰封千里，山峦僵硬。太阳抱着光和热，躲得很远。干枯的树木在劲风中颤抖，沉睡的大地在雪域里闪光，路面覆盖冰层，车身飘满白霜。

今年冬天尤为寒冷，气温明显低于往年。

尽管天寒地冻，气候恶劣，但脱贫攻坚战却如火如荼，热火朝天。

这天下午2时，佳木斯市召开省市派驻村工作队座谈会。25名省派驻村工作队长、46名市派驻村工作队长及各市、县、区驻村办主要负责人参加会议。市委书记徐建国，市委常委、组织部部长张晓燕同志

听取了10名驻村工作队长、第一书记工作交流汇报。在座谈会上，典型发言的10名驻村工作队长、第一书记说做法、讲经验、谈体会，饱含深情地将驻村经历、政策落实、产业扶贫、为民解忧、工程建设及其扶贫成效做了概要总结。这些做法源于基层，来自实践，为打好、打赢、打胜脱贫攻坚战提供了有益的借鉴，也为紧扣实际更好地指导精准扶贫提供了有价值的参考。

我特别荣幸地在座谈会上以“党建统领，精准扶贫，在脱贫攻坚战中体现党的优势”为题，重点介绍省农发行驻桦川县悦来镇苏苏村工作队“抓党建促扶贫”方面的点滴做法，把我们驻村8个月期间以党建工作为切入点和突破口，通过不折不扣地实施“12345”战略举措，凸显抓实、抓牢、抓靠精准扶贫的片段和剪影以及其他零零碎碎的画面呈现在大家面前。

虽然，省农发行驻村工作队在驻村扶贫工作道路上历经艰辛、破冰前行、有所收获，但这只是我们在战役过程中奋斗的缩影，是我们奔向取得脱贫攻坚战全面胜利的开端。我深知，在脱贫攻坚“拔险寨、破难关、补短板”中，我们更需要深入学习借鉴好思路、好做法、好经验、好模式，更需要博采精华、揽纳精髓，科学地拿来，管用地实践，让已经成型、成功的“案例”，化作催生强大动力的现实行动。

在座谈会上，佳木斯市委书记徐建国听取10名驻村工作队长、第一书记发言后做了重要讲话。徐建国书记对省市派驻村工作队提出“四个进一步”要求。

“四个进一步”要求

- 进一步提高认识，增强责任感、使命感、针对性；
- 进一步明确任务，抓班子建队伍、抓好扶贫项目落实、健全完善制度、扎实开展扶志教育；
- 进一步压实责任，强化督促检查、典型推动、考核奖惩、树立标杆，发挥示范作用；
- 进一步强化管理服务，切实将扶贫工作落到实处。

这是对精准扶贫的再部署，是对驻村工作的再强调。每一项要求，每一句心声，每一条期望，都是为了打胜脱贫攻坚战，为了补齐全面建成小康社会短板，为了实现党中央确定的战略目标。

窗外冰天雪地，室内语寄情融。

只要我们同心同力，攻坚攻难，脱贫攻坚战的胜利曙光就近在咫尺。到那时，我，我们，我们大家，还有千千万万的贫困人口，一定能够分享经历“无烟烽火”战役后的致富阳光。

写在为苏苏村村民送春联之日

2018年2月
6
星期二
晴

俗语说：“打春阳气转，雨水沿河边，惊蛰乌鸦叫，春分地皮干……”

这是广大人民群众生产生活的经验总结和实践创造，在民间流传了许多年，据说这是描述黄河一带立春时节气变换的现象，但在东北地区每到立春，也是气候转换的一个显著节点。当立春之际，寒风渐弱，暖气上升，房前堆积的冰雪开始融化。

今年立春已过，传统的春节即将来临。2月6日，我驻村工作整整八个月。就在这天，中国农业发展银行桦川县支行作为苏苏村的包村单位，为苏苏村村民购置了精致的对联和福字。姜文玉副行长带领徐志东、赵振鹏等与省县驻村工作队的王琦、刘天佐、任铁华、张国彪、周爱周，以及村干部齐更春、史会军、刘佩彩、王玉光、孙立波，总计15人组成的6个慰问组，分别深入苏苏、永发两个自然屯的常住户，把对联和福字送到村民家里，交到村民手中。

尽管一副对联、一个福字不属于昂贵的物品，每家每户的经济完全能够负担得起这几块钱抑或十几块钱的家庭支出，但驻村工作队、包村单位、村“两委”在春节前通过开展送对联和送福字活动，送给村民的是生活的温馨、是社会的意识、是集体的精神，让全体村民深切感受到了组织的关怀和温暖。

当我们走进村民屋子里的时候，村民家里暖气是热的，火墙是热的，他们那淳朴的微笑、实在的话语、忙碌的身影，还有当我们走出房门村民们站在大门口目送我们走远的目光和神情，这一切的一切，都饱含他们对驻村工作队、包村单位、村“两委”的谢意和期盼。

由此，我在深思：人民是历史的创造者，也是历史前进的推动者，我们要牢记并践行全心全意为人民服务的根本宗旨，这是我们一切工作的出发点和落脚点；要把人民群众对美好生活的向往及过上幸福康乐生活的期盼，作为我们的奋斗目标。驻村工作队身置人民群众之中，就要沿着这个目标奋力前行，不能偏离和丢掉“精准”二字，我们扶的是贫困人口，管的是贫弱群体，我们要真切地帮助贫困人口彻底甩掉贫困帽子，但驻村工作队同时也要密切与人民群众的联系，必须拿出扶持贫困人口的情感和行动，关心所有村民的生活状态，为他们排忧

慰问组为苏苏村村民送春联

解难，为他们谋划生活未来，为他们提供更强大的生活动力。

送对联，送福字，是对全体村民的慰问和祝福。看起来这只是一件微乎其微的小事，然而恰恰就是这些小小的“暖心行动”，只要我们持之以恒地坚持下去，就能聚千心于一池，融万力于九峰，不断推动脱贫攻坚战从胜利走向新的胜利。

春节后返回热恋的扶贫驻地

2018年2月
26
星期一
晴

今天是2月26日，农历正月十一，再过4天便是传统的元宵节。

在年味儿犹在的节日气氛里，我离开了我所居住的城市，也恋恋不舍地离开了在九个月扶贫生涯中不常见的亲人，满怀对扶贫大业的热爱和执着，带着对贫困人口的牵挂和惦念，毅然决然返回了我所扶贫的苏苏村。

当我“咣当”一声关上家里房门后，回首看见自己的老伴儿又轻轻地推开了房门，静静地站在门的里边，她用不舍、关心和期盼的目光，深情地凝望着我。就在那一刹那，我的心立刻沉重了起来。我站在电梯前，眼望盯着我的老伴儿，一句话也说不出来，心里酸溜溜的，装满不忍、担心和愧疚。我知道，我一旦双脚踏上电梯，我又要把身患心脏疾病的老伴儿一个人孤零零地扔在家里。她不仅要自己照顾自己病弱的身体，而且要独自一人承担料理家庭的全部责任。她一个人在家，连个说话唠嗑的人也没有，孤独、凄凉而寂寞，有了苦闷和烦恼，也找不到倾诉的对象，每天只好面对电视机自言自语。我无法替她解除疾病带来的痛苦，也无法在她身边尽一份照顾的义务，更无法为她分担买菜做饭、洗碗洗衣、收拾屋子、缴纳水电气费等一系列的家庭琐事。

人们常说：少来夫妻老来伴儿。老伴儿，老伴儿，一个人到老的时候有老伴儿在自己的身边，心里才算踏实，遇事也能有个主墙骨。任何人都不是天外来客，任何人都脱离不了人群，夫妻之间的相互依赖不仅是情感内在的反应，更是上天赐给人的一种本能。

我早已过了知天命之年，在我向花甲前行的人生岁月里，当我还能释放一些残光余热之际，我选择了扶贫这项为民利民的千古大业。虽然我舍弃了存在千难万难的小家，但只要我尚能为贫困人口这个“大家”过上好日子、富日子贡献一份能量，这便是我一生的追求和荣耀。

为此，我无怨无悔。家庭的任何困难都压不倒我，也压不垮我的老伴儿。尽管我不能陪伴在我的老伴儿身旁，但我真诚地感谢我的老伴儿对我从事驻村扶贫工作默默无私的支持。

这只是我一个人家的难处，其实所有驻村工作队员的家庭都面临各种各样的困难，他们的背后都有一个高风亮节的妻子或者丈夫。在每名驻村工作队员身上都有一个或许多鲜为人知的故事，有的身患疾病仍然坚守在脱贫攻坚战的前沿“火线”阵地，有的父母长期患病住院仅靠妻子一人照料，有的孩子刚满一两岁或是仅有几个月大小就抛给了妻子，有的一两月回不了家孩子都不敢认自己的父亲或者母亲，举不胜举。这样的队员、家人以及家庭实在太多了，是他们在驻村扶贫这部史诗般的旋律中，书写了一首首可歌可泣、高亢唯美的赞歌。如果说驻村扶贫工作者在为脱贫攻坚战而苦心奋斗的话，莫不如说是背后支持驻村工作队员的家人在为扶贫事业做出了重大奉献甚至是牺牲，是他们给了我和我们为精准扶贫献计出力的空间和力量。

当我返回苏苏村的时候，村里大街上一片宁静，不见了城市的喧嚣，没有那么多的车来人往，映入眼帘的依然是银白的雪地和一幢幢白皑皑的平房。虽然元宵节未过，但扶贫步伐一刻也不能停。时光稍纵即逝，时间不等人，要想打胜脱贫攻坚战，我们必须与时间赛跑。

因为我们等不起，贫困户等不起，急于摘掉贫困村帽子的苏苏村也等不起。我们只有只争朝夕，才能取得脱贫攻坚战的决定性胜利。

一个村要脱贫致富，必须严格贯彻落实县、镇制定的政策和思路，做到执行政策不走样、遵循思路不跑偏，同时也要结合村型村情实际，因地制宜定措施，不折不扣抓落实，确保政策落地、思路成路。

我回到苏苏村第二天与村书记齐更春、县联络队长任铁华商议要抓紧召开党支部会议，研究表彰先进和扶贫工作重点。在党支部会议上，齐更春、史会军、范永权、任铁华、刘天佐对表彰先进和确定扶贫工作重点发表了意见。党支部会议决定召开全村表彰会，对过去一年引领致富的带头人和星级党员进行表彰，调动一切积极因素，形成脱贫攻坚的群体力量，为全村甩掉贫困村帽子和贫困户脱贫而竭尽全力。会议对扶贫工作重点进行了深入细致的研究，明确了攻坚克难的主攻方向和有效策略。

党支部会议后，我在深思，我只有用情用心扶贫，才能不辜负党的重托，也才能对得住我老伴儿对我的理解和支持。

这或许就是我勇往直前的一种强大动力吧！

写在元宵节

2018年3月
2
星期五
多云

纷纷扬扬的大雪整整飘了两天，地面上雪的厚度足足有十五厘米，这是一场预兆丰收的大雪。

今天，是我国传统的元宵节，雪后的元宵节，天上乌蒙蒙看不到边际，天地浑然一色。偶尔出现的淡淡的阳光照在软绵绵的雪地上，吐露着温暖祥和，虽然没有勃勃盎然的绿色，但雪白的大地上却呈现一片春的景象和春的生机。

俗语说："一年之计在于春。"

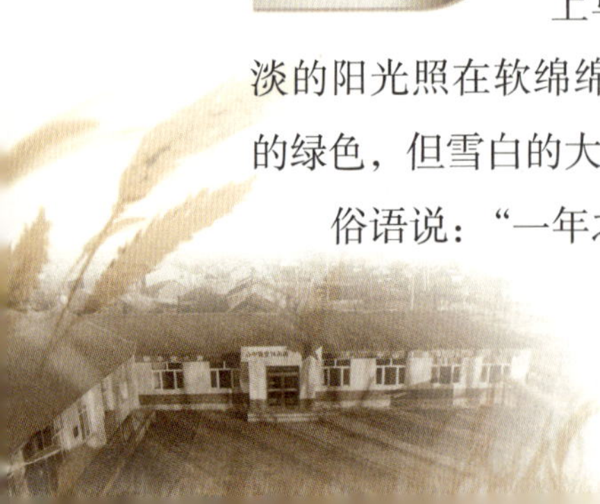

桦川县的春天更加明媚灿烂。元宵节这天，全县农业农村和扶贫工作会议在县文化宫召开，有500多人参加了这次会议。县长姜宇峰同志主持会议，县委书记郭广福同志做了重要讲话，县委副书记李岩焱同志宣读了《中共桦川县委、桦川县人民政府关于表彰二〇一七年度全县农业农村和扶贫工作先进集体、先进个人的决定》，县委常委张雨喜、副县长张义利同志分别就扶贫工作和农业农村工作进行了部署。本次会议为全县抓好农业农村和扶贫工作定了基调、定了政策、定了目标、定了方略、定了举措，也定了全年农业农村和扶贫工作的具体任务。

这是一次战略规划会，一次工作启动会，也是一次战前动员会。这次会议对我们驻村工作队打赢脱贫攻坚战具有现实的指导作用，会议明确了工作重点、工作时限和工作标准，为我们开启2018年脱贫攻坚工作新征程指明了方向，指出了路子。

在这次会议上，我们备感荣幸的是桦川县委、县政府对苏苏村和省农发行驻村工作队、县驻村联络队进行了表彰。苏苏村被评为脱贫攻坚工作先进村，省农发行驻苏苏村工作队被评为优秀驻村扶贫工作队，县驻苏苏村联络队被评为优秀驻村扶贫联络队，我和王琦、任铁华被评为优秀驻村扶贫干部。仅仅九个月的驻村扶贫，我们获得了六项殊荣。

我们深知，我们的驻村扶贫工作还不是那么尽善尽美，我们服务贫困人口的力度尚需加大，我们还有许许多多值得改进的空间，我们面临的脱贫攻坚任务依然艰巨。但县委、县政府却给了我们至高的荣誉，这是对省农发行驻村工作队和县驻村联络队的激励、鞭策和鼓舞。

荣誉已成过去，过去的便成为历史。它只是一个象征，但它绝不是一种功劳，躺在荣誉册上度日是一种危险的信号。我们获得的荣誉其实就是催人奋进的号角，它让我们更加深入清晰地体会到我们在脱贫攻坚战中的使命、责任和义务，我们将化表彰为心向脱贫致富的强大动力，化荣誉为心系贫困群众的实干精神，我们将拿出百倍的努力和办实事、办好事、办真事、办成事的气魄，为实现苏苏村强村富民目标和贫困人口早日脱贫致富而倾心竭力、奋斗不止！

写在桦川县支行青年员工学雷锋活动日

2018年3月
5
星期一
晴

三月阳春日，再现雷锋魂。

雷锋事迹永存而常在，做小事积成品质，做好事积淀精神，做难事积累经验，这是当代青年让雷锋精神持续发扬光大、永久落地生根的重要遵循和路径。

传承雷锋精神，就要从小事、身边事和好事做起。虽然这些小事和身边事看似并不轰轰烈烈，也没有惊天动地之举，更没有战场上的硝烟烽火和枪林弹雨，但在社会发展和时代进步中，恰恰就是将这些小事和身边事做好、做长远、做成功，才能以小见大、以现象见本质、以事件见精髓。

今天，在“学雷锋纪念日”这个特殊的日子，包扶苏苏村的中国农业发展银行桦川县支行的胡国贵、于靖琪、徐志东、赵振鹏、刘玥雯、于欣淼、曹福佳、徐诗奇、马超等10名青年员工放下手头繁忙的工作，深入苏苏村开展学雷锋活动。他们到苏苏村以后，在村委会会议室与省县驻村工作队和村“两委”进行了座谈，听取了省县工作队进驻苏苏村以后抓党建促扶贫工作开展情况，认真了解了苏苏村贫困户状况和脱贫致富措施、路径和成效。

在座谈会上，我看见了这些新时代桦川县支行的每个人青年都洋溢着充满朝气的笑脸，看到了他们对脱贫攻坚事业凝心关注的神情和施展抱负的情怀，感受到了他们对精准扶贫大业的关注度、责任感和使命感。这就是中国农业发展银行青年员工大局观的缩影和反映，也是青年一代真诚奉献社会的真实写照。

在苏苏村，桦川县支行10名青年员工在省县驻村工作队的王琦、刘天佐、任铁华、周爱周和村书记齐更春的陪同下，兴致勃勃地参观了村党建中心。步入党建中心的任何一个主题室，他们都会站在每块图版前入心入脑地观看着，拿出照相机和手机不停地拍照。那种欣悦，那种满足，那种在脸上挂着的希望和感慨，抒写着桦川县支行的青年人对党的无限忠诚、对脱贫攻坚大业的无限热爱、对实行乡村振兴战略的无限支持。

10名青年员工手提慰问品走进贫困户齐更全、于学义家里，这两个贫困户感受到了温暖。“还是共产党好！”一句句充满感恩的内心独白，给了这些青年员工精神动力，他们发自心底的声音也是一句话：“我不是雷锋，但我也要像雷锋一样！”虽然语言很朴素，但这却是桦川县支行青年员工的自励与奋进的呼唤，简短而坚定的话语中，满满地写着中国农业发展银行青年员工对雷锋精神执着追求和久久传承的心声。

他们在两个贫困家庭院子里拿起铁锹、扫帚铲雪扫雪的时候，他们继承的就是雷锋精神，再现的也是雷锋精神。

有些词条中对精神的诠释是指意识、思维、神志和内容的实质所在等，除此以外，我对精神的理解还有一个层次：精神是一种永恒的灵魂，也是一种永不凋谢且又鼓舞斗志的传承法则。我们恪守并继承精神的实质，就能汇聚成一种强大而不可战胜的力量。

雷锋精神是永存的，桦川县支行青年员工在苏苏村开展学雷锋活动，闪耀的就是雷锋精神的光辉。

写在苏苏村2017年表彰会之际

2018年3月
11
星期日
晴

春天，太阳开始加热，冷气日渐消弱，暖流重回大地。房顶上、屋檐下、墙跟前厚厚的积雪已经融化。一个充满生机的春天，又将播种收获，栽植希望。

尽管春天的脚步走得很快，但我们不能忘却过去一年苏苏村辛勤耕耘的人们及他们付出的汗水和他们所做的贡献。我们做任何事情都不能虎头蛇尾、半途而废，必须一以贯之、有始有终，只有这样我们才能在亮丽的春天里开启新的征程，也才能看到春天蕴含的果实。

为充分发挥党员的先锋模范作用，通过合作社、家庭农场、致富带头人引带村民发展致富，深化全村整体环境治理，打好打赢脱贫攻坚战，省县驻村工作队与村“两委”因村制宜确定了2017年苏苏村“抓党建促扶贫”总体思路。时至今日，这个思路已成为苏苏村党员和村民思想的心路、生活的出路、脱贫的富路。正是在这个思路框架下我们形成了一系列实实在在的战略措施，实施连环并举的战略行动，激励全体党员、全体村民向贫困宣战，向落后告别，向富裕进军。

今天，苏苏村在村党建中心党员活动室召开2017年表彰会，对苏苏村党员和具有代表性的不同层面的村民进行表彰。这次表彰会在苏苏村史无前例，也是苏苏村加快实现全面发展、全面升级、全面脱贫战略共奔小康目标的推动性举措。

悦来镇党委书记李季明、副书记王薇、组织干事薛瑜出席了表彰会，李季明书记在讲话中对苏苏村党支部的工作予以充分肯定，总结了

苏苏村2017年工作的特点和亮点，对2018年工作提出了具体明确的要求。参加会议的所有人员在李季明书记讲话过程中多次发出热烈的掌声。

在表彰会上，当今年换届选举新上任的村党支部书记齐更春宣布表彰名单后，会场响起了热烈的掌声。这掌声是礼节，是认同，是鼓劲，更是支持。掌声反映的是党员和村民的心气和心声，代表的是老百姓的渴望和希望，昭示的是他们追求美好生活的决心和信心，这其实就是党的力量、人民的力量。

在苏苏村“十星级党员”名单上，刘佩彩、于恩江、邹凤龙、邢占江、刘广仁、司明六名党员成为耀眼的“明星”，他们恪守并践行党员标准，在诸多方面发挥引领作用，不断向“十个星级”目标冲刺，赢得了“十星级党员”桂冠，这是他们的自豪，也是省、县驻村工作队和苏苏村“两委”的骄傲。

苏苏村党员群体是一个能团结、能战斗、能带领群众走向富裕之路的先进群体，其中涌现出了“学习示范星党员”“和谐构建星党员”“致富引领星党员”。敢于探索、善于经营、勤于劳动的村民，也趟出了一条“我致富、我光荣”的路子。

“学习示范星党员”：赵广勤、李延林、刘艳江、于学成、刘亚芹、王卫东、于保加、张凤兰。他们在村党支部组织的学习活动中，坚持风雨不误，不管农活有多忙，即使丢下家里的事情，他们也要服从党组织的召唤。老党员张凤兰虽已年逾八十，但她说：“党员就得有个党员的样子，我八十岁了，做不了别的什么，村党支部有需要咱必须来，别让老百姓戳脊梁骨。”赵广勤也已七十有余，老伴儿长期患病，凡是村党支部召开会议，他也从未缺席过。这些老党员，有一种“活到老，学到老，改造到老，革命到老”的精神。

“和谐构建星党员”：于金平、丁玉超、丁继祥、张玉良、杨宝才、孙宇。在苏苏村“建环境、构和谐”的关键时刻，他们以共产党员的名义，维护组织原则，维护全村大局，维护集体利益，有针对性地认真做好群众的思想政治工作，助力村党支部完成各项工作任务。

“致富引领星党员”：丁国友、张军、张忠会、邢德文、吴艳辉。他们把党员的带头作用落实在行动上，在群众中当标杆、做表率，根据资源特点，自主发展养殖业，从事棚室经济，形成了鲜明的引动群众发展致富的可行性路子。

致富带头人：李文波、姜淑芝、刘银东、刘国勇、刘海涛、史洪兴、史忠海、曲占友、刘银生。他们饱含对家乡的热爱和对富裕生活的向往，各展其才，兴办合作社，建家庭农场，跑运输，做豆腐，搞养殖，做出了一番事业。

环境维护模范：施海燕、施桂江、丁玉杰、孙井江、张久志、董志立、王付。他们自觉保护环境，无论是在冬天还是在夏季，他们做到了门前路清、路边沟清、家庭院里清，他们在力所能及的情况下，美化、绿化环境，为实现环境宜居的目标做出了奉献。

手机摄影展优秀作品奖：于淑华、仲卫荣、刘刚。他们积极参加村党支部组织开展的村民手机摄影展，他们的作品整体画面布局合理、线条清晰，反映了苏苏村的风景和风貌。

这些只是苏苏村党员与村民为党、为民、为集体、为发展、为环境、为生活做出贡献的缩影，是他们的奋进、坚持和耕耘，才有了苏苏村今天这样的大好局面，他们是彻底改变苏苏村面貌的排头兵，也是实现苏苏村繁荣富强、和谐稳定的主力军。

春天是个追梦的季节。这个季节带着暖意，充满清新，为人们撞开了希望的大门，祝福苏苏村在这个春天里，乘着春风奔向美好的未来！

脱贫感悟

苏苏村表彰会是一种形式，但这种形式完全建立在实际内容基础上。没有内容的形式对苏苏村的扶贫、发展、稳定毫无益处，我们只有利用有效的形式，才能推动全村各项事业突飞猛进的发展，这才是我们期盼的最终目标。

写在苏苏村第一次妇女代表大会召开之际

2018年3月
15
星期四
晴

昨天一场突如其来的大雪，又下了十厘米厚，覆盖了渐渐苏醒的大地。

上午八点半，苏苏村省县驻村工作队员和村“两委”干部对村委会院内积雪进行全面清扫。春天的雪来得迅疾，化得也快。九点开始，房盖前坡的积雪变成水溜儿，顺着房檐滴洒在地面。朝阳的墙根儿下，银白的雪在阳光照耀下也已经变成了黑乎乎的一片湿地。

这天上午九点半，苏苏村召开第一次妇女代表大会，选举村妇联

苏苏村第一次妇女代表大会

主席、副主席，这是农村妇女工作的一项重要改革，也是苏苏村历史上的一件大事。苏苏村21名妇女代表集中在村委会会议室，她们本着负责的精神，在妇女代表大会上行使民主权利。苏苏村党支部书记齐更春主持会议，村干部齐雁飞、史会军、赵井海参加会议。会议经过两轮投票，选举赵欣欣拟任妇联主席，孙立芹、于淑华拟任副主席，待公示、审批后将履行职责。届此，苏苏村第一届妇女联合会产生了。

村级妇女联合会是推动妇女事业发展的重要平台，其成立也是维护社会公正的重要举措。妇女是创造人类文明的一支重大力量，保障妇女权益、促进男女平等，关系妇女的切身利益，关系社会生产力的充分解放。尤其对生活在农村的妇女而言，消除贫困、谋求发展、平等地位、维护稳定是她们的普遍愿望，也是不可抗拒的历史潮流。

有一句话叫“妇女能顶半边天”。这是人类社会发展进程中不可或缺的“半边天”，其实妇女的地位、作用和男人是平等的，因为男女共同维系了人类生存，共同营造了家庭存在，也共同推进了社会进步。无论国际还是国内，无论古代还是当代，妇女在助推人类生存和进步上发挥了不可替代的作用。在我国的各行各业有数不胜数的妇女精英，她们突破了艰难险阻，成为民族的英雄、社会建设的使者、妇女的代表。

农村妇女不仅在育儿教子、相夫敬老、持家理家、耕种田地、种菜养殖等方面付出了全部，更重要的是她们在推进事业发展上显现出了强大的能量和力量。

我记得在河南豫剧《花木兰》中有一个经典片段叫“谁说女子不如男”，其剧中词写道：“刘大哥讲话理太偏，谁说女子享清闲。男子打仗到边关，女子纺织在家园。白天去种地，夜晚来纺棉，不分昼夜辛勤把活干，将士们才能有这吃和穿。你要不相信哪，请往这身上看，咱们的鞋和袜，还有衣和衫，这千针万线都是她们连哪。许多女英雄，也把功劳建，为国杀敌是代代出英贤，这女子们哪点不如儿男。”这段唱词，唱出了男女的不同分工，唱出了男女的等量价值，

也唱出了男女的平等地位。

妇女“半边天”作用的发挥不仅是社会发展的需要，更是我们建设繁荣、富裕、和谐、美丽的苏苏村的强烈呼唤。

春天的选举，春天诞生的苏苏村妇女联合会备受全村村民瞩目。愿全村妇女在村党支部、村委会和村妇女联合会带领下，创造出灿烂辉煌的成就，写好苏苏村妇女在兴村富民史上的新篇章。

脱贫感悟

苏苏村是个人口大村，妇女占比较高，全村选好、用好女干部，组织带领全村妇女参与献计献策、参与村级经济发展、参与构建宜居环境、参与促进文化建设、参与维护全村稳定至关重要。苏苏村实施脱贫攻坚工程需要妇女尽全力，实施“2515产业发展引动工程”需要妇女展才华，实施“134环境整治工程”需要妇女做贡献，实施“233党建工程”需要妇女献精神。

写在克山县考察组莅临苏苏村之际

2018年3月
19
星期一
晴

气温越来越高，天气越来越好。

这天，克山县委书记刘国文率领县直有关部门和乡镇干部共计33人在桦川县委书记郭广福，县委常委张雨喜，县委常委、统战部部长杨金才陪同下，莅临苏苏村参观考察党建和脱贫攻坚工作。

克山县委书记刘国文一行兴致勃勃地参观了苏苏村党建中心七个主题室。考察组在每个主题室图版和图示前驻足观看，认真听取苏苏村抓党建促扶贫工作的思路、举措和实施情况，考察组对苏苏村立足实际、结合村情抓党建促扶贫的做法连口称赞。刘国文书记边听边看边询问。

郭广福书记笑容满面地与刘国文书记亲切交流，耐心细致地介绍省农发行驻村工作队、县驻村联络队和苏苏村党支部从抓党建促扶贫以来取得的成效。

考察组在苏苏村党建中心党员活动室详细观看了村级扶贫档案、分户档案、扶贫资料。他们根据需要有的拿出本子记录，有的掏出手机拍照，有的静心凝神翻阅。他们那种虚心，那种探求，那种乐于学习、善于学习的进取精神，充分反映了克山县考察组的领导干部对脱贫攻坚事业孜孜以求的风貌。此前，同江、汤原等市县的领导同志也率考察组光临苏苏村参观考察抓党建促扶贫工作。

所有这些考察活动，对省县驻村工作队和村“两委”来说，都是促使更进一步的助推器和催动剂。我们将重新审视过去的工作，因为我们的工作还应付出心血和努力，我们要以新的起点和更加坚定的信念强化党建促进精准扶贫。

苏苏村抓党建促扶贫必须持之以恒遵循党建统领，毫不动摇地坚持发展性原则，在原有做法基础上进一步顺应形势，深入完善，细化做法，精益求精，实上加实地打好脱贫攻坚战，切实让贫困人口真正摆脱贫困，让贫困村尽快发展转化为美丽富饶的新农村。

脱贫感悟

善于借鉴、取长补短是有效的工作方法。学习先进经验和典型做法是增长见识、开阔视野的重要途径，我们要借他山之石，雕本府之玉，瞄准通用规则，巧用典型案例，因地制宜地把好做法融会贯通到本地、本部门、本单位具体实践中去，这样既可防止“闭门造车”，耗费无效的精力，又能避免少走弯路，提高决策效力和实施进程。

丰富内涵、不断延展是有效的思维方式。经验产生于实践，但它只是认识的开端，有了经验而裹步不前，躺在过去的做法上“吃饭”“睡觉”，必将成为落后的开始。只有深化经验、厚植经验，在前进中不断创造新模式，探索新路径，才能适应时代发展和社会进步的需要。

写在苏苏村党员活动日

2018年3月
20
星期三
晴

大地伴着和风，高歌吟唱旋律优美的春曲，唱化了盖在身上的冰凌和雪花，露出了黑油油的肥沃黑土。

民间都说："惊蛰乌鸦叫，春分地皮干。"国人的智慧真是了不得，在科学不发达的时代，就能对自然气候有这样的准确判断和定义。果然临近春分之时，耕地、路面、庭院尽现大地的本色。

这天是苏苏村党员活动日。

在农村组织党员活动，必须给党员留出生产时间，躲开最繁忙的季节。因此我和村党支部书记齐更春商定为不影响全村党员备春耕生产，将近期党支部活动集中在党员活动日这一天进行，全村22名党员参加了一上午时间开展的党员教育活动。

上午8点30分在村党建中心党员活动室讲授党课：在已经过去的2017年，我作为驻村第一书记分别为全村党员讲授了题为《怎样发挥共产党员先锋模范作用》《农村党员先锋模范作用要体现在小事积累上》两次党课。这次我把授课立足点放在苏苏村的历史上，讲授了题为《传承辉煌历史，扛起致富责任》的党课，重点讲述了苏苏村从金代部落、赫哲部落、英雄部落到现代村落的发展演变历程，直至建设村强民富的未来村落。为实现苏苏村繁荣振兴，我着重阐述全村党员干部要时刻铭记历史，爱党爱村；树立全新理念，建设家园；探寻发展路径，做强产业；凝聚党员力量，引领致富。这次党课就讲苏苏村的故事和苏苏村的前景，通过与全体党员共同分享苏苏村的历史沿革和英雄故事，激发全村党员干部忠于党、爱祖国、建家乡、为村民的信念与热情。苏苏村老党员邹凤龙、赵广勤在党课结束讨论中主动发言，他们说：“今天的党课别开生面，站在历史的角度说苏苏、话苏苏，我们这些老党员一定做表率，把苏苏村建好，让苏苏村老百姓过上富日子。”

上午10点20分在县脱贫攻坚故事馆重温入党誓词：全村22名党员站在党旗前，每名党员两眼凝望党旗，向党旗敬礼，以高亢、整齐、庄严的宣誓声，重温入党誓词。这宣誓是苏苏村党员源于内心的心声，是他们不顾年龄、不怕困难的精神体现。这次重温入党誓词活动，对每名党员心灵都是一次全新的洗礼，更增强了党员为村集体、为老百姓、为贫困户做贡献的底气和勇气。

上午10点30分在脱贫攻坚故事馆苏苏村两个实物展区实地参观：好多党员在苏苏村实物展区留影、合影，为的是在脱贫攻坚战这个光荣的历史时刻，留下美好的瞬间，并且将这个瞬间存在记忆里，化为具体行动。有的党员说：“这是咱村历史上的骄傲，创业难，守业更难，超越创业难上加难，就是再难，咱也要加把油，努把力，把咱村的事办好，让贫困户过上好生活，让全村老百姓都富裕。”

这是苏苏村党员的一种感悟，也是发自内心的话语。

我们“抓党建促扶贫”，重在“抓”，实在“促”，要有收获和成效。成效根植在何处？那就是党建统领，事事落地。不管什么人，说脱离实际的空话、大话、套话、虚话没有实际意义，经不起历史的检验，一定要执着推进、落地有声。

只有坚持以党建统领乡村振兴战略、以党建统领脱贫攻坚、以党建统领党员干部思想，才能实现思想落地、规划落地、举措落地、产业落地。这些落地措施开了花，才能使贫困人口获得果实，才能使贫困村获得转化，也才能使村“两委”获得威信和支持。

党员活动日就是要通过党员的思想净化和转化，形成生产力和推动力，促进党员以旺盛的精神面貌去创造苏苏村美好的未来。

写在桦川县新一届村“两委”干部培训之际

2018年3月
29
星期四
晴

三月，阳光融化了积雪，春风驱走了寒意。

这个季节，正是农民备春耕生产最忙碌的时期，有的忙着购买种子化肥，有的已经着手扣棚准备育苗，家家户户都在种着收获。

桦川县抓住春耕生产之前这段有利时机，从28日开始，在县委党校五楼会议室分期举办桦川县新一届村“两委”干部培训班，全县村干部均参加了这次大规模的集中培训，苏苏村党支部书记齐更春、党支部委员史会军等参加了培训。这次培训对村干部而言既是一次大学习，也是一次大提高的机会。

29日上午，我非常荣幸在第一期培训班上为参加培训的150多名村级干部讲授了题为《党建统领促发展》的专题讲座，根据我的驻村实践和10个月来抓党建促扶贫工作探索及体会与村干部共同分享。

在培训班上，我从加强农村党建工作的必要性、农村党建工作的主要途径、发挥优势锻造农村党员队伍三个方面，与参加培训的村级干部进行了交流，分析了当前农村干部抓党建的“四种现状”、农村支部管党建的“四种形态”、农村党员和群众对党建的“四种认识”，着重阐述抓好农村党建工作必须书记重视，践行第一责任，必须方法对路，夯实工作基础，必须把握关键，建设“五型”组织，提出了加强农村党建工作离不开一支好的党员队伍。

29日下午，参加培训的150多名村级干部现场考察了苏苏村党建中心，我向他们讲解了“制度规划要上墙，路径措施要落地”的实践课，给他们以启迪和借鉴。

强化农村基层党建工作需要培养一批新型带头人。我们要彻底解决村级干部对农村党建工作不重视、不会抓、两层皮、仪式性、表面化等突出问题；培养村干部以党建统领农业农村工作，让他们坚持“千磨万击还坚韧”“咬定青山不放松”的韧性，全面提升农村基层党组织的组织力和战斗力，将农村党组织的组织资源转化为推动发展资源、组织优势转化为推动发展优势、组织活力转化为推动发展活力。

实施乡村振兴战略需要培养一批新型组织者。我们要在农村面临人口老龄化、知识低层化、村庄空心化、家庭离散化状态下，培养村级干部加快增强聚人气、聚活力、聚生机的带动能力，通过培训引导村级干部抓党建促发展，找出乡村振兴突破口和着力点，把农民这个乡村振兴的主体引导好、带领好、组织好，推动乡村实现组织、产业、人才、生态、文化“五大振兴”。

打好打赢脱贫攻坚战需要培养一批新型实干家。摆脱贫困是乡村振兴的前提，我们必须坚持精准扶贫、精准脱贫，把提高脱贫质量放在首位，在脱贫攻坚战中村级干部承担主体责任，承担贫困人口脱贫致富措施的任务落实，没有一支想干事、能干事、干成事的村级干部队伍，就不可能打胜脱贫攻坚战，也不可能巩固脱贫攻坚战取得的胜利成果。我们只有发挥村级干部主观能动性，才能啃掉贫困这个“硬骨头”，才能补齐建成小康社会的短板。

脱贫感悟

加强村级干部培训是抓好农村工作的基础，尤其是在换届选举之后，有针对性地对村级干部进行系统化培训更加重要。这是提高村级干部素质、传授村级干部工作方法、增强村级干部执政本领、提升村级干部执行能力的有效方式。

写在秸秆打包机运抵苏苏村之际

2018年4月
7
星期六
晴

春天，太阳无声无息地放射出光辉，大地空旷，生机绽放，这就是大自然为人类贡献的美好生存环境。

保护人类生存环境是我们的天职和责任，但每当春天来临，农村就会出现燃烧秸秆的现象，这是农民多年来在春耕生产前形成的习惯。一旦到了备春耕这个时节，满地浓烟四起，一团团大火焚烧着秸秆，燃烧着清新的空气，也烧损着纯净的大自然。

虽然今年春天历经十几日回暖，出现过历史上少有的“艳阳天”，但老天变脸速度非常快，马上略显阵阵寒意。到了春季，降温是暂时的。在农村，季节不等人，东北种田时间只有那么多时日，错过农时就失去了翻地春耕的最佳时机。农民不烧秸秆就无法整地耕种，点燃秸秆又会深度污染环境，这是现实存在的矛盾。我们既不能不要蓝天，也得让老百姓在地里种上“富裕”。如何有效化解这个矛盾，仅仅依靠看、防、护、查、罚等被动性防堵措施不是治本之策。

正是基于这样的现状，今年春节过后，还在冰天雪地之时，驻村工作队就与村“两委”提早谋划，共同商议利用农发行捐助资金购买一台秸秆打包机，这是立足长远解决秸秆焚烧问题的一项举措，也是发展壮大村集体经济的突破口。

为了把事情办好，驻村工作队组织召开两次联席会议，反复深入讨论，进行充分论证，决定购买意大利进口的马斯奇奥牌秸秆打包机，其价格36.7万元，县里补贴的60%购置款到位后，村子仅用14.7万元即可使机器投入使用。驻村工作队提议村“两委”召开村民代表大会，发挥村民代表的作用，让他们发挥知情权、民主权、决策权，在3月30日召开的村民代表大会上，村民代表经充分酝酿，一致表决同意支持购买秸秆打包机，驻村工作队与村“两委”立即组织秸秆打包机购置落实工作。

有钱千般好，无钱事事难。在农发行捐助29万元资金出现缺口、补贴尚未拨付的前提下，县联络队长任铁华、村党支部书记齐更春以村为家，把村里的事当作家里的事，毫不犹豫地拿出积蓄，分别垫付资金4万元，为村里解决了资金缺口这个大的问题。

这天，早晨5点50分，苏苏村党支部书记齐更春满怀欣喜地给我打电话，说是秸秆打包机马上就能运到村里。当我和王琦、任铁华赶到村委会门前时，红色的进口秸秆打包机展现在我们的眼前。村党支部书记齐更春开心地组织吊卸，他和永兴水稻专业家庭农场场长刘海涛从家里拿来鞭炮燃放，为秸秆打包机落户苏苏村庆贺。

在过去的苏苏村很少见到这样的场面，村党支部书记齐更春、村主任齐雁飞、屯长史会军、村会计赵井海亲自动手研究装配部件，刘海涛拿来家里的工具与宁忠国义务参加秸秆打包机安装。虽然衣服弄脏了，手冻僵了，可他们每个人的脸上却写满了甜甜的笑容。他们深知，苏苏村是贫困村，光靠村集体的实力购买秸秆打包机根本无法想象，这台红彤彤的机械来之不易，没有农发行的资金支持，没有

秸秆打包机运抵苏苏村

县里的补贴政策，没有家庭农场的配合，秸秆打包机就不可能落地苏苏村。

一台价值30多万元的机械，对一户大企业而言只是冰山一角，对一个资金雄厚的单位来说也不足为奇，然而一个贫困村能有这样一台为民造福的机械可谓如获至宝。

我们有理由相信，苏苏村从拥有秸秆打包机开始，其村级集体经济将会有质的飞跃。这台秸秆打包机一定能打出老百姓的幸福感，也一定能打出一片湛蓝的天空。

写在省委办公厅调研组莅临苏苏村之际

2018年4月
9
星期二
晴

今天，黑龙江省委办公厅苏雨新处长和吕利、曹凯一行三人深入桦川县，就脱贫攻坚及提升群众满意度情况开展调查研究。佳木斯市扶贫办主任聂影、市委办副主任高鹏、桦川县委副书记李岩焱、县委常委张雨喜、县扶贫办主任姜延锋陪同调研。省农发行驻村工作队特别感谢县委把苏苏村作为主会场和重点调研村，这是对我们的信任和支持。

苏雨新一行在苏苏村党建中心会议室主持召开座谈会，县委常委张雨喜围绕脱贫攻工作开展情况、影响脱贫攻坚工作群众满意度的主要因素、提升群众满意度的主要对策等方面谈了做法和建议。新城镇爱国村驻村第一书记马凯宇、桦川县第一中学校长谢秀才、县规划局局长张德庭、创业乡古大村驻村第一书记刘洪锋、苏家店镇卫生院长郭艳秋、苏家店镇朱家村党支部书记刘子玉参加座谈会，他们从不同角度、不同侧面在座谈会上发言。苏雨新对桦川县脱贫攻坚及提升群众满意度工作予以高度肯定。

我在发言中从建强班子、党员带头、产业引动、分类定策、建设工程等5个方面介绍了省农发行驻村工作队在提升群众满意度方面的主要做法。苏苏村以“抓党建促扶贫”为基本模式，脱贫攻坚运行是平稳的，特色是鲜明的，推进是有力的，效果是明显的，群众是满意的。但我们面临千差万别的农户，有一部分农户思想复杂，文化落后，贫富不等，家风不正，许许多多个性化特征集合在一起，形成了高低错落的农民层次群，这就决定了户户都满意、人人都如心是不可能的，也是不客观的，主要问题在于个别群众仍然存在不平衡心理、部分农户享受了若干政策却因智力等障碍无法说清、历史矛盾累积等多种因素导致个别村民心里扭曲或者出现矛盾转嫁。这虽然不是苏苏村存在的个性化现象，但就问题的普遍性原理分析应该是个共性问题，这是提升群众满意度的关键所在。

座谈会后，调研组走访了苏苏村张井泉、于学义、丁国友等贫困户和一般农户，对贫困户和一般农户满意度情况进行现场调查。调研组通过入户深入了解情况得知，其走访的贫困户和一般农户对脱贫攻坚及驻村工作队都非常满意，调研组听后感到十分欣慰，对苏苏村驻村工作队在提升群众满意度方面所做的工作给予高度评价。

通过省委办公厅调研组这次调查研究，给我们的启示是：

必须深入调查研究。一切工作都要建立在基层实际基础上，不亲身感受基层，不掌握基层情况，不把握第一手材料，就不可能形成科学的决策，指导工作也就缺乏针对性、瞄准性和可行性。打好脱贫攻坚战更要听民声、知民情、懂民意，只有这样才能有的放矢。省委办公厅调研组雷厉风行，下车就开会，详细询问脱贫攻坚及提升群众满意度工作的每个环节、每个细节，做到问清楚、搞明白。他们走访入户细心与农户交流，与农户朋友式地心贴心唠家常，从小事问起，不丢掉关键问题，这样才能摸透实情，才能提出好对策，也才能指导好脱贫攻坚战。

必须坚持经验传导。调查研究要认真听取好思路、好经验、好做法，从中找出指导工作规律性的实现路径，切实使经验传导效应扩大化，形成传导机制，避免走弯路、走破路。县委常委张雨喜在座谈会上介绍了桦川县提升群众满意度坚持责任体系、能力提升、识别退出、产业增收、基础建设、政策落实、扶贫扶志、作风转变“八个到位”，这是立足县情、结合实际的管用办法，而且已经过实践的检验，经得起历史验证。省委办公厅调研组倾心听取桦川县这些行之有效的举措，认为这是脱贫攻坚及提升群众满意度的“推助器”，这些措施落地了，提高了群众的满足感，群众看在眼里，收获了“红利”。

必须坚持实事求是。做任何事情都离不开实事求是这条思想路线。桦川县在脱贫攻坚战中一切从实际出发，以人民满意不满意为标准，定原则、做决策、抓实施都坚持实事求是，真正让贫困人口提高生活水平，让全体老百姓实现共同富裕。苏苏村驻村工作队也是按照实事求是的原则，确定并践行“抓党建促扶贫”这个有效模式，立足点和落脚点都放在了群众是否满意上。在农村，我们面对的不仅是对贫困人口思想扶贫，还有一个对全体老百姓思想“扶正”的问题。桦川县委、县政府以及驻村工作队，都千方百计解决群众思想上存在的症结，通过全县上下同心奋战，群众对精准扶贫都有了正确的认识。

群众工作难做，难做也得做，不好做就细心地慢慢做，因为这是我们的责任，我们必须扛起这个重任。

写在搂草机运抵苏苏村之际

2018年4月
12
星期四
雨夹雪转晴

今年春季，天气变幻莫测，刮风天，雪雨天，艳阳天，几乎三天一变天，可谓气象万千。

苏苏村4月7日购买的马斯奇奥牌秸秆打包机已经开始作业，五天时间顺畅完成30多公顷水稻秸秆打包工作。秸秆打包机作业前搂草机必须先行将稻秸、稻草归拢成趟子，之后秸秆打包机方能作业。在苏苏村没有搂草机的前提下，我给双兴玉成合作社理事长赵德山打电话请求支援，赵德山理事长以“舍己为人”的精神，提供一台搂草机无偿借给苏苏村使用，这是对省农发行驻村工作队和苏苏村的莫大支持。

2018年4月12日，苏苏村购买的搂草机运抵村委会

借用搂草机不是长久之计，为了解决这个问题，省县驻村工作队和村“两委”商定，继续用农发行捐助的资金为村里购买一台搂草机，与秸秆打包机配套使用。

这天，新购置的价格为3.58万元的意大利进口伊诺罗斯牌折叠搂草机运抵苏苏村，这在苏苏村又是一项新事物，省县驻村工作队员与村“两委”干部、部分村民参加卸货。村主任齐雁飞带领村会计赵井海、永兴水稻专业家庭农场场长刘海涛、村民宁忠国动手研究组装。

在搂草机卸货和安装过程中，苏苏村许多村民到村委会院内观看新进村的这台现代化机械，他们感到特别新奇。在他们每个人的脸上都绽放着笑容，他们左瞅瞅，右看看，纷纷都说村上买搂草机、秸秆打包机有利于保护环境，方便了老百姓及时整地，这是驻村工作队和村“两委”为老百姓办的又一件实事。

村集体拥有了搂草机、打包机，这是自从家庭联产承包责任制实施以来，苏苏村里购置的第一批集体所有的机械。这两台机械是苏苏村的一笔资产性财富，而且为扩大再生产奠定了基础，将为苏苏村集体经济发展壮大打开路径。

为加强对搂草机、打包机管理，驻村工作队和村“两委”开会研究要探索全新的运营机制和管理模式，实行制度化管理、模式化管制、机制化管控，逐步向村级合作社方向发展，但这需要一个过程，一个创新与实践的过程，这个过程也是扩大积累的过程。

苏苏村购置搂草机、打包机只是一件小事，但由此我深思：

解决百姓当务之急是重中之重。我们要深入调查掌握老百姓的心里夙愿和面临的难题，对一家一户的所需，我们可能不能全部满足他们的愿望和期盼，但至少我们要在力所能及的情况下，帮助他们解决其共同呼唤的问题。一旦老百姓有共同心声、一致意愿，这就充分说明这个或这些问题必须切实纳入日程，为老百姓实心实意地解决难题。

发展村级集体经济是急中之急。脱贫攻坚战面向的不仅是贫困户及贫困人口，还要面向贫困村。贫困村在贫困户层面摆脱贫困只是一个方面，甩掉贫困村帽子既要立足于农民共同富裕，但也要考虑贫困村集体经济的长远发展。当前的贫困村绝大多数是“空壳村”，外债累累，压得村“两委”干部喘不过气来，长此以往全村将背负更大的包袱，必须着手增加村级积累，壮大财力，这样才能真正实现村级振兴。

研究探索发展路径是要中之要。贫困户靠发展脱贫，一般农户靠发展致富，村级集体经济靠发展壮大，这是普遍规律。没有发展就没有实力，没有发展就没有进步，没有发展也就没有了动力之源。无论是在脱贫攻坚战中对贫困户的帮扶，还是实施乡村振兴战略，都要用发展的理念、思维和定力，坚定不移地推动贫困人口走出困境，促进村级经济、环境、文化、风气和精神显著提升，不间断地扩展物质财富和精神财富拥有量。

一台搂草机，搂掉的是秸秆，但愿它也能搂出财富，搂出村级集体经济发展的路子。

写在参观考察四马架镇会龙村卫生环境之际

2018年4月
16
星期一
晴

每个人都离不开自然、社会等大大小小的环境，无时无刻不在环境中生活，人类脱离了环境，失去了影响生命质量的“外部世界”，就不可能持续生存延续。

我们要打造人类与自然和谐共生的宜居环境，呼唤尊重自然、顺

应自然、保护自然的绿色美和生态美，同时也更需要创造和维护清洁的生活区域环境，建设美好家园。

我进驻苏苏村扶贫以来，突出了抓党建促扶贫、抓发展促致富、抓正气促民风、抓和谐促稳定，但作为驻村第一书记，面对苏苏村脏、乱、差的环境，如何让村民养成良好的生活习惯，实现环境自保自治，这是我思考的一个重要问题。打好脱贫攻战，实施乡村振兴战略，生态宜居、生活清新是关键，必须花大力气进行环境治理。

为学习借鉴环境整治先进经验，4月16日上午，我和省农发行驻村工作队员刘天佐、县联络队长任铁华、村党支部书记齐更春、村主任齐雁飞驱车前往桦川县四马架镇会龙村参观学习。

会龙村建在一个西高东低的斜坡上，每条街房子建设整齐，泥草房不多，绝大部分农户都有砖院墙，没建砖院墙的也用铁栅栏圈着院子。每条街道看不到纸屑、杂草、残土和泥巴。街路边上没有占道现象，每家每户农机具均停放在自家院子里。太阳能路灯之间距离较近，路灯杆上挂着公益性广告语。步道板露出了紫红色的砖面，既无杂草丛生，又无杂物堆放。步道板上几个品种的树虽不算高，管护质量却属上乘。路边沟水泥槽里无垃圾、无积水。农户庭院干净利索，生产生活用品较多，但摆放整齐。

这就是会龙村，这就是会龙村的环境状况。

会龙村委会坐落在村子的东头儿。当我们见到村党支部书记高淑荣时，我问她："会龙村的环境整治是一个样板，你们在管理上肯定花了不少心血，你们是怎么管理的呢？"高淑荣介绍说："我们每名村干部包两三条街道，督促村民落实门前三包，村民自己管自家的门前街道、路边沟、步道板上的卫生，也包括冬天清雪，现在村民养成了习惯，都主动清理卫生，包括冬天清扫路上的积雪，村民看到有的人家门前卫生状况差，就来村里反映情况，他们互相监督。"我接着问她："我看你们村里没有垃圾箱，那么垃圾怎么处理呢？"高淑荣说："每家每户的垃圾都存放在自己的院子里，村里有清运垃圾车，两天一清理，村民主动把垃圾倒到垃圾车上。"我又问她："闲置房子门前和'三不管'地带怎么办呢？"高淑荣说："这些地方都由村里保洁员负责，每个保洁员负责包保清理，像广场这样的地方也由保洁员来管。"

经验源于创造与实践。

苏苏村整治卫生环境，就要善于学习借鉴优秀者的好做法、好经验，对全村环境进行彻底整治。全村在今年初已经确定了"234环境整治工程"，利用4月至5月农忙空闲时间，在永发屯亮化、全村绿化美化基础上，清运垃圾、残土2座"大山"，清理路面、路边沟、农户庭院3个重点区域，治理4种乱象，让全体村民生活在绿树成荫、花香四溢的环境里，切实把苏苏村建设成为清洁、整齐、明亮、美丽、文明的新农村。

脱贫感悟

我从会龙村环境卫生整治做法中感悟到：

一是建立责任机制是关键。村"两委"必须敢于担当责任，党员和村民代表必须勇于分担责任，村民必须勤于承担责任，这样才能保持环境卫生综合治理常态化。

二是村民自理自治是重点。全村要树立清洁美光荣、脏乱差可耻的风气，培养村民爱村、爱家园、爱公物、爱庭院的精神，组织村民养成良好的生活和卫生习惯，只有人人维护、家家奉献，才能营造好适于生存的环境。

三是实行相互监督是保障。全村要采取多维度监督，强化全方位管理，实行村干部监控、党员和村民代表监管、村民之间监督相结合，对懒散户、脏乱户重点督促，对失去劳动能力户分担他们的卫生清理区域，确保环境卫生无死角。

写在苏苏村植树之际

2018年4月
25
星期三
晴

无论是山区、平原还是村落，如果没有绿色就失去了生机。

记得黑龙江省铁力市有个闻名遐迩的植树模范叫马永顺，他把一生命运与大山连在一起，带领家人义务植树5万余棵，被誉为林海红旗、森林巨子、当代愚公。马永顺85岁时获得联合国环境规划署嘉奖，86岁时赢得全国“五一劳动奖章”和“全国十大绿化标兵”称号。他用毕生的心血描绘出一幅绿色画卷，用崇高的精神铸造成一座座绿色丰碑。

虽然马永顺于2000年永远离开了他深爱的大山，但他的事迹和精神永垂千古，激励后人为保护生态、维护环境而执着前行。

尽管苏苏村位处平原地区，远离苍山峻岭，但绿化对苏苏村而言迫在眉睫。过去的苏苏村内缺少树木，除了民房、农机具和堆放着的干柴，水泥路两侧仅有寥寥几棵低矮的残枝枯树，人们站在路上远远望去，空空荡荡，死气沉沉。

这天，苏苏村启动了植树之举。为了把苏苏村建设成绿色之村、生态之村和环境优美之村，村党支部书记齐更春、村主任齐雁飞、屯长史会军，带领党员、村民代表、保洁队员和部分村民开始在村内道路两旁挖坑、植树、浇水。经过3天奋战，人们在苏苏屯和永发屯共种植花秋树700棵、果树400棵，为打造一个富有生机和活力的苏苏村奠定了基础。

村内树木枝繁叶茂、郁郁葱葱，有助于提升行政村品位，有助于提升老百姓精气神，有助于提升生态链的延伸和质量。

在植树过程中，全村村民主动配合村党支部和村委会清理步道板上的障碍物。有的村民说：“咱在这个村生活，村里栽上树，见点绿色，把环境建设好，干干净净的该有多好。”还有的村民说：“这树是栽上了，咱们得保护好，没事就浇点水，千万不能今天栽上树了，明天就祸害死。”

当我听到这些村民的话以后，我发现苏苏村的村风民风已经有了明显转变，同时也深深感受到，苏苏村村民打心眼里有爱护树木的意愿，希望有一个舒适优美的生活环境，这是他们发自内心的期盼，他们爱村护村的意识显著提升。

中央在明确的振兴乡村战略里，鲜明地提出了“产业兴旺、生态宜居、乡风文明、治理有效、生活富裕”。尽管“生态宜居”是个外延广泛的概念，包含的内容既有自然环境、生产环境，又有生活环境，还有其他一系列有益于人民生活的环境，其实这些归根结底就是人类的生存环境。在这里，村民的生活环境是“生态宜居”必不可少的因素，我们要打造绿树成荫、明亮整洁的宜居生活环境，离不开文明的村风，也离不开有效的治理，更离不开全体村民对树木的爱惜、对环境永久的维护与保持。

苏苏村环境治理工程就以植树为启动点，这是全村打响环境治理战役的冲锋号。这个冲锋号一吹响，标志着苏苏村村民的生活环境开始进入了一个全新的阶段。

环境治理战役只是维护村民生活环境的一部分，重要的是必须持之以恒提升村民自治理念和自管能力，使之形成自觉维护环境的习惯和机制，这是问题的根本。

让我们一起携起手来，从每人每户做起，为苏苏村创造和赢得一个宜居的生态环境而躬身献力。这不仅是我，也是驻村工作队、村“两委”干部和全体村民的一致愿望。

黑龙江省委常委、常务副省长李海涛考察苏苏村

2018年5月
17
星期五
晴

五月，天空没有尘埃，蔚蓝的天层拥着吐着温馨的太阳，洒向地面的是柔和的风与温暖的阳光。

这天是5月17日，下午，黑龙江省委常委、常务副省长李海涛在佳木斯市市长邵国强、桦川县委书记郭广福、桦川县县长姜宇峰等领导同志陪同下莅临悦来镇苏苏村考察。

李海涛副省长在苏苏村考察期间，考察了苏苏村党建中心七个主题室。他每到一个主题室，都驻足详细地观看展示资料，不停地询问党支部建设、党员队伍、产业发展、脱贫攻坚等情况。

苏苏村村标

在党员活动室，李海涛副省长笑容满面地听我讲解苏苏村“村标”的要素构成，听后他高兴地说这个村标设计很有创意。在党建档案室，李海涛副省长打开“党员档案柜”，翻看党员档案，当翻看到村主任齐雁飞的档案时，他手拿档案转身问齐雁飞：“你是哪年入的党，哪年当的村主任？”当齐雁飞回答后，李海涛副省长笑了，他说：“这些档案建得好。”

李海涛副省长走进村“自来水控制中心”，他不时地询问：“这里每天供水量多大？水质怎么样？整天供水吗？”他的每一句话，都蕴含着对苏苏村老百姓的关怀和体贴。在苏苏村卫生所，李海涛副省长站在档案柜前，仔细翻阅建档立卡贫困户档案，查看了药品柜，同时向村医生和驻村医疗队发问：“村里的常见病、多发病多不多？常

用药品齐全吗？你们只是到贫困户家就诊吗？贫困户住院报销是多大比例？”当驻村医疗队和村医生一一回答后，李海涛副省长高兴地说：“这就好，贫困户一定要得到医疗保障。”

苏苏东旺果蔬产业园是苏苏村扶贫基地。李海涛副省长考察了这里的草莓、油桃、葡萄、车厘子、蔬菜六栋果蔬暖棚和冷棚。每到一个果蔬棚，李海涛副省长逐一询问果菜的品种、品质、产量、质量、价格以及管理情况。他非常赞赏果蔬产业园“先生产后生活”的运营方式，对扶贫基地与贫困户的联结方式感到满意。

李海涛副省长在上车前问我：“有什么困难吗？”我说没有，我们会加力奋斗，让苏苏村贫困人口脱贫。李海涛副省长说：“抓党建促扶贫就要这样做，这就是典型。”

我眼望李海涛副省长离开苏苏村，我在深深地思索：李海涛副省长在百忙中深入苏苏村细致入微地考察，充分体现了他不折不扣落实党的脱贫攻坚政策的坚定意志，体现了他一切为了人民群众的博大情怀，体现了他心系贫困人口脱贫致富的迫切心情，体现了他对精准扶贫每个环节精益求精的工作作风，体现了他对驻村工作队的殷切期望。

李海涛副省长考察苏苏村，这是对我们驻村工作队和村“两委”莫大的鼓舞和极大的鞭策。李海涛副省长对苏苏村抓党建促扶贫的高度评价，是我们驻村工作队义无反顾地打赢脱贫攻坚战的强大动力。我们将站在新的起点上，以更大的勇气和力量为苏苏村贫困人口早日脱贫致富贡献一切！

写在苏苏村“厕所革命”试点启动日

2018年5月
27
星期日
晴

五月，这个鲜花盛开、种植收获的季节，温馨的阳光洒进心扉，温和的春风飘入心灵，激荡着灵魂深处久久萌动且又苦苦追求的向往。

大地托着泥土，喷发着水稻秧苗的芳香。翠绿的树木、枝干与叶片以高亢的声音有节奏地混声合唱。

或许，这就是五月的交响曲，弹奏着农村民众从贫困步入富足的希望。

这天，桦川县悦来镇苏苏村“厕所革命”试点在贫困户李春林家破土动工，标志试点正式启动。

生活在农村、住着平房的老百姓，绝大多数家庭用的都是旱厕，尽管世代生活在农村的老百姓已经习惯了这样的生活环境，但人人都不甘愿身处夏天蚊蝇肆虐、冬天寒风入骨的境况。改变农村如厕难，确实是老百姓翘首以盼的民生问题。

苏苏村幸运地被桦川县委、县政府和悦来镇党委、镇政府确定为“厕所革命”试点村。在这次“厕所革命”试点中，贫困户只要拿出500元、一般农户拿出1 000元，就可以在室内建成整洁方便的水冲式卫生间。

为使全村老百姓转变观念，从陈旧落后的生活方式中解脱出来，村“两委”干部通过大喇叭、“村民之家”微信群等多种行之有效的平台，向全村老百姓广泛宣传。驻村工作队与村“两委”共同走家入户调查摸底，深入细致地做好思想发动工作，逐户讲解变室外旱厕为室内水冲式卫生间是今后农村改革发展的大趋势，也是提升农村人口幸福指数的管用举措。为了打消老百姓的顾虑，驻村工作队和村“两委”对室内卫生间如何设置及其改造流程等逐一进行介绍，千方百计提高老百姓的认知度、认可度。通过“厕所革命”试点，真正让老百姓从一个革命走向另一个革命，从一个幸福的彼岸迈向一个更加幸福的广阔天地。

我在李春林家改厕现场问他：“在室内建卫生间你感觉怎么样？满不满意啊？”李春林笑呵呵地对我说：“那还能不满意吗？相当满意啊，这是多大的福分啊，还是咱们党的政策好啊！”李春林说得没错，而且说得斩钉截铁，这真真切切是老百姓的福分。中国的历史那么悠久，文化底蕴那么深厚，多少年来农村人口如厕难问题没有得到解决，在脱贫攻坚这场伟大的战役中，苏苏村室外旱厕画上了一个句号，这是一个“颠覆性”的节点，将永久载入历史的档案。

也是在这天，苏苏村一般农户张立威等家庭的“厕所革命”开启，更多的苏苏村老百姓将自愿加入这场革命中来，全村百姓望眼欲穿的“厕所革命”由苦苦的期盼、久久的愿望变成了现实。

从脱贫攻坚战精准识别开始到“厕所革命”，苏苏村一场革命连着一场革命，一个变化接着一个变化，这就是脱贫攻坚战深远意义的承接和延续。

因此说，脱贫攻坚战就是一场为民造福的伟大革命！

写在苏苏村电子屏安装日

2018年5月
29
星期二
晴转小雨

人这一生，高兴、兴奋、快乐、幸福的时光有许多，但让人最欣慰的是在改革发展中发生的变化及其带来的成果，这对于所有人来说是一种莫大的满足。

这种满足，源于“千里之行始于足下”，源于“助力之举锦上添花”。

在农村，农民过上物质生活极大富裕的日子，这是农民的最大心愿。每个农民都想过上好日子，都想有一个殷实的家庭。每个农民也都想过上美日子，都想有一个愉悦的心境。

这是一种向往，更是苏苏村农民的向往，但这个向往在不久的将来，抑或是当前正在一步一步向全体苏苏村农民走来。

这天，悦来镇党委、镇政府出资安装的1.8米×3.2米的电子屏经过调试已经完美竣工。这是悦来镇对苏苏村的厚爱，这种厚爱给苏苏村全体农民一种力量、一种希望。这是苏苏村迈向现代化的开端，也是苏苏村农民享受精神生活的开始。

就目前来说，电子屏是宣传政策的窗口，是丰富农民文化生活的阵地，是传播农业生产技术、传递农户致富信息、传扬文化精神的平台，也是抓好贫困户思想扶贫的传感器。

电子屏安装好后，苏苏村许多农民围观这个农村的新鲜事物，纷纷品评它的功能和作用。从这个角度来看，苏苏村全体农民朋友在观念和意识方面已经发生了变化，这种变化是潜移默化的，也是经过时间检验的，绝非一日之功。

世上无难事，只要有为人。

任何事情都是如此，一个人、一些干部、一级组织只要始终把人民放在心上，始终把事业放在灵魂里，任何艰难险阻都能克服。

时代的进步不仅是有个电子屏这么简单，这只是其中的一个部分，更需要奋进的人们踏着时代的步伐，焕发出不惧艰难、不畏艰辛、不怕艰险的动力和斗志，只有这样，才能跨步走向人民最渴望的美好世界。

写在苏苏村机械库建成日

2018年5月
30
星期三
晴

在天蓝阳光灿、地绿微风吹的五月，桦川县悦来镇苏苏村又迎来了一件值得欢欣鼓舞的喜事。

这天，在苏苏村村委会院内又多了一个建筑物，苏苏村秸秆打包机、搂草机存放库正式建成。

省农发行驻苏苏村工作队与县联络队、村“两委”以保护农业生态环境、农业生产环境为立足点和落脚点，竭尽全力改善农民春耕生产条件，于2018年4月7日购买了从意大利进口的价值36.7万元的秸秆打包机，同年4月13日购买了与之配套的搂草机，4月15日订购了运草专用车。

这些机械是由省农发行出资购置的村集体资产，这些资产来之不易，是苏苏村实行家庭联产承包责任制以后形成的首批集体资产。在村级集体经济弱化的现阶段，这些机械的充分利用，在生态环境保护的前提下，也为苏苏村积蓄发展潜力、壮大集体经济、实现村强民富目标奠定了坚实的基础。

为保护和保养好这些机械，省农发行驻村工作队、县驻村联络

队与村“两委”商定，利用村委会院内空闲地建设秸秆打包机、搂草机存放库。5月中旬基础工程开工，5月30日机械存放库竣工，为高3.6米、面积64平方米的彩钢房。

机械存放库在短时间内建成并投入使用，这只是一件小事而已，看似不足为奇，但给我留下了深刻的思考：

在脱贫攻坚战中必须恪守雷厉风行作风。贫困村、贫困户甩掉贫困帽子，要坚持因村制宜、因户制宜，但必须秉持“立说立行，干字为先”，养成说话如钉、做事如风的习惯；要有一种说干就干、干就干好的劲头，做到不等靠、不拖拉、不停歇、不间断，把速度、效率和行动放在时间的轨迹上，与时间赛跑，与困难决斗，这样才能打好脱贫攻坚战。

在脱贫攻坚战中必须坚持求实务实原则。精准扶贫来不得半点马虎，“攻坚拔寨”就是要攻下贫困这个“城池”，拔下贫困这座“营寨”。说到底，“攻坚拔寨”看的是实招，要的是实效，还要防止出现“花瓶工程”“柜台工程”。人们常说：“一分部署，九分落实。”思路落地、举措见效才能体现说服力，确保定一件事、干一件事、成一件事，这样才能打赢脱贫攻坚战。

在脱贫攻坚战中必须做到工作方法科学。在精准扶贫工作中，讲究方法至关重要，把“易事”揉成“难事”、把“简单事”变成“繁杂事”，势必消耗时间、浪费资源、贻误“战机”。面对前行中的困难和挑战，需要的是勇气和力量，更需要实事求是地拿出“破题”“破冰”“破局”的思路和办法。一切“诊治”要来源于“诊断”，因病施治是“治病救人”的根本所在。我们必须运用科学的工作方法，实施精准的战略战术，这样才能打胜脱贫攻坚战。

桦川县委、县政府，悦来镇党委、镇政府在这些方面给出了正确的导向，形成了有效的机制，呈现了显著的效果。苏苏村只是迈出了第一步，仍需在思想和行动上实现升华。

写在驻村扶贫一周年之际

2018年5月
31
星期四
晴

我们党成立以来，实行过“打土豪分田地”、土地改革运动、成立人民公社、家庭联产承包责任制等一系列革命性举措。这些促进农村改革发展的战略性措施，多数是向贫困发起的宣战，是为了让广大农民从贫困和不平等的苦海里解脱出来，过上生活富裕的日子。这些在不同时期实施的有针对性的战略行动，对农村发展、农民富裕不同程度地发挥了重要作用。

当前开展的脱贫攻坚战更是一项刺向贫困、筑造富裕的瞄准性战略，这在我国历史上是一项前所未有的发明和创举，可以说脱贫攻坚战是实现农村大发展、产业大繁荣、农民生活大跨越最接地气的伟大战役。

这场战役的一个重要特色就是驻村工作队参战。驻村工作队与各地党委、政府一道完成脱贫攻坚战这场“输不起的战役”，这是助力脱贫攻坚战取得决定性胜利的突破性措施。在这场战役中，省农发行也选派了驻村工作队，决定我和王琦、刘天佐进驻桦川县悦来镇苏苏村。

这天，也就是2018年5月31日，我们三人驻村整整一个年头。在驻村一周年之际，我们丢下在风云战斗的一年里都做了什么事情，我们也放下在生活艰苦的一年里都克服了哪些困难，我们只把心里话亮给世人，也留给这段值得记忆且又难忘的历史。

这一年，我们远在离家400多公里的他乡异地，远离了与我们朝夕相处的挚爱亲人，远离了万事需要我们与亲人共同经营的家庭，远离了已习惯了的繁华城市，在苏苏这个贫困的小村里，一住就是一年，一干就是一年。365天，对悠悠历史而言何其短暂，稍纵即越往他年。但对每个人的一生来说，在有限的工作和生活时间内，这又是多么值得珍惜的宝贵光阴。

俗话说得好：人人有本难唱的曲，家家有本难念的经。在我们三人中，有妻子患心脏疾病一人在家无人照料的，有孩子仅仅3岁在微信视频里流着泪水呼喊爸爸回家的，有岳父患重病长期住院自己不能身前尽孝的。不止这些，一个家庭有许许多多琐事需要家人去打理和支撑，最重要的是人们需要与亲人在一起共同享受人间美好的生活。

人生最大的痛苦，不是肉体的痛苦，而是心里和精神上挣扎的痛苦。

我们在驻村工作和生活中面临的境况，不是我们三个人特有的“专利”，所有驻村工作队员对此都感同身受。

然而，这些只是我们个人的家庭困难，这些困难，放在国家层面都是一个“小家”的事情，因为当我们进驻苏苏村走入贫困家庭，我们才真正意识到，驻村工作队每名队员家庭的困难真的不算什么，贫困户家庭的难处要超过我们的一倍、两倍，甚至十几倍。疾病缠身折

磨着他们，失去劳动能力困扰着他们，家庭生活艰辛围困着他们。他们在彷徨中度日，在炕头上坐着盼望美好的日子。虽然在村里这是一少部分人，但他们却是不可被忘掉也不能被忘掉的群体。

人生在世能为社会、为他人尽其所能做点事情，这体现的是人间大爱，更是一种价值和责任。尤其是参加脱贫攻坚战这场战役，或许，我们所有参战者在一生中只有这么一次机遇。

党组织在最迫切、最关键的时期，把我们派驻到脱贫攻坚战的第一线，靠近贫困前沿，住在烽火阵地，架起由贫困走向富裕的桥梁，衔接熔铸干群关系的纽带，将千斤重担放心地落在我们肩上，这是对我们的重大信任，更是对我们聚力帮扶贫困人口脱贫致富的殷切期望。

我们知道，我们扛着压力，担着责任，肩上是“双重”负担。

这一年，许多压力积聚在我们的身上，来自家庭重担的压力，来自生活环境改变的压力，来自群众工作难做的压力，来自政策落实必须到位的压力，来自尽职履责的压力，还有众多无形的压力。这些压力，伴随着我们身上流淌的热血，同样也流转着责任、义务和斗志。

在我们身上，每个人体现的都是意志，呈现的都是坚强，表现的都是韧劲。我们深刻地认识到，面前的种种压力，只有通过自我缓解、自我释放、自我“变轨”，才能升华为无穷无尽的动力。尽管在长长的深夜，我们眼圈曾经湿润过，尽管在重重困难面前，我们也曾经沮丧过，但我们还是依靠心底永不停歇的“发动机”，高高扬起了主观能动性，坚定地战胜了自我。可以坦诚地说，我们更多的是心存使命，心存情怀，心存责任，因为在新的时代，我们已经站在了新的起点上，每个参加战役的人都不是“隔岸观火”者，没有理由不身临其境地投入战斗。

回首过去，从我们驻村之初到满满一年，我们看到了苏苏村发生的惊人变化，看到了村“两委”干部变软弱涣散为夜以继日忘我工作的苦干精神，看到了村风民风出现的显著性转变，看到了全村贫困户自立自强开始走上致富之路，看到了全村基础设施建设日臻完善。这些历历在目的史实，有的是延续，有的是创造，不管怎么说，一年后的今天，我们看到了苏苏村繁荣昌盛的希望。在这些用血、汗、泪换来的现实面前，全村老百姓脸上洋溢着幸福的微笑，有了这样的微笑，我们再苦再累也值了。这是我们人生的荣耀，我们没有虚度这365天，没有浪费这个值得纪念的年轮，没有在苏苏村这块土地上白白奋斗一回，这就是我们省农发行驻村工作队3人的共同心声。

战役仍在继续，还有许多坚硬的堡垒呼唤着我们冲锋陷阵。只要我们拿出“可上九天揽月”的气概，就一定能够打胜这场伟大的战役。

胜利的曙光就在前头。

写在苏苏村爱心超市开业筹备就绪之际

2018年6月
7
星期四
阴

六月清风含千翠，七彩阳光照万红。

北方的六月，大地写着行行绿油油的秧苗，村屯再现张张充满喜悦的笑脸。

这天，苏苏村爱心超市开业筹备就绪。

在村里建立的爱心超市，其服务对象是全村建档立卡贫困户，其主要目的就是通过分项积分方式，促进苏苏村贫困人口增强脱贫信心、提升造血能力、依靠勤劳致富、改善生活环境，培养贫困群体直系成员弘扬忠孝文化、树立正确的道德观、建立责任感。

为使贫困人口掌握爱心超市建立目的、积分细则、运营方式、管理制度，苏苏村驻村工作队印发了《致苏苏村建档立卡贫困户朋友一封信》，驻村工作队、帮扶责任人、村“两委”干部逐户宣传，向贫困人口及其直系亲属进行认真释读。

苏苏村爱心超市实行“双月”积分制，每逢双月末驻村工作队入户逐项考核，召开村脱贫攻坚指挥部会议进行集体研究，结果公示后向获得积分贫困户发放积分卡，获得积分卡的贫困户可凭积分卡到村爱心超市兑换物品。

主要积分项和分值：一是熟悉政策。驻村工作队双月末入户考察贫困户享受政策掌握情况，能把自己享受的政策全部答出者，双月按户积10分。二是知晓帮扶。驻村工作队双月末入户考察贫困户，能准确说出帮扶部门、驻村工作队，准确说出帮扶责任人姓名、单位、职务和入户的频率，说出帮扶部门、驻村工作队和帮扶责任人提供的帮扶措施者，双月按户积10分。三是环境改善。驻村工作队双月末入户检查贫困户庭院和室内环境卫生，窗明洁净、干净整洁的贫困户者，双月按户积20分。四是孝敬老人。每年末驻村工作队对有父母或其他长辈的贫困户进行检查，子女主动赡养老人，能够和老人一起居住，履行赡养义务，老人满意的，每年一次性积20分。五是培育英才。驻村工作队每半年入户核查，供养子女就学、保证学生正常读书、未发生因贫辍学的，每年一次性积15分。六是自主创业。依靠自身力量，发展种植或养殖等项目，具有稳定脱贫增收渠道，从事种植业耕种旱

苏苏村爱心超市

田30亩以上或水田15亩以上，从事养殖业养猪5头以上或家禽类50只以上，从事其他项目全年增收1 000元以上的，每年一次性积20分。七是劳务就业。驻村工作队双月末进行实地入户统计确认，每月打工20天以上或月务工收入1 000元以上的贫困家庭，双月积5分。八是庭院增收。发展庭院种植业和养殖业实现家庭增收的贫困户，每年一次性积10分。九是文体标兵。建档立卡贫困户家庭人口主动参加村里组织的健身舞队、秧歌队等的，每半年积10分。

“勤劳积财富，忠孝积美德。”

这是苏苏村爱心超市一侧货架上方的宣传语。这个宣传语向全村贫困人口及其直系亲属传递着生存的价值和愿景，传达着生活的原则和动力，调动全村贫困人口开动脑筋，付诸行动，用“星星之火”燃起他们自主奋力奔向未来美好生活的愿望。

因精准扶贫而生、因脱贫攻坚而立的爱心超市，具有针对性、特殊性、社会性，它的意义已经远远超过了“超市”本身的内涵。

“善行传千户，博爱助万家。”

这是苏苏村爱心超市另一侧货架上方的宣传语。这个宣传语向社会各界宣告扶危济困的责任意识。中国农业发展银行黑龙江省分行、佳木斯市分行、桦川县支行，桦川县美桦爱心团队、苏苏东旺蔬菜农民专业合作社等5家单位已经向苏苏村爱心超市捐助捐赠价值1~300元不等的生活用品80多种，其总价值1万多元。这充分说明捐助单位在脱贫攻坚战中对驻苏苏村工作队和村“两委”的强力支持，也是对苏苏村贫困人口献爱心、献真心的行动体现。

驻苏苏村工作队为保证爱心超市规范有序运转，建立了进货单、积分板、兑现表、清点账，印制了不同分值的积分卡，确保爱心超市清明运作、清正运行。

我们相信：苏苏村爱心超市一定能够成为全村贫困人口勤劳致富的“起搏器”和“推助器”。

写在桦川县“两清四改两净”工程进行时

2018年6月
8
星期五
阴

桦川县为打好脱贫攻坚战，全方位改善建档立卡贫困户居住环境，让贫困人口有一个整洁、舒适、安全的生活区域和空间，在全县范围内实施“两清四改两净”工程。

这个工程从表面来看貌似与精准扶贫并无关联，实则不然。世界上根本没有无缘无故的现象存在，万事皆有源头。贫困人口之所以贫困，除因病、因残、因智及因家庭发生重大变故致贫外，更重要的原因是观念、习性、家风、精神等内在因素影响了他们的家庭步入富裕生活。这些内在因素多年积淤而成，需要扶贫工作者引导、指导和带领这些贫困户一起走出脏乱差的生活怪圈，养成良好的生活习惯。单纯的致贫原因扶持指向比较明确，最难解决的就是致贫“综合征”，这就需要我们在脱贫攻坚战中实施“综合诊治法”，运用复合手段进行扶持。

针对建档立卡贫困户存在的体貌不洁、衣着不净，室内墙体破旧、地面低洼潮湿、物品乱堆乱挂、电线老化、院内垃圾遍地、院墙倒塌倾斜、柴草占道堆放等情况，桦川县在全县范围内开展实施“两清四改两净”工程，即清柴草、清垃圾、改刷室内墙面、改电线线路、改地面不整、改破损院墙，做到屋干净、人干净。该工作由包村单位、驻村工作队、村“两委”推进，帮扶单位和帮扶人组织具体实施。

苏苏村已经启动了这项工程，包村单位县农发行、帮扶单位县公

安局、驻村工作队和村“两委”组织帮扶人入户摸底排查，确定了建档立卡贫困户室内外环境整治重点。

这天，桦川县驻村办主任徐亮深入苏苏村的王树声、高佩友、齐更焕、李春林、张喜等贫困户家进行实地考察。徐亮一行分别与贫困户进行面对面现场交谈，详细查看和了解贫困户家庭环境状况，从院外柴草、生产生活用具到室内墙面、地面、电线及物品摆放逐一询问并记录，踏查“两清四改两净”工程实施的重点和难点。每到一户，徐亮一行既鼓励有劳动能力的贫困户亲自动手整治环境，又仔细问他们有什么实际困难，贫困户都对徐亮等表示谢意，同时承诺一定要把自己家的室内外环境清理好，干干净净地生活。

一般农户也好，贫困户也罢，内心都渴望生活在整洁、有序、明亮、清新、舒适的环境之中，因为他们也知道，卫生环境不仅影响人的心情和情绪，更会影响身心健康。这个道理所有人包括贫困户都懂得，但要让他们在短时间内实现思想和习惯的彻底“蜕变”，我们除了要调动其内因发挥主导作用外，还要付诸外力的传导作用。通过加强宣传引导，培育健康向上的村风、民风、家风和生活之风，帮助他们建设美好家园，清洁居住环境，提升环境质量，过上“阳光生活”，持之以恒地形成“我家干净我自豪，我家整洁我幸福”的风气。

或许这需要一次彻底“洗礼”，也许这需要一个漫长的过程，但只要我们用足功夫，合力攻坚，一切“痼疾顽症”都会成为历史。

写在桦川县政协主席武庆祥考察苏苏村之际

2018年6月
11
星期一
晴

六月的阳光总是那么鲜明灿烂，23度的气温不冷不热，这是一个气候宜人的季节。

这天上午，桦川县政协主席武庆祥同志率领县政协机关有关人员、县政协驻村工作队成员一行8人莅临苏苏村考察。这对苏苏村和驻苏苏村工作队来说是一件大好事、大幸事。

武庆祥主席在苏苏村党建中心党员活动室与驻村工作队、联络队队长和村党支部书记进行了座谈交流。

我在座谈中向武庆祥主席一行详细介绍了苏苏村在问题整改、住房保障、饮水安全、产业发展、爱心超市建设、环境整治、“两清四改两净”“夺旗争星”、档案整理、佐证说明、村级集体经济壮大、乡村战略实施等方面的内容。武庆祥主席边听我介绍情况，边与我们参加座谈的人员进行共同研究，探讨解决当前存在的问题的方略、路径和办法。

在座谈讨论中，武庆祥主席对脱贫攻坚战的胜利充满坚定的信心，现场研究许多根子上的问题，提出了具有可行性的战略举措。座谈交流后，武庆祥主席一行参观了苏苏村的党建中心、爱心超市、卫生所、机械存放库。他对苏苏村党建中心的阵地作用、爱心超市的管理模式、秸秆打包机和搂草机的实用价值表示充分肯定，对驻村工作队驻村一年多来用汗水换取的成果表示赞扬，对苏苏村自脱贫攻坚战实施至今全村发生的重大变化表示非常欣慰。武庆祥主席对驻村工作队、驻村联络队、村“两委”工作的肯定，是语重心长的，是发自肺腑的，是我们高标准做好精准扶贫工作的动力和源泉。

我们驻村工作队全体成员和村“两委”干部在武庆祥主席身上学到了智慧，学到了精神，学到了扎扎实实打好脱贫攻坚战的精髓，更学到了做好农村工作、做好农村群众工作的方法。在他与我们研究问题的过程中，让我感受到了一名领导干部身上所具备的战略性、辩证法、方法论和实践论，感受到了一名领导干部认真、踏实、谦虚的优良品质，更感受到了一名领导干部对事业、对工作、对人民的博大情怀。

因此，我有所感悟：

打赢脱贫攻坚战必须坚持问题导向。在脱贫攻坚战中有许多好方略、好经验、好做法、好模式，这些有助于工作开展的先进理念和实践方式必须得到全力倡导和推广。但要想脚踏实地抓好精准扶贫工作，我们首要的任务是找出本地工作运行中存在的主要问题，有针对性地研究解决问题的办法，防止出现“飘着问题，问题飘着”的现象。我们只有定实策、想实招、干实事，才能一针见血地根治问题。

打赢脱贫攻坚战必须深入研究办法。很多人在脱贫攻坚战中存在彷徨、困惑、疑虑，甚至是深感无能为力，或是心有余而力不足。要清除这种现象，我们需要考虑每一项决策、每一项行动、每一项举措，是不是经实施统筹思维，是不是符合基层实际，是不是贴近民众心理，是不是经操作可见成效，这是一切决策、行动和举措的出发点和落脚点。只要我们坚持本地特色性的做法，辅之吸收各地先进经验，就一定能完成脱贫攻坚大业。

打赢脱贫攻坚战必须恪守干字当头。决策再好，办法再多，如果我们不俯下身子埋头苦干、实干，这些决策和办法也只是“空中楼阁”，好看不管用。精准扶贫来不得半点马虎，任何一项涉及贫困人口的事情都要落到实处，我们需要拿出真本领，拿出实功夫，拿出干劲来。政策要一项一项落，问题要一个一个解决。所有这些如果不靠实干，都将形成“半截子工程”“伤民心工程”。因此说，在脱贫攻坚战中“干是硬道理”。

写在全省脱贫攻坚综合业务培训班授课之际

2018年6月
13
星期三
晴

6月11日至14日，省扶贫办在佳木斯市委党校举办了有各市、县扶贫业务骨干100余人参加的脱贫攻坚综合业务培训班。6月12日下午，参加培训班的全体人员参观了苏苏村党建中心和苏苏东旺果蔬产业园。6月13日上午，我很荣幸受邀在这次全省大规模的扶贫骨干培训班上主讲“抓党建促扶贫”。

在我的人生历程中，我曾经讲过高中三年级语文课、讲过工业项目管理课、讲过机关公文写作课、讲过产业经济发展课、讲过党建理论实践课，但这一天面对扶贫战线的专家主讲“抓党建促扶贫”尚属第一次。说句心里话，我在讲课之前多少有些忐忑，有些矛盾，也有些顾虑。之所以有这种心态和压力，主要是因为我授课的对象都是扶贫政策的推进者、扶贫战略的参与者、扶贫实践的领军者、扶贫进程的指导者。可以说，精准扶贫的每项目标、每项任务、每个环节、每种现象，他们全然在心，是他们不折不扣地按照脱贫攻坚战的总体部署，指导扶贫一线人员从一场战斗步入另一场战斗。在脱贫攻坚战这场“输不起”的战役中，他们是我的导师，是我做好精准扶贫工作的辅导员。

我在110分钟的授课过程中与参加培训班的全省扶贫干部共同分享

了苏苏村抓党建促扶贫的主要做法，从背景、意义、模式、做法到成效，概要地介绍了苏苏村在实践中的初步探索。

这不仅是关于精准扶贫实践模式的一次面对面的交流，也是在脱贫攻坚战进入关键时刻“扶贫人”的一次心灵碰撞。当我在讲台上，看到参加培训班的全体人员凝神贯注、面带微笑、点头示意的表情和动作时，我的心里踏实了许多。我知道，这是他们对苏苏村主要做法的高度肯定，也是他们对苏苏村精准扶贫工作的满怀赞扬。当然，他们的“言情表颂”，不仅是对我个人授课的认可这么简单，这更是对我、对我们驻村工作队、对苏苏村党支部通过抓党建促扶贫取得阶段性成果的最大鼓励。

我回到苏苏村后，反复琢磨和认真思索，一个信号始终萦绕在我的脑海里，我暗想尽管这是一次普通的授课，但我还是要提笔把我在精准扶贫历程中的这个值得纪念的往事记录下来，尽可能地让后人知晓在这个波澜壮阔的时代还有一个微小的片段和缩影，这件事同时也引发了我深深地思考。

在这场为消除贫困而战的史无前例的“硝烟烽火”中，最关键的就是要坚持精准扶贫、落靠政策、保障民生、促进致富、永续繁荣，真真切切地让贫困人口过上幸福安康的美日子。这是我们下决心、动本钱、花力气打好这个战役的核心要素，这个战斗性过程是创造贫困人口脱贫践行方式、致富实现方式、富裕持续方式的过程。

苏苏村“抓党建促扶贫”模式充分发挥党支部战斗堡垒、党员先锋模范、驻村工作队真心帮扶、致富带头人定向引领、贫困户自立自强“五大作用”，这是党的优势在脱贫攻坚战全程的具体体现。

在脱贫攻坚战中模式不可能“一枝独秀”，也不可能“千村一面”，还有许许多多值得借鉴的好经验、好做法、好典型、好案例，不管何种让贫困人口富起来的好路径，这都是敢为人先的探索者用智慧、心血、汗水换来的结晶。比如，异地搬迁扶贫、产业基地扶贫、园区定向扶贫、劳务就业扶贫、结对帮扶扶贫等，我们不管选取什么样的模式，只要在精准前提下符合当地实际，符合贫困人口致富的原则，在实践中可行管用，都需要我们因地制宜吸收其精华，客观实际地将其拿来“为我所用”，我们的目的只有一个，就是要实现贫困人口早日脱贫致富的目标，让贫困人口与全国人民共同奔向小康生活，这才是全体“扶贫人”的一致心愿。

在脱贫攻坚战役中我有机会走上讲台，与全省的扶贫专家同商扶贫模式，共议致富大计，这是我终生难忘的大事，也是我尽力为扶贫事业做贡献的动力之源，更为我而今迈步从头越增添了新动能。

写在伊春市市长韩库考察苏苏村之际

2018年6月
19
星期二
晴转雨

6月19日，这又是一个特殊的日子。

这天，佳木斯市扶贫办主任聂影，桦川县委书记郭广福，县委副书记李岩焱，县委常委、组织部部长徐宏君，县扶贫办主任姜延锋，悦来镇党委书记李季明，陪同伊春市市长韩库一行莅临苏苏村考察。

桦川县委书记郭广福同志向我介绍说，韩库市长是从桦川走出去的领导干部，我听后对他更感亲切，也倍感欣慰。在我介绍苏苏村抓党建促扶贫情况时，韩库市长神情专注地听着每句介绍、每个细节，对苏苏村党建中心七个主题室的每块图板、每句主题语都用心琢磨。那种认真，那种谦虚，那种思考，充分体现了一名领导干部的优秀品质和为民情怀。领导干部心甘情愿地俯下身子，放下身段，撂下架子，为工作、为事业、为百姓谦恭求索，探寻人们在前进道路上实现目标的最佳路径，这确实值得我们敬佩和学习，这就是“人民公仆为人民”的行动体现和真实写照。

在短短的半个小时考察时间里，我虽然承担讲解介绍任务，私下与韩库市长在语言上交流不是很多，但他的平易近人、端庄典雅、谦虚诚恳却给我留下了非常深刻的印象。我不愿也不敢妄评每一位领导干部，但在韩库市长身上，我看到了一名领导干部认真谦学、勇于探索的精神境界。由此我在想：

态度认真是决定一名领导干部干事创业成功的深厚印记。世界上任何事都怕“认真”二字，一个人，一名领导干部，对待任何一项事物，对待任何一项工作，如果缺乏认真的态度，可能在特定的历史条件下能够做好一两件事情，但不可能把职责范围内的事情全部做好。实践已经证明，只要人们有了“认真”的态度、作风和精神，万难的险阻都可以化为坦途。在脱贫攻坚战场上，有众多形形色色的“拦路虎”“硬骨头”横卧在前行的道路上，我们若是没有认真的劲头，“驱虎啃骨”“拔掉穷根”将成为泡影，贫困人口由穷路变富路也将是“竹篮打水一场空”。由此可以得出结论：认真，再认真，持续认真，是我们打赢脱贫攻坚战最基础性的因素。

善于借鉴决定一名领导干部赶超敢为的坦荡胸怀。学习是借鉴的过程，是取长补短的过程，是开阔视野的过程，更是深化创新的过程。伟大的发明和创造中有原创，有吸收，有借鉴，有改造，也有批判。但学习和借鉴不是“照本宣科”，不是照搬照抄，而是要求人们把先进的理念、方式、做法融汇到当地的实际中去，在学习、结合、实践和运用中有所发展，有所创新，最终取得实实在在的效果，这是学习和借鉴的精髓。在脱贫攻坚战役中各地都根据实际创造了许多特色鲜明的经验，这些经验都建立在政策环境和当地实际基础上，具有独特的区域特征，我们对其有选择地借鉴和吸收，就一定会事半功倍。

不断探索决定一名领导干部攀高争冠的宏大气魄。领导干部具备探索的毅力和精神，从某种意义上说是为政一方、把握全局、促进发展、服务群众的关键要素。没有探索和创新，就没有发展和进步。我国农村更需要领导干部拿出苦心探索的勇气和魄力，结合实际不断改善现实存在的领导能力弱化、产业组织弱化、经营主体弱化、资源效益弱化、集体经济弱化等较为普遍的现象。在脱贫攻坚战推进中领导干部也要倡导探索精神，提倡“敞开大门办学”“走出家门求学”“请进屋门讲学”，真正实现“化学源为资源”“变求索为探索”，形成动态追索的理念和机制，用好办法来解决纷纭复杂的矛盾，只要我们握准了政策、找对了招数、赢得了群众，脱贫攻坚战就一定能够取得决定性胜利。

这只是我个人的感悟，不一定适合所有人和所有事。

写在苏苏村闲置泥草房“灭迹”启动日

2018年6月
22
星期五
晴

在中国农村，泥草房已经存在了几百年，甚至是上千年。

这些见证人类生存与发展历史的古老房子，沉淀着广大农民的发明创造，记录了劳动人民的躬耕文明，写满了时代变幻的风雨沧桑，也是生活在农村的人们“面朝黄土背朝天”的缩影。在过去的年代，人们在泥草房这个“幸福的乐园”里调整休憩、繁衍生命、享受生活、感受人间的天伦之乐，这就是农民的“家”，他们就是在这样的房子里组成了一个个家庭，形成了一个个构成社会的组织细胞。

但历史前进的车轮和发展规律是不可抗拒的，随着社会的跨越式进步，泥草房这个“陈年旧物”必将成为历史的遗物，只有打破一个阻碍美好生活的“旧世界”，才能创造一个安居乐业的新时代。

在脱贫攻坚这场伟大的战役中，中央明确提出要解决农村贫困人口“两不愁、三保障”的问题，这是打赢脱贫攻坚战的最低“标准线”。尤其是要保障贫困人口住上安全房，是这场脱贫攻坚战的重中之重。

尽管苏苏村贫困户居住的泥草房已经进行了修缮改造，然而一般农户闲置的泥草房相对其他村而言还是比较多的。这些泥草房虽然有的满目疮痍，有的低矮倾斜，有的已经多年无人居住，静静地躺在那里任由风吹雨打，但因苏苏村距离县城仅有3公里，农民拆除闲置泥草房的意愿不十分强烈，绝大多数农民存在的普遍心理是在宅基地上有个附着物将来动迁会抬高其“身价”。

人的观念一旦形成，很难在短期内发生颠覆性变化。

这天，桦川县悦来镇乡建助理彭雪带领拆迁队和挖掘机来到了苏苏村，对3户闲置的泥草房开始拆除“灭迹”。为了见证这3座泥草房“灭迹”的时刻，也为宣传闲置泥草房拆除政策，我和驻村工作队的王琦、刘天佐、任铁华、周爱周，村“两委”干部齐更春、齐雁飞、赵井海，齐聚泥草房拆除现场，会同彭雪等指挥拆除工作。

在泥草房拆除现场，有20几个村民围观议论。有的说这些破房子早就应该“灭迹”了，有的说拆除泥草房还能得到4 500元补贴为啥不拆呢？有的说拆掉这些破房子村里的环境也好了。旁观者毕竟是旁观者，那些不想拆除闲置泥草房的户主仍有“一定之规”。

闲置泥草房“灭迹”是一场革命，相关工作任重道远，我们仍需倍加努力。任何一项工作只要持久地坚持下去，胜利的曙光就在前头！

脱贫感悟

农户闲置泥草房“灭迹”，尽管跟着拆除补贴，但还需加大宣传力度，通过工作人员深入细致地做好农户们的思想疏导工作，逐步引导农户顺应历史潮流，让他们在思想上走出一片新天地。

写在苏苏村党支部庆“七一”主题活动日

2018年6月
25
星期一
晴

在伟大的中国共产党成立97周年之际，苏苏村党支部与省县驻苏苏村工作队共同组织全村党员开展“走出去看发展，坐下来找差距”主题活动。

这天，苏苏村20多名党员在驻村第一书记吕维彬、县联络队长任铁华、村党支部书记齐更春的带领下，前往桦川县黎丰乡繁荣村参观学习。在省政府办公厅驻繁荣村工作队长、驻村第一书记蒋亚驰，繁荣村党支部书记陈宏林陪同下，苏苏村党员现场参观了繁荣村赤松茸产业基地、灵芝产业基地、蓝莓产业基地、党员一条街、文化休闲广场，听取了省政府办公厅驻繁荣村工作队介绍的党建工作、环境整治等情况。

在繁荣村3个产业基地，苏苏村党员兴致勃勃地看着、听着、议论着，发表着内心的慨叹，对繁荣村发展特色产业的做法啧啧称赞。在整洁的街道上，苏苏村党员高度赞赏繁荣村常态化、机制化的环境治理方式及其成效。在村党支部，苏苏村党员全神贯注地听取了繁荣村抓党建、抓班子、抓队伍、抓建设的好经验。

人们常说：“走出一步天地宽，坐守两日左右难。”

苏苏村全体干部和党员通过到繁荣村现场参观学习，开阔了视野，启发了思路，坚定了信心，筑足了动力。回到村里，在党建中心党员活动室座谈时，党员范永权、刘佩彩、邹凤龙、司明等踊跃发言，他们谈感想，话感受，找差距，说发展，纷纷表示要充分发挥先锋模范作用，决心带头示范、带头发展、带头致富，引领全村百姓早日走上小康路。

众人拾柴火焰高。为集中全体党员的智慧，村党支部采取党员填写《建言献策表》的方式，鼓励党员建真言、献好策、拿实招，切实为苏苏村贫困人口脱贫、全体村民致富、集体经济壮大奉献才智和力量。

在这次庆“七一”主题活动中，不论是参观繁荣村活动也好，还是苏苏村党员座谈所提建议也好，对我的思想触动都很大。我们党历来崇尚解放思想、实事求是，一个村的发展也是这样，我们必须结合实际趟出特色化、效益化的路子。

观念不换没思路。观念是根源，是人们行为和行动的“发动机”和“启动器”，陈旧落后、坐等享受、老守田园、故步自封、自我满足的观念是发展的天敌。没有“前进性”“革命性”“创造性”的观念，人们就不可能改换旧面貌，也不可能创造美好的生活和未来。现在农村开展脱贫攻坚、乡村振兴，迫切需要的就是科学的思想、先进的思维、求实的思路，观念不换，我们是换不出致富道路的，也换不出人民安居乐业的生活。

光说不干没出路。空谈误事，实干富民。蓝图再宏伟，想法再超前，语言再绝妙，如果我们不付诸行动、不真抓实干，照样是死路一条。不管做什么工作，只要我们坚定执行政策，不脱离实际，切实把真情拿出来、把苦干精神体现出来、把百姓致富的精神头焕发出来，就一定能够找出一条永续性的发展之路、致富之路。许多富裕村的实践已经证明了“民字为本、实字为先、干字当头”的正确路径，这就是改善农村现状的出路，也是百姓实现小康生活的出路。

产业不办没富路。农民生活积蓄、村级集体积累，都离不开产业支撑。没有稳定适宜的产业，就没有持续高效的收益。农村发展产业必须立足资源、地缘优势，其当务之急是强化产业组织力，引导农民改善粗放经营，防止盲目种植，注入科技含量，导入市场元素，提升传统农业的经营水平，走质量效益化的路子。在此基础上，我们要大胆实施“蓝海”战略，在“未知”领域进行探索和试点，兴办新兴产业，推进产业建设，打造农民迈向富路的特色产业群。

苏苏村“抓党建促扶贫、强党建促发展”只是一个良好的开端，全村还有很长的路子要走，全村要从实际出发学习借鉴繁荣村的经验，在苏苏村党员干部中已经形成共识。这种思想上的无比强大的力量，是我们办好苏苏村一切事情的基础。有了这样的思想基础和认识基础，全体党员干部带领群众认真实践，就一定能够把苏苏村发展好、建设好！

这是苏苏村全体党员的共同心声和愿望。

写在全省优秀驻村干部表彰大会召开之际

2018年6月
27
星期三
晴转雨

温情的六月，百花酿着清香，淡淡地飘入人们的心房。晴的骄阳，雨的清凉，在血液中流淌着诗情画意，构筑成一条条传奇的画廊。

在这天，这场伟大的脱贫攻坚战役进入关键的时期，全省优秀驻村干部表彰大会在哈尔滨和平邨会堂隆重召开。省委常委、组织部部长王爱文，省委组织部部务委员，省扶贫开发办主任崔培元，各市地组织部部长、组织科长，中省直单位领导、组织部部长，受表彰的100名优秀驻村干部，共计400余人在主会场参加会议，各市地县设分会场。我和马凯宇、刘洪锋作为桦川县驻村工作队的代表参加了这次表彰会。

全省优秀驻村干部表彰大会由省委组织部常务副部长李桂春主持，崔培元宣读了《中共黑龙江省委组织部、黑龙江省扶贫开发工作办公室关于表彰优秀驻村干部的决定》，为100名优秀驻村干部代表颁

全省优秀驻村干部表彰大会

发了奖励证书。

我和省农委驻克山县北联镇民兴村工作队队长尹文杰、绥化市城管综合执法局驻望奎县望奎镇厢红六村工作队队长薛林海、哈尔滨市统战部驻依兰县三道岗镇龙兴村工作队队长安晨辉、桦南县发改局驻金沙乡长征村工作队队长徐华、富裕县财政局驻富裕县繁荣乡永丰村工作队队长石国文在会上先后做了典型经验介绍。

作为大会的第一个发言代表，我发言的题目是《建强脱贫攻坚战斗堡垒，留下一支永远不走的工作队》，我从“扶强班子比什么都重要、带好队伍比什么都管用、扭转风气比什么都迫切”三个方面交流了抓党建促扶贫工作的做法。

省委常委、组织部部长王爱文同志在会上做了重要讲话，对受表彰的驻村干部表示祝贺，对今后全省驻村工作提出了明确的要求和希望。王爱文部长的讲话句句饱含着对驻村工作队的关爱之情，句句凝结着对精准扶贫工作的落实之责，句句渗透着对脱贫攻坚战取得胜利的坚定之心。

这次表彰大会是一次加油的大会、鼓劲的大会，也是一次催人奋

吕维彬书记（中）
在全省优秀驻村干部表彰大会上

进的大会。在驻村工作队进入“疲劳期”之际，这次会议就是驻村工作的“加油站”；在脱贫攻坚进入关键期之时，这次会议就是驻村工作的“输血器”。这次表彰会传播的动力，让驻村工作队对实现脱贫攻坚战的全面胜利信心更足、能量更足、干劲更足，提振了精神，鼓舞了士气。

全省优秀驻村干部表彰大会结束的第二天，佳木斯市委、市政府立即召开受全省表彰的优秀驻村干部座谈会。佳木斯市委书记徐建国，市委副书记、市长贺国强，市委常委、组织部部长张晓燕，市委常委、市委秘书长邱士林，副市长沈滨，市扶贫开发工作办公室主任聂影，市委组织部副部长孙玉成出席座谈会。佳木斯市委书记徐建国祝贺佳木斯市所属市、县、区受到表彰的驻村干部，对今后全市驻村工作队抓好精准扶贫工作进行了部署，对驻村工作队提出了殷切的希望。我和徐华、李锐、倪生、武强先后在座谈会上发言，我们谈了感受，讲了今后驻村工作的决心和设想，说出了驻村工作队为消除贫困奋战到底的共同心声。

我深切地感到：这次我在全省获得殊荣，这不仅是党组织对我个人的嘉奖，也是对省农发行驻村工作队、县驻村联络队、村“两委”的认同，更是对省、市、县三级农发行支持驻村工作的表彰。荣誉已经成为历史，光环只能代表过去，自满和炫耀是对人格的亵渎，更会贻害事业。一个人做事情、干工作不是为了获得什么荣誉，我们应用真真切切的感情为党、为事业、为人民无怨无悔、心甘情愿地辛勤付出，这才是一名共产党员的责任、义务和使命。

面对省委、市委对驻村工作更高的要求，我们驻村工作队也站在了更高的起点上。特别是今年苏苏村面临摘掉贫困村、贫困户“两顶帽子”的艰巨任务，我们必须铭记“精准”这个主导思想，牢牢把握“两不愁，三保障”这个基本要素，紧扣“思想扶贫、产业扶贫一个都不能少”的“两翼”，把各项政策和举措逐项落实到位，奠牢脱贫之基，建牢致富之根，真正让苏苏村老百姓在致富的道路上持续地走下去，一直走向幸福美满的小康生活。

雨天开会走户询问家事“三不误”

2018年6月
30
星期六
晴转雨

老天爷说变脸就变脸，中午还是满天骄阳满地光，一会儿工夫变作行云如箭，雨似倾盆。

这天是星期六，本来是法定休息日。

列宁曾经说过：“不会休息，就不会工作。”这句话强调的是每个人都必须劳逸结合，不能实行过度的疲劳战术，也不能不顾身体状况超能量运转。人的疲劳，势必会导致效能不足、效力弱化、效率低下。

脱贫攻坚战进入关键期，有些工作急不得，需要我们打“持久战”才能取得成效，而有的工作必须说干就干，就是要通过“歼灭战”的方式一举见胜利。

镜头一：省县驻苏苏村工作队和苏苏村“两委”于下午2点召开联席会议，我和任铁华、齐更春、齐雁飞、史会军、赵井海、赵欣欣参加了会议。会议的主要议题是研究成立村级控股合作社、兴办养鹅产业、维修改造危房、推进“厕所革命”、启动爱心超市、整治环境卫生、“五分钱”试点工程、加力问题整改、完善建立农户档案、规范党建档案等近期急需解决的问题。面对精准扶贫工作时间紧、任务重的形势，省县驻村工作队和村“两委”实行倒算时间、倒排工期、倒逼任务的方式，紧扣既定目标，逐项落实任务、落实责任、落实方法、落实完成时限。

镜头二：室内会议安排工作任务紧张，外面也突变“风云”，本来晴好的天气，突降暴雨。苏苏村永发屯屯长史会军在会议期间接到一般农户王卫东的电话，说是由于大暴雨家里房屋开始漏雨。散会后，我和任铁华、史会军冒雨立即前往王卫东家，了解房屋漏雨情况。王卫东家住三间砖瓦房，因房瓦古旧破裂导致漏雨，院内积水较深，排水出现困难。我们现场帮助王卫东研究排水措施，决定先排放院内积水然后再考虑解决房顶漏雨问题。

镜头三：管明生是苏苏村永发屯贫困户，原来家住泥草房，现刚刚翻建成40平方米的砖瓦房，他自己拿钱补建10平方米。我们从王卫东家来到管明生家后，我问管明生：“这房子翻建后怎么样？还满意吗？”管明生笑呵呵地对我说：“太满意了，你看这室内卫生间的地方都留出来了，这政策真是太好了，谢谢你们啊！你们辛苦了！”听到贫困户发自肺腑的道谢心声，我深切地感到，不论是哪级领导，还是驻村干部，只要一心一意为老百姓办真事、做实事，就是老百姓不说感谢的话语，他们心里也是踏实的。

镜头四：为了掌握苏苏村“两清四改两净”落实情况，我和任铁华走访了改地面的贫困户高佩友家、改墙面的贫困户张玉清家。我在这两户贫困户门前伫立了很久，当我看到高佩友家厨房由土地面改成水泥地面、张玉清家墙面已经粉刷一新时，我对他们的帮扶人感到由衷敬佩。作为贫困户的帮扶人，他们从政策宣传、产业扶持到居住环境改善，对贫困户付出了辛勤的汗水。凡是为贫困户献策献力的帮扶人，都值得每个人学习、赞扬和传颂。

镜头五：这天晚上8点，我与妻子通电话，询问妻子和妹妹领着我80岁的老父亲去北京同仁医院看病的情况。当我听到妻子在北京那边说我父亲左眼近乎失明，现在没有更好的办法进行医治的状况，我心里很难受，很不是滋味。我在家中是长子，我本来应该承担起照顾父亲的责任和义务，由我在父亲面前行孝道，但在他老人家最需要我的时候，我却不在他的身边。我静静地躺在驻地的床上，辗转反侧，千思万想，我愧对与我相伴30多年的妻子，更愧对我年迈的父亲。天下的父亲很多，但我只有一个父亲，在父亲远赴北京就医之际，我的妻子和妹妹毅然决然地陪同前往，我这一辈子都会对她们心存感激。

我仍然在想，我是不是一个没有亲情的“冷血人”？我和我们这些远离家乡的人，到底为了什么，是为了我和我们自己吗？真切地说，我们是为了党的事业、为了人民群众。

我们党的干部是为人民服务的，人民的困难就是我们的困难，我们有责任、有义务为人民做事情、做更多的事情。我深知，尽管我自己的能力、能量有限，虽然我掂量不出我的使命有多长、有多重，但只要我在这块阵地坚守一天、奋战一天，我就会用心、用情、用力完成我的使命。

写在盛夏紧张忙碌的一天

2018年7月
10
星期二
晴

七月，又是一年的七月。

这是我驻村扶贫以来经历的第二个七月，太阳仍旧如火，大地依然如画。稻田写满了丰收，果园盛满了惬意，菜地装满了葱郁。

我无法记清这是我驻村的多少个日夜，但这天却是我们繁忙的一天。

片段一：早5时，我与村党支部书记齐更春前往苏苏村水渠西侧，现场查看苏苏蓝羽肉鹅养殖场施工建设前的筹备情况。这里原来是村里的垃圾场，地面凸凹不平，杂草丛生，垃圾成山。当我站在平整后的项目建设用地时，近观远眺，心存满足。目睹苏苏蓝羽肉鹅养殖场办公区、储料区、养殖区、泳浴区定位标识，我心潮起伏，感慨万千。艰难的资金定位，艰难的项目选择，艰难的建设选址，艰难的资金测算，艰难的施工推进，让我在犹豫的抉择中看到了希望。在苏苏村历史上，已经多年没有村办集体企业，这里即将建成一个鹅业养殖基地，这里将开创兴办村级控股合作社的先河。我和齐更春书记在这块场地上，走了几个来回，久久难平的心情驱动我们两个人足足看了一个半小时，走了一个半小时，我们边走边交流，畅想着苏苏蓝羽肉鹅养殖场的前景与未来。在不久的将来，这里就是一个“群鹅鸣唱、众音交汇”的乐园。

片段二：上午9时，省委第三巡视组在悦来镇党委副书记王薇的陪同下进入苏苏村进行扶贫专项巡视。这次专项巡视实行省、市、县三级联动，创新了组织方式和巡视模式，坚持问题导向，聚焦主要矛盾，采取“利器”直逼问题、“利剑”直插基层的做法，切实将专项巡视上升为政治巡视的高度。这次扶贫专项巡视，有利于精准扶贫工作在政策框架内扎实开展，有利于贫困人口真脱贫、脱真贫。巡视组在苏苏村党建中心党员活动室听取了我对驻村扶贫工作的汇报，召开了有悦来镇包村干部、包村单位县农发行负责人、驻村工作队员、驻村联络队员、村“两委”干部、部分党员和村民代表、一般农户代表参加的座谈会，考察了党建中心、爱心超市、卫生所和机械存放库，走访了王立君等5户贫困户。巡视组对苏苏村结合村情实际创新抓党建促扶贫工作模式给予充分肯定，对驻村工作队实施精准扶贫、扎实扶贫、有效扶贫给予高度评价。

片段三：下午3时，省委第三巡视组组长尤立文在县委常委、县纪委书记刘伟，悦来镇党委书记李季明、副镇长于沐春陪同下，莅临苏苏东旺果蔬产业园考察。尤立文组长现场听取了我对苏苏村扶贫产业基地、果蔬产业园发展及其前景、带动贫困户致富及社户利益联结机制的情况介绍。尤立文组长走进油桃超级棚、葡萄超级棚驻足认真观看，详细询问果树生长、管理和效益情况。他对苏苏村充分利用果蔬产业优势和临近县城地缘优势发展特色经济、建设实用有效的以采摘为主的果蔬产业基地感到欣慰，大加赞赏。尤其是听说果蔬产业园今后要建成集果树种植、采摘主导、生态餐饮、花鸟观赏、园湖垂钓、婚礼游乐等为一体的综合性园区时，尤立文组长高兴地说："这是个发展方向，办好了一定能做大做强。"这是对我们工作付出的评价，是对我们奋进工作的鼓舞，也给了我们驻村工作队和村"两委"发展产业的信心和力量。

片段四：晚7时，我和驻村工作队员、驻村联络队员、村"两委"干部在桦川县文化广场，参加了桦川县庆祝建党97周年暨第三届干部职工群众"合唱艺术节"开幕式。桦川县财税市监局党委、交通运输局党委、教育体育局党委等组织的8支合唱团演唱了《祖国颂》《中国进行曲》《飞跃大渡河》《桦川，美丽的家乡》《交通之歌》等气势雄壮、鼓舞斗志、催人奋进的歌曲。

片段五：晚9时，在这次"合唱艺术节"开幕式上，桦川县委对先进党委、先进党支部和优秀共产党员进行了表彰。苏苏村党支部被列在表彰单上，这是苏苏村党支部多年来得到的第一个荣誉。我也幸运地成为获得表彰的优秀共产党员之一。但我深知，虽然我受到了表彰，然而这却不是我个人的荣誉。这荣誉归功于我们驻村工作队、驻村联络队和村"两委"全体人员，这是集体奋斗的成果，也是大家共同创造的荣誉，我将永远把这项荣誉放在与我一起奋战的大家庭里，荣誉属于全体，表彰属于大家，光辉属于奋斗着的人们。

每个人都在一天一天地过日子、过生活，而这每天每日的积累也就构筑了人的一生。人这一辈子可能会有不同的人生，懒惰也是一生，犹豫也是一生，猜忌也是一生，攀比也是一生，抱怨也是一生，仇视也是一生，这些，不仅这些，可能还有类似这样的人生表现，但这些都是人生的“负值”。我们为什么不充满激情、饱含情怀、释放能量、扣紧正向地过好短暂的人生呢？可能家庭不同、文化不同、信仰不同、行业不同、地域不同、层次不同的人，经历不一样，其人生也就不一样吧！

这只是我个人的感悟，不一定适合百态世界、百态人心、百态群体。

写在入户走访贫困户之日

2018年7月
11
星期三
晴

火爆的天气已达31℃，太阳喷着“火龙”，射在地面如同蒸笼，热得喘不过气来，动一动就是大汗淋漓。

这天，我与省县驻苏苏村工作队员刘天佐、张国彪和村干部史会军、赵欣欣、王玉光分三组走访贫困户。我和苏苏村永发屯屯长史会军走访永发屯邢德甫、管明生、邢占成、周凤林、于长友、刘志明、牟忠安、邢德生、申会阁、邵国本等19户贫困户，重点向贫困户宣传精准扶贫政策，掌握贫困户健康状况和医疗报销比例，调查贫困户庭院经济发展情况，了解贫困户对“爱心超市”评选的标准和条件的掌握程度，对贫困户“熟悉政策、知晓帮扶、环境改善、劳务就业”四项进行评定。

我们每走进一户贫困户，他们就如同迎接亲人一般，让座感谢，与我们谈论家常，畅想未来的好日子。在这些贫困户家里，我看到了他们喜悦的笑脸，感受到了他们对驻村工作队的热情。当我走出他们的家门时，他们无论年龄多大、行动是否方便，都竞相将我们送出很远，且都挥手喊着“有空再来家里”之类的朴素话语。这让我深深感动，通过我们一年多的驻村扶贫，苏苏村贫困户与我们驻村工作

队建立了深厚的友情。这友情不是亲情，胜似亲情，这是我们在脱贫攻坚战场上结下的情缘。

在70多岁的邵国本家，他对我说：“你们为我们这些贫困户干了那么多事，你们多长时间回趟家啊？”当我回答他说“一个月能回家一次”的时候，他凝神看着我好长时间，说了一句话：“也真是难为你们了，谁还没有个家啊!”我听到邵国本老人的这句话时，虽然心里翻江倒海，但我真正认识到这些贫困户对我们说的每一句关心的话，都是他们内心世界的独白，这就足够了，这是对我们驻村工作队的最高奖赏。在贫困户刘志明家，我问他：“最近身体怎么样？”刘志明笑呵呵地说：“身体这阵子还行，就是腰不好，还是干不了重活儿。”我又问他：“那你能不能出去打工干点轻活呢？”刘志明的老伴接着我的话茬说：“前一阵子他出去干了两个月的活儿，挣了6 000元。”我拍着刘志明的肩膀说：“你很不简单啊！身体不好，还能自立自强。”刘志明回答我说：“能干点就挣点，不能老等着靠着啊！”我听后为刘志明这样的贫困户而振奋。

脱贫感悟

人穷不要紧，就怕没志气。

在苏苏村有一部分贫困户已经转过了思想弯子，他们开始依靠自己的双手创造富裕的生活，这是我们驻村工作队最感欣慰的事情。不怕贫困户喊穷、苦穷，就怕他们等穷、靠穷、赖穷，就怕他们失去自我持家、自我奋斗的勇气、力量和行动。

精准扶贫工作既是为贫困户做实事的工作，也是为贫困户通思想的工作，在脱贫攻坚战中这两者缺一不可。

写在参加佳木斯市驻村工作队长专题培训班之际

2018年7月
13
星期五
晴

脱贫攻坚战进入关键时期，佳木斯市委组织部、市驻村办于2018年7月12日在市委党校组织举办“佳木斯市驻村工作队长专题培训班”，佳木斯所辖区域的省、市、县驻村工作队长200多人参加培训。市委党校刘纯、市农委李应文、市发改委许应文、市扶贫办吕国鹏四位老师授课，培训内容丰富，贴合实际，具有很强的指导性和实用性。

驻村工作队经过一年多昼夜兼程、摸爬滚打、艰苦奋战，经历了入户调查、精准识别、力扶思想、教育保障、健康扶贫、改善设施、提升环境、兴办产业等精准扶贫过程。全体驻村工作队员克服重重困难，在艰辛的环境下，谱写了一首首“传政策、架桥梁、铸民心”的精美诗篇，奏响了一曲曲“拔穷根、种富树、结硕果”的优美赞歌。

但人是肉体凡胎，在超强度、超负荷的脱贫攻坚全程战役中，长时间战斗在精准扶贫最前沿，日复一日与村民打交道，每天头脑中萦绕着驱不散的村里的事、百姓的事和贫困户的事，始终高度紧张地绷着神经，多数人身体透支，能量透支。

在高密度的工作状态下，人的心理、精神、体能、耐力或多或少会发生一些变化，这是客观存在的现象。每个驻村工作队，每名驻村工作队员，都会不可避免地从适应期和兴奋期，转到疲劳期和“烦躁”期。

就在驻村工作队进入疲劳期这个重要时点，佳木斯市委组织部、市驻村办组织驻村工作队长开展集中培训，带领驻村工作队长进行现场观摩。这既是一次为驻村工作队打气、加油、鼓劲的培训会，也是一次给驻村工作队长充电、调整、提升的导读会，为驻村工作队打赢脱贫攻坚战鼓舞了士气、增添了力量。

在省驻村办姜秉治、范光来处长，市委组织部农村科姜作峰科长带领下，7月13日全天，除省派驻村工作队长外，参加培训的200多名驻村工作队长分6组轮流到桦川、汤原两县参观考察。

苏苏村被列为这次现场考察的定点村之一。

各组在桦川县悦来镇苏苏村参观考察期间，桦川县委常委张雨喜，县委组织部副部长文宝成，悦来镇党委书记李季明、副书记王薇、副镇长许丹陪同考察。

在这次培训和现场观摩中，我近距离接触了全市的驻村工作队长。当我站在苏苏村委会院里和苏苏东旺果蔬产业园停车场迎接各位驻村工作队长的时候，在他们激情洋溢的笑脸上，我看到了身在一线的扶贫人的气概、情怀和壮志；当我向他们介绍抓党建促扶贫和村级产业发展情况的时候，从他们凝神专注的目光里，我看到了坚守阵地的先锋者的认真、踏实和奋进。有这样一批守土有责、履职尽责的驻村工作队长，我们就一定能够打赢脱贫攻坚战。

路在脚下，我们正在前行。小康路也在脚下，我们正在全力前进。

写在农发行佳木斯市分行在苏苏村开展主题党日活动之际

2018年7月
26
星期四
晴转阴

每年进入三伏天，一块云彩一阵雨，一阵雨后一阵晴，这可能是自然框定的伏天规律。

7月26日这天，尽管伏暑特色鲜明，略显闷热，然天空晴好，淡淡的云层，拥着潮闷的空气，打在人们身上也算凉爽，这是近期难得的好天气。

这天下午2时30分，中国农业发展银行佳木斯市分行党委书记、行长杨秀东，市分行党委委员、副行长王海涛，市分行党委委员、副行长王辉，带领市分行30多名党员深入桦川县悦来镇苏苏村开展机关党支部主题党日活动。农发行桦川县支行党支部书记、行长王海君，党支部委员、副行长姜文玉，党支部委员、副行长郭喜军，办公室主任胡国贵全程陪同参加活动。苏苏村省县驻村工作队刘天佐、任铁华，村“两委”齐雁飞、史会军、赵井海、赵欣欣列席主题活动日。

农发行佳木斯市分行党委书记杨秀东一行先后参观了苏苏东旺果蔬产业园、苏苏蓝羽肉鹅养殖基地建设现场、苏苏村秸秆打包机和搂草机机械库、苏苏村思想扶贫爱心超市、苏苏村党建中心七个主题室。苏苏村党建中心党员活动室召开座谈会，9名新党员面对党旗庄严宣誓，老党员重温入党誓词。

农发行佳木斯市分行机关全体党员深入脱贫攻坚一线，站在脱贫攻坚阵地，身处脱贫攻坚前沿，亲耳聆听精准扶贫艰辛的过程，

亲眼看见精准扶贫取得的成果，亲身感受精准扶贫无畏的精神。

他们每天牢记初心使命，为党的事业不懈奋斗，每天立志支农报国，为“三农”发展忘我付出，每天秉承家国情怀，为乡村振兴疲于奔波，每天心系金融政策，为建设现代银行发奋图强。这就是农发行佳木斯市分行领导干部带领员工奋进的生动写照，这就是农发行佳木斯市分行全体党员追求卓越的精神光彩。

农发行佳木斯市分行党委勇于开阔思路，敢于开拓进取，以创新主题党日活动方式，组织全体党员实行现场观摩，让全体党员深入最基层、走到最底层、透视最“深层”，组织党员到农村体验脱贫攻坚的伟大壮举，让党员真正接地气、强志气、传风气、树正气，激励和鼓舞党员将先锋模范作用发挥得更充分、更显著、更突出。

当我在介绍苏苏村“抓党建促扶贫、强党建促发展”工作情况时，无论是在产业园、在项目区、在机械库，还是在村党建中心，我都深深感到：他们用眼神，传递着一名共产党员的责任；他们用微笑，诠释着脱贫攻坚喜获战果的满足；他们用情感，抒发着一切为了“三农”发展的博大情怀；他们用心灵，激荡着振兴乡村这个汹涌澎湃的滚滚潮流；他们用精神，传达着农发行人为实现农民富、农业兴、农村旺而坚忍不拔奋斗的信心和决心。

两个半小时的主题党日活动，在充满认真、严肃、虚心、憧憬和奋进的氛围中圆满结束。

农发行佳木斯市分行党委书记杨秀东对我说：“这只是市分行党委组织的一次主题党日活动，我们还将按月举办有目标、有主题、有意义、有特色、有成效的主题党日活动，通过持之以恒地开展主题党日活动，把党员的内在先进性激发出来，把党员的主观能动性调动起来，把党员的工作积极性挖掘出来，为了事业苦干实干，干出精神，干出成效，这就是市分行党委组织主题党日活动的目标所在。”

杨秀东书记这番话，具有震撼力，对我的心灵进行了一次纯净的洗礼。一名党委书记，一个专业性非常强的农业政策性银行二级分行的领路人，能够把党建工作提升到这种高度，实打实地坚持党建统领政策性金融事业发展，这是我和我们省县驻苏苏村工作队和苏苏村党支部学习的榜样。

一项活动有休止，但党的事业无止境。不管路途有多么艰难，只要我们瞄准一个目标奋勇前行，就一定能够实现中华民族伟大复兴的宏图伟愿！

写在走进黑龙江乡村广播《工作队长面对面》节目之际

2018年7月
30
星期一
晴

人的一生有众多第一次，也有许多第一次有意义的事情。我走进黑龙江乡村广播就是第一次，做客《工作队长面对面》节目更是第一次，我坐在庄严神圣的黑龙江省广播电台直播间通过电波面向全省广大听众讲述脱贫攻坚的故事深感意义深远。

当省驻村办通知我做好参加黑龙江乡村广播《工作队长面对面》节目准备时，当黑龙江乡村广播《工作队长面对面》节目主播海澜与我多次电话沟通驻村工作和生活情况时，我的内心世界不止一次地涌起波澜。我曾经有过触动心灵的震撼，有过传播精准扶贫故事的自豪，更有过几经酌量的三思。因为我知道，千千万万奋战在精准扶贫一线的战友，比我工作的业绩更好，比我付出的心血更多，比我做出的贡献更大，他们才是脱贫攻坚故事的主导者和传播者，因此我非常汗颜，也更为惶恐。

吕维彬书记做客黑龙江乡村广播《工作队长面对面》节目

尽管如此，既然我走进了直播间，我就必须讲述好我身边扶贫人的精美故事，把我和我们在脱贫攻坚战中鲜为人知的工作场景和生活片段，讲给全省听众，让广大听众充分了解驻村工作队的工作情怀、驻村情感以及驻村工作以外的种种情愫，这是我的责任和义务。 然而到了直播间，我虽有万语千言，却感觉忽然失去了最确切的词语，无法表达这一年多驻村的烽火经历。但幸运的是，最优秀的节目主播海澜在我穷词末句之际，给了我帮衬和提携，这是黑龙江广播电台播音员高素质驾驭直播局面的缩影和体现。

我这次走进黑龙江乡村广播直播间，当我听到主播海澜电话连线桦川县悦来镇党委书记李季明时，一个熟悉而亲切的声音就出现在我的耳旁。他向全省听众介绍了我及我们驻村工作队的一幅幅工作画面、一段段生活剪影、一个个扶贫花絮，句句都是对我及驻村工作队的高度评价和赞誉。我和驻村工作队员只是干了应该干的点滴工作，李季明书记肩负的工作要超出我们几倍、十几倍，但他心里却装着我们驻村岁月里的“风风雨雨”，我为此倍加感动。

同时让我非常欣慰的是，在苏苏村，省农发行驻村工作队、县驻村联络队、村“两委”实行一体化工作运行机制，心在一个目标上，行在一个步调上，他们紧密团结，无缝配合，共同为了苏苏村的发展与繁荣奋斗着。县驻村联络队员、村“两委”干部每个人工作背后发生的故事更多，他们默默无闻地把自己身上的故事埋在了心里，脸上展现着憧憬的笑容，肩上扛起的是责任和担当。我不能在直播节目中逐一讲述他们的故事，这也是我的一大遗憾吧。

一个小时的直播节目过去了，留给我的不仅是一次《工作队长面对面》的故事传真，这次经历让我发自心底地认识到了省驻村办和黑龙江乡村广播《工作队长面对面》节目传递的是精准扶贫政策落实的程度，播放的是参加脱贫攻坚战全体“指战员”奋斗的精神，宣讲的是全体驻村工作队员站在一线扶贫的真情，连接的是驻村干部与贫困人口水乳交融的情感，直述的是驻村工作队工作之余“幕后”生活的趣闻和佳话。

过去的已经过去，度过了今天，它便成为历史。未来的任务仍很艰巨，在桦川县面临全县脱贫摘帽的关键年份，我们又站在了一个新的起点上，正在向新的“高地”发起新的冲锋。

我与省农发行驻村工作队员、县驻村联络队员、苏苏村“两委”干部决心在脱贫攻坚战中全力为老百姓多办实事，全方位抓好思想扶贫，高质量抓好健康扶贫，大力度抓好产业扶贫，使全村贫困人口的脱贫过程以更快的速度、更好的路径向致富历程深入延展，让苏苏村老百姓过上持续美好的生活。

写在苏苏蓝羽肉鹅养殖场建成之际

2018年8月
11
星期六
多云

立秋过后，酷暑悄然溜走，炙热已经消退，天气渐渐开始凉爽。

苏苏蓝羽肉鹅养殖场从今年6月23日盛夏之际平整场地起，到现在仅用50天时间，历经驻村工作队、驻村联络队、村“两委”和参加建设的致富带头人昼夜奋战，一个高标准、高质量的养殖场在苏苏村垃圾场原址悄然“诞生”，今天工程已经进入建设收尾期，达到了鹅雏“入住”的标准和条件。

距离桦川县城3公里的苏苏村，要想寻找一块建设用地难上加难。为了成功建好村办企业，苏苏村驻村工作队和村“两委”历经周折，劳神费力地选定一个适合建场的位置，该养殖场真可谓选之不易、建之不易、来之不易。

苏苏蓝羽肉鹅养殖场占地面积1.5万平方米，分为饲养区、活动区、鹅浴区、牧草区和管理区5个区域，其中饲养区和活动区3 500平方米、牧草区10 000平方米、管理区和鹅浴区1 500平方米。养殖场内建设一栋长75米、宽12米的超级鹅棚，棚中自动饮水和调节温度设备、科学的饲料喂养设施齐全先进。苏苏蓝羽肉鹅养殖场计划每年养鹅3批，每批养殖4 000只，年饲养量最低可达1.2万只，满负

苏苏蓝羽肉鹅养殖场

荷饲养每年预计实现净利润16万元以上。

在苏苏蓝羽肉鹅养殖场建设过程中，除了140平方米的办公区和饲料库彩钢房由佳木斯市厂家承建外，其余工程建设都是由苏苏村史洪峰、于恩江、刘海涛3名致富带头人牵头，他们带着本村的贫困户和农户分别焊接围栏、浇筑基础、平整场地、铺设红砖、建设鹅棚。他们用自己掌握的技术特长，为建好苏苏蓝羽肉鹅养殖场而献计出力。

责任重于泰山，使命高于一切。

在苏苏村，有一批为了事业、集体和百姓贪黑起早而苦心奋斗的干部。他们中有村党支部书记齐更春，有村主任齐雁飞，有驻村联络队长任铁华，他们早5点多就已经到了建设工地，晚上7点多才肯回家，在建设场地一干就是一整天。还有屯长史会军、村会计赵井海、村妇联主席赵欣欣，以及那些助力苏苏村产业发展的人们。

苏苏蓝羽肉鹅养殖场是苏苏村正在着手注册的“黑龙江苏苏蓝宇农业发展有限公司”的一个分场，这只是苏苏村集体企业发展的良好开端。苏苏蓝羽肉鹅养殖场是苏苏村实行家庭联产承包责任制以后兴办的第一个村办企业，也是苏苏村产业扶贫基地，更是全村今后实施乡村振兴战略的一个新起点。

这个肉鹅养殖场的建设，得到了中国农业发展银行佳木斯市分行和桦川县支行、桦川县公安局、桦川县农电局的鼎力相助和大力支持。他们在苏苏蓝羽肉鹅养殖场建设起步的艰难期，无私地提供了资金和物资援助，帮助协调了许多苏苏村做不了也做不到的事情，为苏苏蓝羽肉鹅养殖场建设做出了突出贡献。

苏苏蓝羽肉鹅养殖场第一批1 500只霍尔多巴吉鹅雏将于8月12日入场。霍尔多巴吉鹅是由欧洲最大的水禽养殖加工企业匈牙利霍尔多巴吉养鹅股份公司多年培育的绒蛋兼容型优良肉鹅品种，经75天饲养即可出栏，每只鹅重在7~10斤，最重可达10斤以上。苏苏村与鹅雏供应场达成销售订单协议，确保出栏成鹅有销路、有效益。

说起来容易，做起来难。

当前人们常说要发展质量型农业、发展壮大集体经济，但一个村尤其是一个贫困村，缺资金、少技术、没场地，选择产业又面临困惑，建起了产业又怕无市场，简直是千难万阻。若全村故步自封、抱残守缺、老守田园，村集体经济发展壮大无疑等于纸上谈兵、天挂蓝图。苏苏村兴办企业肯定承担很大的风险，其中一定会有许多不确定的变数，但苏苏村“两委”没有因为有困难、有风险而裹足不前，他们在担当全村发展的历史使命面前，已经大胆地迈出了集体经济发展壮大的第一步，对此我们驻村工作队深感欣慰。

管理是企业的生命，“向管理要效益”不是一句空喊的口号，建立科学、规范、有效的管理机制和举措是做好一切工作的基础，苏苏蓝羽肉鹅养殖场也不例外。在建场之初，苏苏村就把目标化管理和精细化管理作为重中之重，这是苏苏蓝羽肉鹅养殖场的“生命线”，苏苏村必须牢牢掌控这个企业生存与发展之本。

人们在艰难中成就事业，也一定能够在事业发展中攻破任何艰难。苏苏村驻村工作队和村“两委”有信心在“蓝海”战略探索征程中开辟一片新的天地。

写在佳木斯市中心医院专家义诊团到苏苏村义诊之际

2018年8月
14
星期二
阴转多云

每年都有秋天，秋天的天气都是晴晴阴阴、热热冷冷的。酷热的阳光刚洒在身上，转瞬即云布天空，不管是晴天还是阴天，多数天气都是微风揉面。这就是秋天的气候特征。

这天，桦川县悦来镇苏苏村村民早上7点多就集聚到了村委会，有的见到我时问我：“吕书记，今天义诊用拿身份证和户口簿吗？”我回答他们说这些都不用，今天是佳木斯市中心医院的专家为咱全村村民义诊，我们只要把名字报一下就可以。

苏苏村村民以满怀期待的心情，盼望医学专家为他们诊断病情，他们每个人的脸上都洋溢着追求健康和幸福和追逐生命延续的期待表情。我在他们身上看到了村民们生活的基本需求，这就是健康，这也是人生最大的需求。对于任何人来说，如果没有一个康健的身体，任何事情也无法做成。只有身体好，人们才能做好身外的所有事情。由此我深感改善农村医疗状况的紧迫性，也体会到了村民们对保持身体健康的急切渴望。

佳木斯市中心医院的专家这次到苏苏村义诊，我特别感谢市中心医院副院长、驻新城镇爱国村第一书记、扶贫工作队长马凯宇和队员孙大伟两名战友，没有他们就根本不可能有苏苏村村民今天与医疗专家面对面的机会，这是苏苏村村民的幸事。

这次佳木斯市中心医院到苏苏村义诊的专家阵容强大、医术高明、经验丰富，他们医术贯龙江、医德满天下。他们历经近两个小时的颠簸，到苏苏村下车就开始工作，立即动手准备心电、超声等医疗设备的调试，充分体现了雷厉风行、说干就干的优良作风，也足以说明佳木斯市中心医院厚重的院风和高尚的医风。

站在村委会院里的村民有八九十人，他们眼看着佳木斯市中心医院的专家下车就工作的情况，悄悄地开始议论了起来。有的说：“你看人家这些专家一点架子都没有，看着谁都笑呵呵的，服务态度真好。”有的说：“人家跑了那么远的路，一口水都没喝，也不歇一会儿，下车就立马穿上白大褂到屋子里等着咱们，这真叫人暖心呢！”有的说：“专家到咱们村来给咱免费看病，这还是头一回，咱们千万别错过这个机会，让人家专家好好给咱们看看。”

丰碑、奖杯不如口碑。

村民们的口碑是一杆秤，也是一把“尺子”。在任何历史条件下，“人心”这个词，在某种程度上说白了就是一个“口碑”。在朴素的村民身上，有着直率的风骨，心里怎么想他们就怎么说。村民们说的心里话，这就是“口碑”，这就是“人心”。

广大医务工作者是党和国家与老百姓之间的一座桥梁，一条纽带。党和国家的健康医疗政策是否在农村得到有效落实，在医患之间体现得最直接、最鲜明。

到苏苏村义诊的佳木斯市中心医院的专家中有：中医科主任医师沈权，神经内科主任医师于淑花，内分泌科主任医师周晓佳，急诊科主任医师董玉国，物理诊断主任医师张薇，心电主管护师陈淑珍。在苏苏村义诊的过程中，他们坐在临时诊室笑对苏苏村求医村民，不厌其烦地解答村民们的问题，一坐就是三四个小时。他们没有闲手之机，没有空闲之际，面对苏苏村100多名求医者，他们始终坚守在“天使的阵地”。

在佳木斯市中心医院这些医务工作者身上，我目睹了什么是白衣天使，感受了什么为病患第一，验证了什么叫救死扶伤。他们是站在人类生命边缘的人群护卫者，是解除人类病痛疾苦折磨的挽救者，是维护人类家庭健康幸福的先行者。在他们敬业的骨髓里，满怀服务于民的宗旨，我真正理解了他们为什么而苦学，为什么而钻研，为什么而废寝忘食，为什么而持之奋斗。

佳木斯市中心医院到苏苏村义诊的专家中午没休息，当下午一点半义诊结束时，苏苏村还有村民陆续来到村委会就诊。上车之前，中医科主任医师沈权在村委会院子里还为村民把脉、诊断、开药方，就诊的村民脸上挂着笑容，心里满足地离开了村委会。这一幕，让我们在场的人万分感动，这不仅是一名医务工作者为村民看病那么简单，其中体现的是责任，其中体现的是爱心，是使命，更是担当。

只有心存对事业的忠、对学识的敬、对人民的情、对农民的爱，专家们才能有这样的行动之举。苏苏村党支部书记齐更春说：“我看各位专家这么辛苦，我拦着村民都拦不住，非要找专家看看病，真是难为各位专家了，我打心眼里敬佩佳木斯市中心医院的专家对老百姓的一片真情。”

佳木斯市中心医院的专家离开苏苏村的这天下午，我走访了几户参加义诊的村民，我问他们这次义诊看病看得怎么样，村民们都说：“这次来村里的专家太负责任了，免费给咱看病，并且看得细、看得透、看得好，人家一说咱就明白了，还给咱开了对症的药，咱得谢谢人家这些专家啊！”

术业有专攻，专攻兴术业。

如果没有专攻医学的专家，也就没有发达的医学。因此说，在人类有了生命体征的时候，就离不开伟大的医学事业，这是造福人类的千秋伟业。我们有足够的理由说，从事这项事业的医务工作者是世界上最可爱的人，佳木斯市中心医院到苏苏村义诊的专家就是最好的例证。

人的健康涉及遗传因素、生态环境、健康意识、生活习惯、生活地域、经济状况、医疗水平等多个方面，桦川县悦来镇党委和政府高度重视全镇人民的身心健康，镇党委和政府把健康扶贫、健康扶民作为重中之重。在苏苏村这次举办的“全民性”义诊中，悦来镇党委副书记王薇、副镇长许丹参加义诊活动，他们帮助驻村工作队、驻村联络队和村“两委”做了大量的组织工作，为苏苏村村民的健康奋力作为。

义诊仅仅是一次短暂的活动，但在这次义诊中，6位专家呈现了高超的医术水平，展现了全心为民的风采，体现了传递大爱的精神，更增加了我们对佳木斯市中心医院专家的无比崇敬之情，愿他们在医学事业上再创辉煌，也祝佳木斯市中心医院永远成为人民的健康港湾！

写在苏苏蓝羽肉鹅养殖场揭牌运营之际

2018年8月
18
星期六
多云

八月的太阳收敛了炽热，把一缕缕清风送给了大地，田地里稻穗迎风摇曳，摇着丰收，也摇着喜悦。

这天是2018年8月18日，农历七月初八，就在这天的上午8点58分，苏苏村举行苏苏蓝羽肉鹅养殖场揭牌仪式。

桦川县委常委、组织部部长徐宏君，县委常委、宣传部部长宋福军，中国农业发展银行佳木斯市分行党委委员、副行长王辉，县委宣传部副部长贾明良，县公安局办公室主任王建忠，中国农业发展银行桦川县支行副行长郭喜军，悦来镇党委书记李季明、镇长孙国友、人大主席杨威、党委副书记王薇，副镇长王洪伟、于沐春等出席揭牌仪式。

我作为驻村第一书记，有幸主持了揭牌仪式，苏苏村党支部书记齐更春介绍了苏苏蓝羽肉鹅养殖场建设等情况。桦川县委常委、宣传部部长宋福军同志在揭牌仪式上致辞，他对苏苏村肉鹅养殖项目的成功实施表示祝贺，他指出："当前正处于脱贫攻坚的关键时期，产业扶贫是脱贫攻坚的好形式，是脱贫致富奔小康的好路子，希望苏苏村肉鹅养殖产业做大做强，为苏苏村早日脱贫致富奔小康做出更大的贡献。"桦川县委常委、组织部部长徐宏君，悦来镇党委书记李季明为苏苏蓝羽肉鹅养殖场揭牌。

苏苏村党支部把蓝羽肉鹅养殖场揭牌这天作为一次主题党日、村民代表参政日、致富带头人活动日，在村的全体党员、村民代表、致富带头人、群众代表和省县驻村工作队员共60多人参加了这次活动。

揭牌仪式后，全体人员兴致勃勃地参观了苏苏蓝羽肉鹅养殖场。参观期间，徐宏君、宋福军两位部长详细询问了工程建设、鹅雏品种、生长环境、饲料喂养、养殖成本、出栏时间、市场销路、产生效益、发展规划等情况，对项目建设之快、工程质量之高、鹅雏生长状态之好啧啧称赞。

苏苏蓝羽肉鹅养殖场揭牌，标志着苏苏村第一个村办企业正式启动运营，这是苏苏村发展史上的一件大事，也是实现强村富民目标的又一个新起点。这个项目建成并运营后，全体村民受益、贫困户受益、村集体受益，这是一个利民利村的产业工程。

在苏苏村，无论是省县驻村工作队，还是村“两委”，都把产业发展作为脱贫攻坚、乡村振兴和集体经济发展壮大的“开锁钥匙”，将其放在最突出、最显要、最急迫的“位置”，紧紧抓在手上。

为用准用好省委、省政府拨付的50万元扶贫产业发展资金，省县驻村工作队和村“两委”本着“专款专用、用就用好、务求实效”的原则，按照项目建设程序和标准，实行项目可研制、项目报批制和资金预算制，并多次召开党支部会议、村委会会议、联席会议认真研究，集体审议，先后召开党员会议、村民代表会议表决通过，深入农户征求部分村民的意见，听取吸收了好的建议。

苏苏蓝羽肉鹅养殖场从今年6月23日动工兴建，历时50天基本完成了基础建设各项工程，达到了鹅雏“进村入场”的标准和条件。苏苏蓝羽肉鹅养殖场建设过程得到了县镇领导的亲切关怀，他们多次亲临建设现场进行有效指导；也得到了中国农业发展银行佳木斯市分行、桦川县支行、桦川县公安局、桦川县农电局的大力支持，确保了养殖场工程建设的时间和质量。

省县驻村工作队和村“两委”坚持好事必须办好、好项目必须建好的主导思想，在苏苏蓝羽肉鹅养殖场建设期，处处精打细算，力促保量求质。苏苏村的史洪峰、于恩江、刘海涛3名致富带头人牵头承建养殖场除彩钢房以外的所有工程建设，他们贪黑起早、头顶烈日，甚至是冒雨施工，目的就是抢抓工程进度，确保第一批鹅雏顺利进场，这些建设者付出了心血和汗水，为项目建设做出了贡献。

苏苏村第一批1 520只霍尔多巴吉鹅和皖西鹅已经入场，在饲养人员的精心管理下，加之村“两委”干部轮流值班养护，目前鹅雏生长状态良好，这是一个良好的开端，养殖场也由此探索出了养殖经验，为2019年实现养鹅1.2万只、利润超过20万的目标奠定了坚实的基础。

资金来之不易，项目来之不易，选址来之不易，成果来之不易。

苏苏蓝羽肉鹅养殖场是苏苏村实行家庭联产承包责任制后兴办的第一个村办企业，在兴建过程中历经了千辛万苦，克服了众多难题，省县驻村工作队和村“两委”非常珍惜这个用“汗水、雨水、泪水”换来的肉鹅养殖场，有决心把它经营好、管理好、守护好、发展好，着力把扶贫产业做大、主导产业做优、集体产业做强。

目前苏苏村已经开始运作成立“黑龙江省苏苏蓝宇农业发展有限公司”，未来苏苏蓝羽肉鹅养殖场将作为公司的重要组成部分，实行村级控股的股份化公司运营机制，并不断扩大经营规模，逐步发展壮大苏苏村级集体经济。苏苏村通过发展村级龙头企业，带动村级新兴主导产业实现大发展、大繁荣，真正让全村百姓富起来、让村级经济强起来。

写在苏苏村开展秋季环境卫生日活动之际

2018年8月
19
星期日
晴

环境卫生改善、提升与保持，一直是困扰驻村工作队和村“两委”的一件头疼的事情。在农村，公共环境、街路环境、庭院环境、室内环境整治是四大难题，强化对全村环境卫生的管理与治理是一项持久的工程，我们必须常抓不懈。

在前一个半月，为杜绝村民垃圾乱堆乱倒现象，驻村工作队与村“两委”决定用黑龙江华康精谷农业有限公司捐助的4 000元，购买120个小型垃圾桶，解决了苏苏村一个自然屯的垃圾乱堆问题。但永发屯的路边沟清理、路灯和垃圾桶设置仍亟待解决。

进入秋季以后，在农民农闲时，苏苏村决定集中开展一次清理环境卫生攻坚战。

这天是8月19日，苏苏村在全村开展秋季环境卫生日活动。苏苏村党支部书记齐更春通过广播向全体村民发布公告，要求村民遵守全村环境卫生管理制度，严禁乱堆乱放、乱占乱倒。同时村“两委”紧急行动，组织公益岗位人员对全村路面、路边沟进行全面清理，对生活垃圾实行集中清运。

苏苏村公益岗位人员头顶烈日，扫路面、清死角、掏边沟、装垃圾，通过四轮车清运垃圾、乱草。

致富带头人刘海涛发扬舍己为民的精神，义务出动铲车对5处建筑残土、大堆垃圾进行装车清运，为的就是让村民在清新整洁的环境中生活，提升全村的环境质量以及全体村民的生存质量和生活质量。

苏苏村秋季环境卫生日活动仅仅一天。这一天，参加环境卫生清理的所有人都付出了辛苦，洒下了汗水，做出了贡献。在这个粮食即将丰收的季节，他们为苏苏村村民创造了又一个“环境丰收”，也为苏苏村全体村民在清新、清洁、清静的村庄里过着舒适而美好的生活提供了保障。

在苏苏村环境卫生清理过程中，我始终在思考：为什么在村民长期生活居住的地方，有一部分村民不清“房外尘”、不管“周围土”、不扫“门前雪”，而且环境卫生糟糕了还要赖在村上，还经常说什么“干部不管事”“干部不作为”之类的闲言碎语？其实环境卫生维护是多方面的，其中既有村民自觉维护问题，也有干部管理问题，还有机制健全问题。要想为农民营造一个美好的生活环境，我们必须对环境卫生实行综合治理。

一是转观念，树意识。一个村的环境卫生维护要靠所有村民形成自觉性，我们必须彻底改变村民在脏、乱、差中过日子的现象，通过广播宣传、入户走访、重点盯防、树立典型等多种行之有效的方式，在村民中开展“比干净、赛环境、树典范”活动，形成人人爱环境、护环境、保环境的氛围；通过“刮骨剔脏”的办法，提高村民的“清洁”生活意识，切实把村民思想上存在的“脏根子”“乱根子”“与己无关的不正根子”扭转过来。

二是勤督促，改习惯。环境卫生的好与坏，实质上是村风、民风、家风的问题。正风气、树正气、改邪气是一个艰难的过程，因为村民的习惯已经成了自然。在某种程度上，他们认为乱堆、乱放、乱倒是“天经地义”的事情，还有的认为别人倒了垃圾我就倒，我倒了垃圾村上就得清运。这是一部分村民多年养成的习惯，短时间内很不容易改变。但即便工作再难，我们也要做深入细致的工作，向村民讲清“环境就是健康”的道理，让村民在改变习惯中改善环境、维护环境。

三是强管理，建机制。管理是科学，管理也离不开机制。一个村的环境卫生管理仅靠村“两委”临时性攻坚战、集中式大会战的处理方式，无法做到持之以恒，根本实现不了常态化。我们必须建立一套运转有效的科学管理机制，实行每周定日定时清扫路面、清除杂草、清运垃圾，让每户村民知晓垃圾清运时点，也让每户村民清楚什么样的垃圾需由自家清运、什么样的垃圾村里负责，真正形成一种固定化的机制。

只要是有益于人民的正义事情，都逃不出一个道理，那就是机制在先、贵在坚持，这是一个永恒的定律。

写在苏苏村泥草房改造决战之际

2018年8月
28
星期二
晴

泥草房是原始和历史的象征。

千年以前，茅草屋和地窨子就出现了，后来便有了泥草房。从茅草屋、地窨子到泥草房的演变表明了人类居住条件和环境的进步，这也是历史发展的重要痕迹，这其中蕴含着先人的智慧和创造，是人类面对复杂自然环境求生存的有益探索和大胆尝试。当时泥草房的出现，相对于茅草屋和地窨子而言，确实是一场历史性的“革命”，它是人类在对抗恶劣自然环境过程中创造的一种新生产物。每个泥草房在当时都是一个“避风港”和“安乐窝”，被那个时代的人视为居有定所、住有暖室的“温馨之家”。

泥草房看起来简陋，建起来不易。无论是干打垒房、泥绺房，还是土坯房，盖起来都需要技术，既得考虑保暖，又得注重采光，还得经得起风雨。这些泥草房对人类的贡献不可低估，一代代人在这样的房子里出生、长大、成才，又在这样的房子里含着留恋或是遗憾离开了这个充满阳光的世界。泥草房每一层用泥土涂抹的墙，都经历了无数个春夏秋冬，在风雾雨雪中记录了人类的生存史、奋斗史和发展

史，它是历史的见证。

时代发展至今天，许多泥草房已经灭迹，取而代之的是宽敞明亮的砖瓦房，有的农村建起了风格别致的“小洋楼”。尤其是在史无前例的脱贫攻坚战这场伟大的战役里，向泥草房“开战”是让农村广大人民群众真正过上安居乐业生活的又一个新起点。

泥草房改造前

泥草房改造中

泥草房改造后

桦川县紧紧扣住脱贫攻坚战补短板的“主旋律”，在“六个精准”原则下，坚持“五个一批”的主导思想，牢牢把握“两不愁，三保障”这个贫困人口脱贫的基本点，把贫困人口安全住房建设作为头等大事抓在手上，在全县范围内对居住泥草房的贫困户、低保户、五保户、残疾人户和部分一般农户进行房屋修缮改造，在不“吊高胃口”的前提下，实打实地为老百姓解决生活上的实际问题。

这天，苏苏村按照桦川县和悦来镇的统一部署，在上年泥草房维修改造47户的基础上，开始对全村符合改造政策和条件的泥草房再次进行修缮。这次泥草房改造是解决安全住房问题的大会战，也是一次“歼灭战”。苏苏村的致富带头人于恩江、史洪峰等都参与到这次决战中来。他们带领建筑工程队，分别在两大“战区”，奋战在泥草房改造第一线，确保在10月份完成泥草房改造任务。

在刘仁涛家泥草房改造现场，我与悦来镇党委书记李季明、县驻村联络队长任铁华、村党支部书记齐更春共同查看泥草房改造情况。当时我问于恩江：“时间这么紧，你有把握完成这项紧迫的任务吗？”于恩江回答：“如果不下雨的话，我可以组织人力三四户同时开工，保证如期修好房子。”

每家每户的泥草房结构不同、状况不同，农户的要求也不同，房子改造起来会遇到许多意想不到的难题。当听到于恩江果断的回答后，我们在场的所有人心里托了底。

改造泥草房，不只是一个补短板的问题，说白了这就是打破一个农民居住的“旧世界”，彻底改变“卷我屋上三重茅”状况的根本性举措。“小康不小康，关键看老乡”。“看老乡”看什么？按照国人的生活习惯和传统主要是看居住条件和环境，这是小康生活看得见、摸得着的标尺。

实际上，在黑龙江这样的“大粮仓”，农村基本不存在愁吃愁穿问题，如果我们在脱贫攻坚战中彻底解决了贫困人口的住房、饮水、看病三大民生难题，再加上全力做好思想引导和产业扶持，就一定能消除贫困，引领贫困人口走向小康之路。

写在桦川县农发行在苏苏村开展主题党日活动之际

2018年9月

21

星期五

晴

北方的深秋，艳阳高远，微风习习，丰收的粮食即将出地归仓。这是一个收获的季节，更是农民享受一年劳动果实的热盼时期。

这天，桦川县农发行全体党员身穿统一行服，脸上洋溢着灿烂的笑容，他们在县农发行党支部书记王海君、党支部委员姜文玉带领下，满怀打赢脱贫攻坚战的坚定信心，满怀支农报国的家国情怀，满怀对“三农”事业的无限热爱，满怀对农业政策性金融发挥定向“三农”、支持农村、服务于民重大作用的高远憧憬，深入他们所包扶的苏苏村开展主题党日活动，党员们亲临脱贫攻坚第一线，感受脱贫攻坚前沿阵地战斗者和奉献者们的烽火奋斗历程。

省农发行驻村工作队员刘天佐、石鹏，县驻村联络队长任铁华，在村的村干部赵井海参加了这次活动。无论是省农发行驻村工作队、县驻村联络队，还是苏苏村“两委”，都一致认为桦川县农发行党支部举办的这次主题党日活动，既是对桦川县农发行党员的一次“洗礼性”教育，也是对苏苏村干部的一次深情慰问。

在苏苏村党建中心党员活动室，桦川县农发行党支部书记王海君在主题党日活动开场白中说道：“农发行践行使命和宗旨，就要义无反顾地不偏农、不离农、不弃农，把农村作为政策性金融展现职能的广阔天地，尤其是在脱贫攻坚这场向贫困宣战、向幸福出发、向小康迈进的史无前例的战役中，必须彰显农发行金融扶持的优势和作用。”县级农发行的服务半径在农村，服务领域在农村，服务对象也在农村，党员干部要想更好地为“三农”事业做出贡献，就要懂农业、爱农民、接地气，不仅要明确农发行重点支持方向是什么，还要真正掌握农村到底需求什么，只有找准对接点、契合点和突破点，才能高质量地服务国家战略、服务“三农”发展、服务精准扶贫。这次主题党日活动，就是要让全体党员身临其境，观看苏苏村脱贫攻坚现场，听取苏苏村脱贫攻坚纪实，分享苏苏村脱贫攻坚成果，同展苏苏村美好未来。本次现场开展活动增强了党员的党性观念，激发了全体党员奋力做好工作的进取精神。

鉴于这是一次主题党日活动，也是党内组织生活的创新模式，既要有严肃性，又要突出特色化，因此我在向桦川县农发行全体党员介绍情况之前就反复思量，既然是这一次主题党日活动，就必须区别于参观考察，立足呈现主题党日活动特点。在介绍情况时我力求通过对比的方法，分别向他们讲述了贫困人口状况及致贫原因、抓党建促扶贫工作、“两不愁、三保障”成效、开展思想扶贫和产业扶贫举措等苏苏村脱贫攻坚的故事、剪影和“桥段”，让他们在心灵上有感触、有碰撞、有震撼、有激荡。

当桦川县农发行党员听完苏苏村脱贫攻坚开展情况后，我体会到了他们的欣喜之情，他们通过这次主题党日活动，对省农发行驻村工作队在苏苏村开展精准扶贫的工作信息了解得更加深透。

桦川县农发行是苏苏村的包扶单位，桦川县农发行党支部书记王海君同志率领全体党员选择在苏苏村开展主题党日活动，这是党支部开展组织生活的重大创新，也是对苏苏村抓党建促扶贫工作的高度认同，更是对苏苏村打胜脱贫攻坚战的鼓舞和激励。

桦川县农发行党支部举办这样的主题党日活动，是党内组织生活开展方面的一次有益创举。

脱贫感悟

一个行业、一个部门、一个单位的党组织，开展主题党日活动，不能认为这只是形式化地讲一堂党课、仪式化地重温入党誓词、简单化地参观一些景点这么简单。主题党日活动要体现创新性党组织生活的基本特征，那就是：主题策划是主题党日活动的“源头水”，主题鲜明是主题党日活动的“靶向标”，主题感召是主题党日活动的“动力源”，主题特色是主题党日活动的“立意图”，主题成效是主题党日活动的“生命线”。

主题党日活动是党员“亮身份”的关键之要，也是党员“展情怀”的关键之举。千言万语汇聚成“三个重要”：开展主题党日活动是提升党员意识的重要路径，是增强党支部活力的重要方法，是规范党组织生活的重要模式。

写在苏苏村特色农副产品参展之际

2018年10月
12
星期五
晴

痕迹无处不在，无处不有。

纵观世上所有的痕迹，“路上”留下的具有现实性、合理性、历史性和价值深远的痕迹，均具有不可估量的重要意义，反之则为形式主义和官僚主义的痕迹。这就是历史，这就是必然。

今天，在桦川县留下的历史痕迹，就是在深秋初冬交替之时，在农民喜获丰收欣慰之日，桦川县举办了具有划时代意义的“中国桦川稻香节”。

在“中国桦川稻香节”上，苏苏村作为桦川县悦来镇的贫困村，有机会在这个产品宣传阵地、产品声誉载体、产品推介平台隆重展出特色鲜明的农副产品，这是苏苏村农副展品走向市场、走向远方、走向未来的良好契机。

“中国桦川稻香节”上的苏苏村展区

苏苏村是农副产品批量“生产区”，也是特色农产品种植“精品地”，水稻、玉米、大豆、蔬菜、水果、生猪、肉鹅、豆制品等农副产品精而齐全。

在这次“中国桦川稻香节”上，苏苏村优中选优、精中选精、好中选好，展出了苏苏村村办企业黑龙江苏苏蓝宇农业发展有限公司蓝羽肉鹅养殖场养殖的“苏苏蓝羽牌绿色有机肉鹅”，展出了苏苏东旺果蔬专业农民合作社棚室生产的苹果、葡萄、茄子、黄瓜等20多种果蔬产品。

苏苏蓝羽肉鹅、苏苏东旺果菜展台迎来了众多参观的人群，许多人在展台前争先恐后地品尝美味，咀嚼“绿色”，参展服务人员应接不暇，就连外国友人也站在苏苏村展台前，参观询问苏苏村蓝羽肉鹅喂养饲料、生长期限、成品重量、肉质口感等情况，同时与村党支部书记齐更春合影留念。

这次“中国桦川稻香节”是苏苏村农副产品走出自然经济、小农经济、封闭经济的大通道，开辟了苏苏村农副产品的外销路径。

本次展销会，既是对全村农副产品质量的一次考验，也是对参展特色产品市场认可度的一次验证，更是对苏苏村独具特色的农副产品的一次宣传，这是打开苏苏村农副产品产销之路的开端。

质量第一、绿色为本、有机至上、品牌叫响、市场接受、群众认可是产品的生命力所在。有的产品之所以是“短命”的，是被市场“抛弃”的，只是在一个特定时期“昙花一现”，除了品种、经营和技术含量等因素之外，更重要的就是产品失去了走向市场之本，也就是说其失去了产品质量适应市场需求的价值之魂。

为了让苏苏蓝羽肉鹅、苏苏绿色果蔬等产品在市场上站稳脚跟，赢得民众的持久性青睐，我们必须坚持走绿色之路，必须坚持保质量之本，必须坚持合市场之需，必须坚持符民愿之要。只有这样我们才能确保苏苏村农副产品在市场上“万岁永存”。

写在苏苏村启动建设村史一条街之际

2018年10月
14
星期六
晴

十月，飘着风，飘着干黄的落叶，飘着冷飕飕的寒气，初冬即将来临。

农民忙着收割水稻，清理院子里的杂物，准备过冬的物品。

在丰收的时刻，苏苏村省县驻村工作队和村“两委”坚持“两个文明”一起抓，在紧抓脱贫“摘帽”、粮食收获、秸秆禁烧、农副产品销售等主体性工作的同时，统筹各项工作开展，村史一条街已见雏形。

苏苏村建设村史一条街具有深刻的现实意义和深远的历史意义。

据史料记载，苏苏村具有厚重的历史印痕。

苏苏村是一个历史悠久的村落，在金朝第九帝金哀宗完颜守绪在位期间，蒙古部落正值兴旺鼎盛时期，军强民富，英勇善战的蒙古军为拓展疆土，扩大势力范围，多次对金朝发起攻击。金朝民众生活在水深火热之中，在金蒙两军交战的硝烟中，金朝一部分民众被迫北迁故里。

在返迁故里的金朝人中，一支30多人、有直系亲族关系的金朝人在苏苏落地扎根。当时的苏苏坦途浩阔，一望无际，荒野茫茫，沼泽遍布，水草茂盛，鹿虎成群，獐狍遍野。迁往苏苏的金朝人居住在草树搭成的半地下窝棚里，以狩猎为生，过着远离战火的清静生活，他们在这个偏远隐蔽而又能够保证温饱的地方世代繁衍。

清朝清高宗乾隆年间，原先生活在苏苏的金朝人已经与汉族人通婚，苏苏便成了一个民族融合的部落。这时苏苏北部有一小片松林，这里因此而得名“松树屯”。清文宗咸丰在位期间的1858年，赫哲族22个氏族中的一个分支迁居苏苏，从此苏苏又成为赫哲族居住地，赫哲族抗日英雄卢英春就出生在苏苏村。

这仅仅是苏苏村历史的一部分，其更多的历史需要深入挖掘和考证。

为让苏苏村村民心存历史，永记英雄，传承精神，光耀后人，省县驻苏苏村工作队和苏苏村“两委”决定建设村史一条街。

在紧临苏苏村村委会西部的一条街上，苏苏村初步建成了村史一条街。这条街一期工程已经建设完成，包括村情概况、英雄故里、名人轶事、垦荒岁月、村规民约、管理乐章等村史板块。二期工程包括稻花飘香、白羽成群、果蔬满园、现代机械等板块。三期工程、四期工程将陆续开工建设。

我们常说“铭记历史，开创未来”，我们要尊重历史、不忘历史、发展历史、丰富历史，珍惜前人的创造、借鉴过往的经验、吸取血汗的教训、珍爱前人用煎熬甚至是生命换来的美好生活。

历史是一面镜子，也是激励人们奋进的动力源泉，更是丰富现代人生活的强大动力和精神食粮。先人们的奋斗脚印、卓越贡献和不朽事迹，为后来人更好地生活铺垫了基石，我们这些后代人踏着他们留下的财富和精神，过着生活，赶着时代，这是我们的骄傲和自豪。

一条街好建设，村史一条街也不难完成，难建设、难完成的是人们的思想、精神和奋斗目标，我们要将前人的精神境界和牺牲精神发扬光大。

写在第五个“国家扶贫日”之际

2018年10月
17
星期三
晴

今天是第五个“国家扶贫日”，这是我驻村扶贫以来经历的第二个“国家扶贫日”。

国家设立“扶贫日”，充分说明党和国家对贫困人口的关心和爱护，也表明在中国共产党的英明领导和社会主义旗帜下，中国人有定力、有毅力、有魄力、有能力战胜贫困这个人类的天敌。这是党和国家带领人民向贫困宣战、走富裕之路的“宣言书”和“决战表”，这么庄重的日子值得尊重，值得纪念，值得回味。当全国的贫困人口都步入小康生活、过上美满生活那一刻，“国家扶贫日”将成为意义深远的历史性日子。

这天，桦川县悦来镇苏苏村党支部和省县驻村工作队也把“国家扶贫日”作为向幸福出发的重要节点，牢记帮助贫困人口甩掉贫困帽子的光荣使命，不忘让老百姓踏入康庄大道、奔向美好明天的初心愿景。

桦川县委常委张雨喜同志在“国家扶贫日”之际，深入苏苏村对脱贫攻坚工作进行调查研究，扎实指导动态调整工作，考察了苏苏蓝羽肉鹅养殖场、苏苏村村史一条街。

苏苏村在县有关部门大力支持下，组织开展了助推脱贫攻坚大业的系列活动。

召开座谈会议进行政策解读。省县驻村工作队和村党支部召开扶贫专题座谈会，邀请桦川县扶贫办主任高忠良同志到苏苏村，现场讲解精准扶贫政策、全县扶贫形势、动态调整标准、产业扶贫方向等重大课题，高忠良主任在座谈会上坚持求真务实的原则，结合实际讲措施、谈招法、话路径、定目标。在座谈中高忠良主任对苏苏村修危房、办公司、兴产业、购机械、建超市、稳调整和打造村史一条街等举措表示充分肯定。座谈会后高忠良主任与省县驻村工作队全体队员及村“两委”全体成员共同考察了秸秆打包机打包现场和苏苏村村史一条街。

开展专题采访宣传扶贫成效。佳木斯市电视台摄制组在“国家扶贫日”之际深入苏苏村，对苏苏村抓党建促扶贫工作成效进行采访报道。摄制组对我进行了专题采访，录制了苏苏村“国家扶贫日”专题座谈会、秸秆打包机打包现场等视频，对贫困户李春林在身患癌症的状况下不等不靠、自食其力、依靠劳动脱贫致富的事迹进行了采访。在“国家扶贫日”这个特殊的日子，佳木斯市电视台到苏苏村开展专题采访，这不仅是省县驻苏苏村工作队和苏苏村村“两委”的荣耀，更是对桦川县、悦来镇抓党建促扶贫工作的高度评价之举。

深入贫困农户鼓励就业致富。要想从根本上解决贫困人口的贫困状态，必须立足“造血之本”，切实把贫困户引导到从业、就业、创业这条致富的“通天大道”，这样才能将富裕的基石夯牢。在“国家扶贫日”这天，桦川县就业局副局长李淑芳、悦来镇干部谢婧等一行四人深入苏苏村走访赵广喜、李春林、施伟东等贫困户，把《就业扶贫招工手册》送至贫困户手中，认真为贫困户讲解就业政策、就业路径，激发贫困户自主脱贫、自我致富的内生动力。

脱贫感悟

“国家扶贫日”每年只有一天，但又不只是一天。因为这一天，就是一个迈向新征程的起跑点，也是一个实现全民富裕的启动点，它警醒人们要消除贫困之害，告诫人们要牢记贫困之耻，鼓励人们要抗争贫困之难，倡导人们创造康乐之家。

这个日子，我作为一名驻村工作队长在记忆中永远难忘，即便有朝一日我离开扶贫一线，我也会将其牢牢铭记！

驻村专访

老百姓的贴心人

——对话李季明

我与桦川县悦来镇党委书记李季明相识于2017年6月6日，这天是我到桦川县悦来镇苏苏村驻村扶贫的第一天。李季明书记陪同我到省农发行扶贫工作队驻地，我刚接触李季明书记时，通过短暂的交流，我对他的初步印象是热情细致、能言善讲、大度豪放、明白经济而且农村工作经验丰富，有很多适应农村工作的思路和方法。随着驻村扶贫工作的不断深入，我接触李季明书记的时间多了，对他也有了更加全面的了解，他在我脑海里的形象更为丰满，工作中的李季明，风火昼夜，呕心沥血，他一心扑在农村事业上，为百姓办实事、办真事、办好事的一系列举措，深深感染了我、打动了我、鼓舞了我，他不愧为人民的好公仆、百姓的好书记、群众的贴心人。让我们走近李季明。

李季明（左二）

吕：李书记，听说您多年来一直从事农村工作，能给我们说说您的农村工作经历吗？

李：我在桦川县土生土长，生在农村，长在农村，我在读中专时学的也是农业。在外地读书毕业后，我有许多在城市就业的机会，但我放弃了城里优越的工作条件和环境。那个时候，家人不理解，亲属也苦口婆心地奉劝我，让我离开“泥土”，不要再回到发展落后、条件艰苦的农村。我当时就想，我的根在家乡、本在农村，农村是最基层，农民是最底层，农业又是弱质产业，农村这片广阔的天地是我为之奋斗的平台，于是我毅然决然地又回到农村，回到了生我养我的家乡。这么多年一路走过来，我在乡镇的不同岗位都干过，这也是对我的一种历练和磨炼。我当过计划生育助理，当过乡镇党委副书记，当过乡镇党委书记。在我的工作生涯中，我在5个乡镇工作过，每到一个乡镇始终与农村的人人事事打交道。可以说，党培养我多年，我的心和我所有的一切都根植在农村，我把我的全部都交了农村、农业和农民，我要让农村实现大发展、大繁荣，让全体农民过上好日子、富日子，这是我一辈子的心愿。

吕：您这么多年除了在外地读书深造以外一直没有脱离农村，而且您有这么丰富的农村工作经历，您能谈一下您对农村工作的认识吗？

李：中国农村体量大，人口多，发展慢，转变难。全面抓好农村的改革、发展和稳定，事关党和国家事业发展全局。党中央提出要全面建成小康社会，我们就必须补齐农村这个“短板”，农业不强、农民不富，农村就不可能繁荣，势必影响全面建成小康社会的进程。当务之急是我们要花力气解决好农村家庭贫困、农村土地矛盾、农业生产经营组织化程度不高、农业社会化服务体系不健全、农业发展方式粗放、农业基础设施和技术装备落后、农村个别基层组织涣散、农民小农意识和小富即安观念严重等一系列问题。这些问题需要我们去正视和面对，因此我们必须把坚持着力解决好农村、农业、农民问题作为工作的重中之重，紧紧抓住农村的薄弱环节，牢牢地把农业这个安天下、稳民心的战略产业抓在手上，从根本上探寻有效、管用的发展路径，这是我作为镇党委书记的职责和使命。

吕：您经常说党建工作是一切工作的统领，必须坚持常抓不懈，您可以讲一下悦来镇的党建工作开展情况吗？

李：党的十九大对新时代党的建设工作做出一系列战略部署。我们要贯彻习近平新时代中国特色社会主义思想，必须把党的建设摆在首位，提高全体党员干部的执政能力和领导水平，推动从严治党向纵深发展，确保党永葆旺盛的生命力和强大的战斗力，尤其是在农村党建工作中，更要坚定不移地发挥党支部战斗堡垒作用和党员先锋模范作用。我作为悦来镇党委书记，抓党建是我的首要职责，我到悦来镇工作后，就明确提出要实行党建统领、全面升级、勇创一流，从党建示范点入手，以点带面，全面推进，抓好政治、思想、组织、班子、队伍、制度、廉政“七大建设”，提升农村基层党组织领导力，不断拓展组织服务功能。目前苏苏村、双兴村党建工作已经走在了前列，全镇各村也都按照党的十九大精神，结合本村实际，深入探索“抓党建促发展，强党建保稳定”深度融合的路子，形成了高度重视党建、全面推进党建的良好氛围。

吕：脱贫攻坚是当前的一项重要任务，这是一场输不起的战役，我们必须打赢这场攻坚战，我看到也感受到了您在悦来镇脱贫攻坚战中夜以继日地工作，付出了艰辛的努力，您能说说悦来镇的脱贫攻坚情况吗？

李：脱贫攻坚是利国利民的大事，我们要想建成小康社会，必须扭住贫困人口脱贫致富这个关键点。悦来镇有17个村，全镇有农业户8 333户，农业人口是21 237人，其中贫困户1 023户，贫困人口2 272人。为了全镇贫困人口早日实现脱贫，我作为镇党委书记就要扛起责任，扛起担当，必须有“干字当头”的精神，用苦干、实干、加油干的气魄，与镇村全体干部和驻村扶贫工作队一起，精准识别贫困户、走访体贴贫困户、政策倾斜贫困户、产业引带贫困户，让贫困户真正得到实惠，把党的关怀和温暖送到贫困户家里，把县委、县政府的好政策、好举措传递给贫困人口，把“两不愁”“三保障”落实到位，确保脱贫致富不落一户、不丢一人，到2018年底实现全镇贫困人口全部脱贫。大家都说我要求严，和我干工作累，但我觉得为人民服务永无止境，为百姓办实事永远在路上。只要消除了贫困，我就是再苦再累，付出的心血再多，我也心存甘甜。

吕：党的十九大报告提出要实施乡村振兴战略，这是一个重大课题，在这方面您有什么好的设想和规划？

李：乡村振兴战略要因地制宜找准突破口，认真践行“产业兴旺、生态宜居、乡风文明、治理有效、生活富裕”的总要求。悦来镇是城关镇，在发展上既有地缘优势，又有资源优势，还有信息和市场优势，其发挥好龙头作用势在必行。一是发展规模农业，实行土地规模化、集约化、高效化经营。农村土地是农业生产不可替代的生产资料和资源，要通过兴办不同类型的合作社，规范合作社运营，推进土地合理流转，提引土地统一耕种。我们要提高机械化水平，提升土地产出效益。二是突出特色经济，利用区位优势。探索发展有机蔬菜基地和棚室经济，实现蔬菜品种多元化、种植统一化、生产规模化、管理村级化、销售定向化，建成佳木斯地区的蔬菜生产集聚地。三是大上配套产业。要推动县城周边村组织致富带头人“八仙过海，各展其能”，在建筑、运输、养殖、家政、豆制品加工、庭院经济、储存库建设等方面大做文章，逐步引导其做大做强，做成群体产业。四是建设文明村屯，加强村屯环境治理。我们要使村村实现美化、绿化、亮化、清洁化，强化村风民风建设，打造示范点，建设示范村，逐步构建和谐村、平安村、诚信村、互助村、廉政村、文化村、文明村，切实把悦来镇发展建设得越来越好、越来越富、越来越美！

一心扑在扶贫事业上

——对话刘天佐

我和刘天佐同在中国农业发展银行黑龙江省分行这个“大家庭”工作，但在脱贫攻坚战之前我只是听说过他的名字，从未与他见过面。这次精准扶贫我们成为亲密的战友，我任驻村工作队长、第一书记，刘天佐是队员。刘天佐是农发行桦川县支行执行经理，曾任农发行桦川县支行财务会计部主管。在苏苏村驻村扶贫期间，刘天佐饱含对苏苏村老百姓的热诚之心，满怀豪情地投入脱贫攻坚这项伟大的事业，为的就是让苏苏村贫困人口过上好日子。让我们走近刘天佐。

吕：我们在这次脱贫攻坚战中近距离工作，我看到你做任何一项事情都那么一丝不苟，对一件小事都做得那么周全完美，这与你过去长期从事财务会计工作有关系吗？

刘：我自从进入农发行就在计划信贷和财务会计部门工作，我现在的做事办事的风格可能和我过去的工作性质有关系。在财务会计部门工作来不得半点马虎，每一项收支，每一个报表，每一张票据，每一本传票，我都必须认真对待。尤其在农发行这样管理严格、规范有序的政策性金融单位，我必须养成自律、严谨、认真的工作习惯。我过去经常提醒自己，在单位做工作要比在家里做事情更仔细，如果工作上出了问题，那就不是小事，它影响的不是个人，也不是家庭，而是一个整体、一个单位、一个系统。财务会计上出了事就是“事故”，其造成的损失和影响是无法挽回的。白天哪怕有一项工作、一件事情没做到位，或者没落地，我晚上连觉都睡不踏实，到现在也是这样。

正是因为这么多年我和自己叫真，已经成习惯成自然了。在苏苏村驻村扶贫，涉及党的政策落实，涉及全县脱贫攻坚战的胜利，涉及贫困人口早日脱贫致富，一旦我们粗枝大叶，得过且过，稀里糊涂混日月，老百姓就会有意见，就不会得到认可，这不但会影响脱贫攻坚，更会影响党在老百姓心中的形象。所以说我丝毫不能放松自己，每时每刻都要牢牢绷紧神经，全力把事情做好、做细、做扎实。

吕：我们驻村扶贫时间较长，繁重的扶贫任务压在了驻村工作队头上，大家贪黑起早工作，甚至是超负荷运转，随着时间的推移，肯定有一部分人会产生厌战情绪，你的思想中有打“退堂鼓”的念头吗？

刘天佐（左四）

刘：我说一句真心话，在精准识别“回头看”那阵子确实相当疲劳，一天工作长达16个小时，我有时工作到第二天凌晨三四点钟，而且还要连续作战，一干就是三四个月，到了晚上我困得眼皮直打架。那时我真的有点无法坚持了，每天躺在床上，如同得了一场大病，第二天早上都不想起来，总想多休息一会儿。尽管这样，我一直没有动摇驻村扶贫的信心，世上无难事，只要肯登攀，因为脱贫攻坚没有“回头路”，我作为一名党员，在关键时期绝不能退缩。我心里始终有一种想法，那就是我们到苏苏村不是享受太平来了，不是过舒服日子来了，不是混时间来了，我们不是一个旁观者，我和其他队友一样，肩负着使命来参加战斗，就是要站在最前线，就是要吃苦受累，就是要“五加二”“白加黑”地干。如果我们不甘愿付出，不做出牺牲，苏苏村贫困状况就不可能从根本上得到改变，贫困户也不可能彻底甩掉穷帽子。只要苏苏村老百姓富起来了，只要他们生活得开心，不管怎么苦、怎么累，我也无怨无悔。

吕：前不久省里来苏苏村拍摄抓党建促扶贫专题纪录片，当记者采访你时，我发现你心情非常沉重，脸上露出了无奈的表情，说话时你眼含热泪，声带都在颤抖，当时你说你岳父一个月就得住一次院，你无法照顾他，在自己家庭出现困难的情况下，是什么动力让你坚持战斗在脱贫攻坚前沿的呢？

刘：这都是不足挂齿的小事，生活在这个世界上，人人都有难唱的曲，家家有本难念的经。我岳父长期患病住院，身边常年离不开人，需要人照料，家里人手不够，这确实是我家庭存在的困难。当时省里采访我时，我心里翻江倒海的，也许是采访触及了我内心的酸痛之处吧，即便是铁汉子也不能忘记亲情。我自从驻村十个月以来，仅去医院探望我岳父两次，每次都是来去匆匆，根本没有时间照顾我的岳父。我和岳父说我驻村扶贫特别忙，时间和精力都有限，不能守候在他老人家身旁尽孝心。我岳父听了只是点点头，但他流下了眼泪。我知道我岳父通情达理，他不怪我，能理解我，我也知道我爱人的担子很重，她苦在身上，累在心上。但自古忠孝不能两全，何况在脱贫攻坚战中，有千千万万和我一样存在家庭困难的战友，他们一心一意扑在扶贫事业上，我没理由只顾着自己的家庭。我在驻村扶贫期间时常听有些人说“舍小家，为大家”这样的话，这话听着有点高尚，其实还真是这么回事，我们不舍小家就不可能为大家做更多的事情。我选择了扶贫的道路，我感到这是一件光荣的事，这是党组织对我的信任，我将坚忍不拔地为苏苏村贫困户尽我所能，让他们过上美好生活。

吕：我经常听你说一句话叫“坚持就是胜利”，这话听着很普通，但在脱贫攻坚战中这话的寓意就很深刻了，你能说说你为什么经常说这句话吗？

刘：这句话是很普通，但对我们这些参加脱贫攻坚战的战士来说，这就是战斗的口号，就是战役不胜利永远不放弃的信心和决心。

我们扶贫不仅仅需要简单的坚持，更重要的是要我们坚持真扶，坚持实扶，坚持领扶。我们既要发动贫困户自食其力，也要把贫困户领上致富的路子，帮助他们谋生路、想门路、走富路。尽管有些贫困户失去了劳动能力，自身“造血”功能已经弱化，但我们要有组织地通过专业合作社引带、专业家庭农场引领致富带头人引帮等方式，为贫困户创造致富的机遇和路径。这样既可以实现精准扶贫的目标，又能营造风清气正的友爱环境，改变过去那种“各自清扫门前雪，不管他人瓦上霜”的村风民风，全方位建设一个村强民富、家园美丽、友爱和谐的苏苏村。这一切都离不开坚持，只有坚持我们才能从胜利走向胜利。

吕：这次驻村扶贫既有现实意义，也将铭记史册，历史不会重现，当贫困人口都奔小康了，再过几年或若干年，对每个参加脱贫攻坚战的人来说，这段经历都是值得回味的，且是一笔难得的人生财富，到那时你还会记得这段历程吗?

刘：这次脱贫攻坚战不仅是聚力促进贫困人口脱贫致富奔小康的最佳现实选择，在历史上也会留下光辉的印记。我当然能记得，不光是记得，这段驻村扶贫经历已经印在了我的脑海里。当我老了的时候，我会告诉我的子孙后代，在苏苏村曾经有几个农发行人为消除贫困而战斗，我也会给他们讲述我驻村扶贫时发生的每个经典故事，把我和我们驻村工作队走千家宣传、入百户算账、建党建中心、谋产业发展等一系列扶贫剪影呈献给他们，让他们知道贫困户在脱贫之前的生活艰辛，让他们知道驻村工作队参加了脱贫攻坚战这场伟大战役，让他们知道幸福生活是通过汗水和心血换来的果实，告诫他们美好生活来之不易，我要用脱贫攻坚战这个历史性的战役去激励后来人奋勇前行，这也是我的一项使命。

时刻听从党的召唤

——对话王琦

我和王琦是同事，他从英国留学归国刚参加工作时，就在我所在的中国农业发展银行黑龙江省分行客户二处工作，我时任处长。我和他在一个处工作整整两年，后来国际业务由客户二处划归资金计划处管理，按照“人随业务走”的原则，王琦调到资金计划处工作。随后我也到农发行鸡西市分行任党委书记、行长，当我回到农发行黑龙江省分行又一次任办公室主任不久，我远赴北京到中国农业发展银行总行第一巡视组、办公室、政策研究室工作。两年过后，我再回到农发行黑龙江省分行工作时，王琦已经在国际业务处任业务经理。在这次脱贫攻坚战农发行选派驻村工作队，我和王琦有幸一起到桦川县悦来镇苏苏村驻村扶贫，我任驻村工作队长、第一书记，他是队员。我和他已经有十年未近距离工作。在十个月的驻村扶贫期间，我和王琦同吃、同住、同工作，他认真执着、甘于奉献，把一切都献给了脱贫攻坚事业，让我们走近王琦。

吕：你参加工作就在城市，就在机关，这次驻村扶贫时间长，任务重，难度大，环境和条件又这么艰苦，大家住着土炕，没有室内厕所，没有洗澡的地方，在这样贫困落后的农村生活和工作你还能习惯吗？

王：我生长在县城，从上大学开始就一直在城市生活和工作，虽然家里也有亲戚在农村，我在小时候曾经跟随父母走过亲戚，当我工作以后，我偶尔也去农村亲戚家拜访探望，但那只是小住一两天而已。那时我到了农村，在我眼睛里一切都是那么新鲜，一栋栋平房就如同城里的别墅，独门独院的，每家每户都用红砖、石头、木板、柳条或土坯圈起个封闭的院墙。院子里养着鸡鸭鹅狗，它们叽叽喳喳地胡乱叫着，这让我感觉挺热闹，也很亲切。我晚上住在能睡五六个人的通铺土炕上，枕头一个挨着一个，上厕所时我要穿上衣服到外面俗称的“茅楼”，不论冬夏都是这样。这次长时间驻村扶贫，我对农村这样的生活状况并不陌生，还是能够入乡随俗的。尽管住着土炕，到外边上厕所，没地方洗澡，对我来说确实是生活难题，但我知道，农村就是这样一种生活状态，大家不都说习惯成自然吗？我驻村已经十个月了，已经“成自然”了。何况农民常年如此，他们都能习惯，我没理由不适应这样的生活，我没有克服不了的困难。

吕：咱们驻村扶贫一两个月能回家一次，你说你儿子只有两三岁，正是乱蹦乱跳讨人喜欢的年龄段，你却不能陪伴在孩子的身边，在扶贫期间不能尽父亲的义务，我知道你一定很想孩子，你有过对孩子的愧疚感吗？

王：我说心里话，我特别特别想念我的儿子，孩子那么小，那么可爱，我却在他最关键的成长期远离了他，不能守候在孩子身边给他更多的照顾和关怀，我能没有愧疚感吗？现在我儿子已经上幼儿园了，我爱人独自一人每天承担孩子的接送和起居。在村里工作忙的时候还算好点，脑子里全是村里扶贫的事儿。可到了夜深人静，我躺在驻地的炕上，一想到我儿子心里总是酸酸的。有时我和儿子视频聊天，儿子在手机的那头喊着：“爸爸你在干什么呢？”“爸爸你快回来吧！”“爸爸你什么时候回来呀？”“爸爸你工作吧！”每当听到我儿子在视频聊天时甜甜地说着这类话时，我都勉强控制着夺眶而出的眼泪，我知道孩子想念我、需要我。虽然我想念儿子，亏欠儿子许多，可我更知道，我是一名驻村工作队员，肩负打赢脱贫攻坚战的硬任务，承担让苏苏村贫困人口早日脱贫致富的硬目标，我必须把全部精力放在扶贫上，放在工作队，放在苏苏村，放在贫困户身上，这是我义不容辞的责任。为了大家，舍我小家，心里苦点也是甜。当我儿子长大以后，我会心安理得地给他讲我驻村扶贫的故事。

吕：在这十个月驻村扶贫期间，你跟我在一起扶贫不仅吃了不少苦，也受了太多的累，核数报表、整理档案、汇总材料、入户走访、谋划产业、解决矛盾，所有这些重担你都能扛起来，是什么动力让你义无反顾地为苏苏村精准扶贫这么尽心竭力呢？

王：我自从进驻苏苏村起，就感受到了脱贫攻坚战是一场硬仗，也是一场需要呕心沥血方能取得胜利的战役。不管这场战役有多艰难，我们也一定要站在最前沿打好、打胜。我这么说的原因很简单，我就是要在乡村振兴和奔向小康的道路上，千方百计搬掉贫困这个拦路虎，让贫困户变成富裕户，让贫困村变成富饶村，切实把农村建设成为生产基地、富庶宝地、文化阵地和宜居园地。为实现这个目标，我们必须立足脚下，通过打赢脱贫攻坚战，彻底改变我和五名战友所扶贫的苏苏村贫困落后的面貌。如果每个省、每个县、每个乡镇、每个村和每个驻村工作队，都能够把战役打靠打实，加速度地减少一个个贫困村、一户户贫困户，那么我们势必为全面消除贫困奠定坚实的基础。到贫困消除之时，老百姓过上业兴家富的日子，在环境宜居、乡风文明的家园，创造和享受美好生活，这是我的心愿，也是我驻村扶贫的一种强大动力。因此我在扶贫期间吃点苦、受点累不算什么，我要为贫困户多做点实事、真事和好事，让他们走出困境，走入富裕，我为此情愿付出一切。

吕：你参加工作也有十个年头了，你感觉驻村扶贫这段历程，对你的人生阅历有什么益处吗？

王：我参加工作就没离开过农发行，是农发行把我从一个“职场小白”培养成一名从事国际业务的业务经理，我特别感谢领导和同事们，他们热切地关心、关爱我的每一步成长，是他们给了我信心、勇气和无私的帮助，这是我人生最宝贵的财富，我对此将永记在心。驻村扶贫是对我的一次历练，我也明白，驻村扶贫工作可能是我这一生仅有的一次经历。我很在意，也特别珍惜这段不平凡的历程，它填补了我人生的空白，这将是我永远记得的一段时光。驻村扶贫，让我对人生、事业有了更加深刻的思考。我不图耀眼和灿烂，我只求我做的每一件事，当我有朝一日回想起来的时候，感觉有意义，有价值，我就知足了。我觉得这是我人生最大的财富，也是我这次扶贫最大的收获！

把百姓的事情放在第一位

——对话张国彪

在脱贫攻坚这场战役中我认识了张国彪，他是桦川县驻苏苏村联络队员，在县公安局任治安大队副大队长，我和他在11个月的驻村工作期间结下了深厚的友谊。我们在脱贫攻坚的前进道路上，共同向贫困发起宣战，摸爬滚打地走过了艰辛而坎坷的历程。在工作中我对他有了更深入的了解。他自1999年从警校毕业后，先后在县拘留所、看守所、巡警队、苏家店派出所和公安局治安大队工作，他从警20年，破获各类刑事案件百余起，获得数次表彰奖励，立过3次三等功。到苏苏村驻村扶贫后，张国彪把优良的警风带到了扶贫前线，他的汗水洒满苏苏村，他将真情送至百姓家。在公安战线他是一名优秀的人民卫士，在扶贫阵地他是一名为民的先锋斗士。让我们走进张国彪。

吕：你在县公安局任治安大队副大队长，你进驻苏苏村扶贫成为一名队员，这其中有个角色转换的问题，我看你在扶贫具体工作上动手能力很强，你能说说你是怎么适应这个角色变化的吗？

张：我们每个人的起步都是从一名普通干部或员工开始的，我在县公安战线工作也是这样。在我的内心世界里，不管我干什么，也不论我在哪个岗位上工作，我服务的对象都是人民。我在治安大队副大队长位置上，我秉承的使命是维护社会稳定，维护公共秩序，保障人民生命财产安全，依法打击违法犯罪活动。当我到苏苏村从事扶贫工作，我的职责就是与队友一道真扶贫、扶真贫，让贫困人口富起来，让苏苏村这个贫困村强起来，让贫困户与全国人民共同走向小康之路。不管我过去做过什么工作，现在我是一名扶贫工作者，为实现这个目标，我必须做到“千里之行始于足下”，从我做起，从点滴做起，我为的就是打赢这场脱贫攻坚战。

吕：我越来越发现你特别善于做群众工作，不管碰到什么难缠的人和事，你都有许多招法，都能非常耐心细致地对待，都能像和朋友一样与人们相处，而且最后都取得了完美的效果，这和你从事的职业有关系吗？

张：做群众工作是一门科学，老百姓认识问题、理解事物和我们不一定在一个“起跑线”和“水平线”上，双方在文化、环境和习惯方面都存在很大差异，我们不能要求他们的境界与我们一模一样。在公安战线工作时，我面对的也是形形色色的人群，我更需要掌握做不同人群工作的方式和方法，或许这与我从事的职业有关联。在我看来，群众的事情无小事，每个人都有反应诉求的权力，只要我们把思想工作做到他们的心坎上，向他们把政策说明白、讲清楚，给他们一个满意的答

张国彪（左二）

案，绝大部分群众都会理解的。尤其是在脱贫攻坚战中，我们对待群众更要细心、耐心、精心，切实把真心献给老百姓，让他们知道党在牵挂他们，驻村工作队在为他们办实事，我们最终一定能够赢得群众的信任。

吕：这11个月你走访了2 100多户次，有的农户你已经走访了三遍以上，在走访入户时，我看你总是面带笑容却又忧心忡忡地与贫困户进行交流，且对农村以及农户的情况掌握得都那么翔实，你所问的问题都在点子上，你能说说你踏入贫困户家庭时的心情吗？

张：我虽然6岁开始就在县城生活，但我生在农村，是农村这片热土养育了我，我到什么时候都不能忘记农村的泥土气息。因此说我对农村怀着深深的乡情，农民身上那种质朴和善良，一直在感染着我。当我走入贫困户家庭的时候，看到他们生活遇到的困难，我总感觉这些如同发生在我的身上，这可能也是我的一种情结体现吧！特别是我每当看到躺在炕上病着的贫困户，看到他们承受着病魔缠身的痛苦，我更觉得心里不是滋味，就像一块石头压在我的胸口，闷得我喘不过气来。我也知道，尽管我的能量有限，但我也会认真地掌握他们的生活状态，想方设法帮助他们走出困境，哪怕是为他们解决一个小小的难题，这是我应尽的一份责任和义务。

吕：人们常说“百善孝为先”，我听说你在家也是个孝子，对父母特别孝顺，我也听你说过你母亲已经不在世了，你照顾老父亲的责任就更重了，这次驻村扶贫任务这么重，你肯定顾及不上你的父亲，这对你来说也是一种心里歉疚吧？

张：我们中国人最讲究孝道，这是我们民族的优良传统。我母亲患脑出血曾经历三次手术，后来失语并瘫痪在床，和我一起生活整整8年，再后她来不幸辞世。我父亲也患有高血压伴有严重的冠心病，在我驻村扶贫期间，他做了两次眼疾手术，但我都没能陪伴在他老人家身边，我心里的确有愧疚感。老人本身就会感觉孤独，喜欢儿孙满

堂地和家人在一起，何况他身体又不好。但我也没有更好的办法，驻村扶贫是一项政治任务，扶贫对象涉及的不是一两户家庭，而是苏苏村上百户贫困人口，驻村工作队人员就这么几个，每天都有新的工作安排，我不能只顾自己的家庭，只好把我父亲托付给我的姐姐照顾。对自己父亲的愧疚还能补偿，但在脱贫攻坚战中如果愧对了那些贫困户，我可能连补偿的机会都没有。

吕：咱们说点高兴的事吧，如果今后还有类似脱贫攻坚战这样大的“战役”，你是不是还能心甘情愿地主动参战呢?

张：我是一名共产党员，党多年培养了我，使我有了成长和进步，我时刻准备着听从党的召唤。要是以后还有这样富于挑战性的工作的话，我将义无反顾地参加战斗，绝不退缩。这是我的心里话，为了桦川的繁荣发展、安宁稳定，我会奉献我的一切。

在扶贫路上前行

——对话周爱周

桦川县为打好脱贫攻坚战，在省县驻村工作队所驻村都派驻了县驻村联络队，周爱周是桦川县驻苏苏村联络队员。我驻村一个月以后，原来县驻村联络队的一名队员因身体原因离开了扶贫一线，经县驻村办选拔，周爱周来到了苏苏村。他是县实验小学的一名体育教研组组长，在他刚来的时候我还片面地认为在学校搞体育的老师做扶贫工作不太适合，但经过一段时间共同工作，我发现周爱周是个精明强干、细致入微、精益求精、任劳任怨的队员。在他身上体现着一名“人类灵魂工程师”的韧劲、“蜡炬成灰泪始干”的精神、“谱写山河一片秀”的劲头。让我们走进周爱周。

吕：在你刚进驻苏苏村的时候，我曾经觉得你是接替患病退出的同事来扶贫一线的人员，肯定不能一心一意为扶贫出力，但后来我发现你是个很有情怀、很有干劲的人，当你来的时候你是怀着什么样的心情呢？

周：我说句实在话，我对扶贫工作并不陌生，我在进驻苏苏村前，曾经在我们同事驻村扶贫点帮忙做过一些工作，但那只是临时性的工作而已。自从接到让我驻村扶贫的任务之后，我既感到光荣又心有余悸。我感到光荣因为精准扶贫是利国利民的大事，我有幸参与脱贫攻坚战，这是我奉献社会、服务农民的一次大好时机。我心有余悸主要是我担心扶贫任务这么重，这份责任我不知道自己能不能扛起来。虽然我心里有些矛盾和纠结，但我那时就坚信，只要组织决定让我到扶贫一线，我和我的战友坚持一起奋斗，我们一定会打赢这场战役，让苏苏村的贫困人口心满意足地脱贫致富。

吕：你在驻村工作队承担的报表和走访的任务都很多，这些都是脱贫攻坚战的基础性工作，你每天或是伏案填表，或是往返农户，这些工作看起来都很枯燥，循环往复的，你有过厌倦感吗？

周：我觉得在脱贫攻坚战中没有小事，报表和走访都是脱贫攻坚战不可缺少的工作，这些基础工作做不好，脱贫攻坚战就不可能打得实、打得好、打得赢。我到目前驻村367天，每天都要面对计算机，看表填格、查户选名、校对核数，天天纸上来纸上走的，累计汇表几千份，整理村级扶贫档案50多卷，枯燥是必然的，心里确实也有一种烦躁感和压抑感。但我知道这是脱贫攻坚工作的一个重要组成部分，即便我不做这项工作，也得有人来完成它。走访入户也是一样，为了宣传好政策，让老百姓把政策吃透、理解好，我们就得不厌其烦地踏破老百姓家的门槛子。不管老百姓的态度怎么样，咱驻村工作队必须细心耐心，用真情去打动他们。我在报表之余，也走访了500多户次，没有反反复复地走户入户，也就没有脱贫攻坚战的良好开局。

吕：你驻村扶贫家里肯定指不上你了，有一次我听你说你的孩子已经上小学三年级了，上学放学都得接送，这对家庭来说必须有个固定的人去照顾孩子，你长期驻村根本无法照顾家庭，就更不用说接送孩子了，面对这种情况你的家人对你有意见吗？

周：驻村工作队所有人员的家庭都有不同的困难，我也不例外。我这个年龄正是上有老下有小的时期，我爱人也在教育系统工作，她每天的工作也特别繁忙，我父母身体都不算好，但接送孩子的任务就得落在我的父母身上。有时家人也唠叨我，问我驻村扶贫就那么忙吗，连个假日也没有。我只好向家人讲述我的工作状态，向他们介绍村里的情况和贫苦户生活的难处，给他们讲一些扶贫的故事。他们听了我的介绍非常理解我，对我都很支持。我始终在想，这次脱贫攻坚战说是驻村工作队在一线扶贫，其实每个驻村工作队员的家庭成员都是脱贫攻坚战坚定的支持者和奉献者，没有他们的理解和支持，我们这些队员就会有后顾之忧，我认为在脱贫攻坚战中我们不舍小家很难为大家做实事。

吕：我记得你孩子有病住院打点滴，你爱人给你打电话你也没回去，但你心里肯定惦记孩子，当时我和任铁华都催促你回去照看一下，你只是淡淡地说了一句“我把活干完回去看看”，你当时不担心孩子吗？

周：现在多数家庭只有一个孩子，每家的孩子可以说都是掌上明珠，人人对其疼爱有加，自己的孩子有病，谁会不担心呢？说真心话，当时我坐在计算机前，

周爱周（左一）

心里是酸酸的。可那个时候正值报表的关键时刻，苏苏村是大村，户数多，人口多，贫困户也多，报表工作量本来就很大，何况这个表是我经手的，其他队友帮不上忙，如果我延误了报表会影响镇里的汇总工作，我们不能因为自己工作不利拖了全镇的后腿。脱贫攻坚战就是这样，每项工作都是一环扣一环的，我不能因为个人的事耽误整体工作。

吕：驻村工作队在驻村期间除扶贫以外，也和村“两委”一起参加劳动，你怎么看这个问题呢？

周：我们既然驻村了就要力所能及地为村里办些事情，现在村集体经济都比较薄弱，比如说清理文化休闲广场和村委会院内积雪、打扫室内卫生这些活儿，我们雇人来干就得掏现金。在苏苏村，驻村工作队员与村“两委”干部一起劳动，共同创造清洁的环境，这都是我和我们驻村工作队应该做的，凡事都要从小做起，做就做好，这样我们才能有感召力。

吕：这场脱贫攻坚战对我们每名驻村工作队员都是一次考验和历练，你能说说如果脱贫攻坚战结束了，回到单位后你会铭记你所走过的这段历程吗？

周：这场脱贫攻坚战不仅是贫困人口现实脱贫致富的一场战役，也是具有历史意义的一场战役。在脱贫攻坚战中发生的每一件事都值得回味，不仅是我，每个参加这场战役的人对此都会永生难忘。等到脱贫攻坚战胜利那天，我回到单位会把我经历的故事原原本本地讲述给我的同事和朋友，让他们充分了解驻村扶贫工作的艰辛、成效和意义，我要把脱贫攻坚精神传颂出去、传承下去，让每个人都增强奉献意识，更好地把全县农村建设好。

舍小家扛使命

——对话石鹏

石鹏是中国农业发展银行黑龙江省分行粮棉油处业务经理。他毕业于黑龙江大学，是法学硕士。他参加工作就在金融部门，可以说是粮棉油信贷战线上的青年专家。在这次如火如荼的脱贫攻坚战中，我和石鹏有幸能够近距离战斗在精准扶贫第一线，我为石鹏那种沉稳冷静、执着认真、不怕吃苦、任劳任怨、精益求精、干就干好的精神所深深感动，他动真情、用真心为扶贫事而奋斗着。但每个人工作和奋斗的背后都有许多鲜为人知的故事，石鹏也不例外，让我们走近石鹏。

吕：我知道你生长在城镇，也深知你从事粮棉油信贷工作，对农村工作并不陌生，但你毕竟没有在农村长期生活过，这次你作为驻村扶贫工作队员，吃住在民房，工作在村里，你能说一下你的感受吗？

石：我从小生活在一个城镇，虽说我的家乡算不上什么大城市，但生我养我的故乡却有着令人称心如意的生活环境。我驻村这几个月以来，真正体会到了什么是农村生活，农民过着怎样的生活。说句实在话，我在农村如果住上个十天八天，感觉上还真是挺新鲜的，但住久了在生活上就遇到了困难。我每天中午和晚上回到驻地，最不习惯的就是洗漱、上厕所、睡硬炕，还有就是根本没办法洗澡。特别是进入冬天，晚上六点多钟，路上我很少见到行人，村里一片寂静，我心里确实有一种难以名状的感觉，我想这就是城乡生活方式差距的缩影吧！但我深知，既然我来到了农村，参加了史无前例的脱贫攻坚战，我在生活上遇到点滴困难也是正常的，这些都难不倒我，阻碍不了我，我现在已经适应和习惯了这样的生活，这也更坚定了我做好精准扶贫工作的信心和决心。

吕：在一次交谈中你曾经说过，你来苏苏村扶贫前，为了照看两个孩子，你把父母从老家接到哈尔滨，你岳父岳母在外地生活，他们身体还不好，你爱人又在教育部门工作。由此可见你家庭的压力和负担肯定很大，这次你又到了扶贫最前沿，远离家庭，一定非常挂念家里，有时我看你和女儿在电话里说着话，你都眼含泪珠，这是一种牵挂还是担心呢?

石：我家有两个孩子，她们都很小，最大的孩子才六岁，最小的孩子只有三岁。我爱人在教育部门工作，时间非常紧张，工作量也特别大，贪黑起早是“家常便饭”。我这次接受驻村扶贫工作任务，我和爱人只好把我的父母从老家接来，让他们帮助我和爱人照顾孩子，照料家庭。家里是老的老、小的小，我不在他们身边，对家里的确很牵挂，很放心不下。何况我父母也已接近古稀之年，他们也到了需要我们做子女的来照顾的年龄了。每当我想到这些，心里肯定有些不舒服，有很大的愧疚。反过来我也在想，每个家庭都有特殊的困难，作为一名共产党员，我必须时刻听从党的召唤，这是我对党无限忠诚的具体体现。干事业就要有家国情怀，没有一种恒心和韧劲，我们就没办法把工作干好。

吕：你到苏苏村驻村时间不是很长，我知道你在省分行没有当过综合员，也从未系统地接触过扶贫工作，但我看你进入角色特别快，而且工作效率之高、质量之好，远远超出我的预想。在深入农户走访过程中，面对心存诸多诉求的农户，你也展现了多维的才华，还很接地气，这就是综合素质的体现。我觉得，没有深厚的底蕴，没有对扶贫事业的热爱，没有一种敢于负责的担当精神，是万万做不到这些的，你在这其中有什么体会吗?

石：我感觉不管一个人干什么，只要干一行、爱一行、钻一行，就没有干不成的事儿。更何况我们驻村扶贫所做的一切，包括每一张表格、每一项落地举措，都是与老百姓过上好日子息息相关的事情。这些工作需要我们细心、认真、负责，不能浮皮潦草、马虎大意。我驻村扶贫后总在思考，党和国家下这么大决心、花这么大代价、用这么多力量，为的就是消除贫困，让贫困人口脱离“陋室”生活，过上富裕的好日子，与全国人民一道进入小康社会。扶贫是一项补短板的战略举措，我们作为驻村扶贫干部，自身在实践中也要善于补短板，千方百计把党的好政策落到贫困户的家里边，把党的温暖送到贫困户的心坎上，把党的意志传递到贫困户的心灵里，这是我们舍弃小家驻村扶贫的使命和责任。我没有理由不倍加努力地做好工作。世上无难事，只要肯登攀。路是人们走出来的，只要我们心里装着贫困户，脚踏实地、发自内心地甘愿付出，就一定能够在脱贫攻坚战中取得辉煌的战果。

吕：你驻村扶贫已经三个多月了，凭借你的智慧和工作经验，你一定对精准扶贫有更加深刻的认识和理解。目前苏苏村正处于脱贫摘帽的关键期，从你的角度看，你认为今后驻村扶贫工作还有哪些方面需要持续跟进呢？

石：当我刚踏入桦川县悦来镇苏苏村驻村时，我就充分感受到了桦川县委、县政府高度重视脱贫攻坚战的氛围，在我的周围始终萦绕着一种“消灭贫困、铲除落后”的浓厚气息，无论是在责任体系、主攻方向、推进机制、力量聚合和真抓实干上，还是在思想扶贫、医疗扶贫、教育扶贫、就业扶贫、金融扶贫、产业扶贫和住房保障上，全县上下都拿出了“绣花功夫”，用“一针一线做细活”的劲头，聚焦精准，体现精准，落实精准，切实做到了政策不走板、方向不跑偏、工作不拉花架子，每部署一项工作都反映“向实际行动要成果，向典型做法要成效”。我认为苏苏村脱贫摘帽以后，还是要持之以恒地抓

石鹏（左二）

好各项扶贫举措的巩固和延伸，坚决防止“贫困卷土重来”：一是要扶正志气，把党的致富政策和百姓的致富愿望结合起来，在调动他们自主生存、自我发展、自求致富能动性上下功夫；二是要扶强产业，结合实施乡村振兴战略，构建分工科学的“村、社、民”三级产业架构，通过构建规范完善的合作机制，改变农户单打独斗的“弱经营”状况，提升“抗贫困”能力，在产业升级和机制打造中实现永续性富裕；三是扶对思路，塑造好农村社会化服务、合作化经营、专业化生产、持续化富裕的格局，在延展富裕的征途上不断探索“富上加富”的路子。

吕：你能有机会参加脱贫攻坚战，应该说这是在你人生旅程中填补了一项空白。我这样说不知道是否正确，因为我觉得像脱贫攻坚战这样的“无烟战役”以后有可能不会重现。作为这场战役的参与者、奋斗者和见证者，你能说说对你的影响吗？

石：我特别感谢农发行省分行党委能给我这次为消除贫困奉献力量的机会，使我对农村工作有了更加全面透彻的了解和掌握。其实驻村扶贫，是对我人生阅历的一次丰富，也是对我意志和精神的一次磨炼。在驻村期间我身处贫困村，我打交道的对象都是农民，我接触最多的是那些贫困人口。当我走访入户看到他们病卧在炕上用期盼的眼神看着我的时候，当我往返村委会和驻村驻地路遇他们请求援助的时候，当我辗转反侧无法入眠想起他们还有诸多困难的时候，我深深地感到，我作为扶贫干部应该为他们力所能及地多做一些有益的实事。在我为他们做事时，哪怕是点点滴滴的事情时，我也深感这是对我心灵的一次洗礼，也是对我精神的一次净化。可以说，我不仅荣幸地参与和见证了这场伟大的战役，更重要的是在我的心路历程中，我更加坚定永久地留下了忠诚于党、服务于民的种子，这就是影响我一辈子的宝贵财富。

驻村方略

苏苏村建设
“五型”村级党组织实施意见

为切实加强苏苏村党支部建设，充分发挥党支部战斗堡垒作用，不断提高村级党组织的凝聚力、向心力和战斗力，现制定如下实施意见。

一、建设“五型”村级党组织的重要意义

党建工作是做好一切工作的根本。习近平总书记深刻指出：“中国特色社会主义最本质的特征是中国共产党领导，中国特色社会主义制度的最大优势是中国共产党领导。党的领导是政治领导、思想领导、组织领导。”只有加强村级基层党组织建设，才能将党的各项农村政策落实、落靠、落到位，才能把党的富民政策传递给广大农民。这是农村工作的基本点和落脚点，也是做好农村工作的重要保障。村级党组织必须牢固树立“四个意识”，切实压实党建责任，把党的理论和路线方针政策落到基层、落到实处，结合苏苏村实际，加强党的建设，要从建设“学习型、服务型、务实型、创新型、廉政型”党组织入手，发挥好党支部的战斗堡垒作用，在“学”“实”“新”“廉”上下硬功夫、苦功夫，村党支部要在“把方向、定原则、管发展、抓落实、保脱贫、促和谐”上体现党的优势，加大力度推进思想作风和工作作风转变，通过建设“五型”党组织，改变“软弱涣散”局面，改变陈旧村风民风，改变发展滞后面貌，在两年内将苏苏村建设成为党建示范村、特色发展村、风气文明村、环境优美村，真正使村党支部成为全村老百姓的贴心人、领路人和带头人。

二、建设“五型”村级党组织的基本内容

党的基层组织建设必须立足基层。

一是建设学习型村级党组织。深化学习教育，抓好思想教育这个根本，在思想上夯实村级党建工作；坚持“两学一做”常态化、制度化，每季度召开一次党支部存在差距“对照会”，每半年讲一次党课，每年举办一次理论学习专题总结会。

二是建设服务型村级党组织。按照新时代的要求，坚持群众利益高于一切，一切为了村民、一切服务村民，强化作风转变，突出管理前移，变被动工作为主动服务，在农业生产、生活难题、化解矛盾等方面，为村民想实策、出实招、办实事。

三是建设务实型村级党组织。坚持问题导向，有针对性地为群众办实事、办真事、办好事，把有效发展、脱贫攻坚、服务群众、推进致富、改进民风、维护稳定、促进和谐作为村党支部的重中之重，在两年内实现村级产业填空白、贫困人口全脱贫、村容村貌上层次、村风民风有改观的目标，逐步向现代、富足、美丽的乡村迈进。

四是建设创新型村级党组织。增强创新动力，在思路、措施和行动上开展创新；在思维方式上创新，改变因循守旧、看摊守业、惯性守田的思想；在发展模式上创新，改变村级无产业、发展无特色、村民无劲头的模式；在村级管理上创新，改变制度管理不严、耕地管理不顺、民心管理不畅的老套路。

五是建设廉政型村级党组织。严守政治纪律和政治规矩，依法用权，正确用权，干净用权，让权力在阳光下运行，筑牢廉洁自律“防火墙”，党员干部做到不违纪、不违法、不腐败、不贪占、不参与违背规矩的一切活动，做公正公平的表率、廉洁自律的模范。

三、建设“五型”村级党组织的实现路径

建设“五型”村级党组织要脚踏实地，决不能喊口号、空对空，

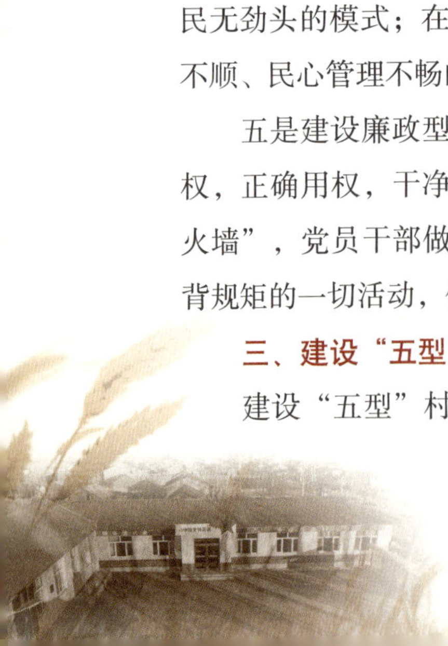

必须认真抓落实，一件一件办，一项一项落，其行动计划和目标就是全力实施“六个一工程”。

一是建设好一个过硬的领导班子。配齐配强党支部班子成员，打造一个对党忠诚、坚强有力、作风扎实、服务优质、办事有效、善解难题、群众信任的党支部班子；带动群众谋划发展之路，实现脱贫致富；善于解决矛盾与纠纷，切实为群众分忧解难。形成政风纯洁、村风纯正、民风淳朴、风正、气顺、绩优的良好风气。

二是发挥好党员先锋模范一个作用。组织全村党员引带群众思想上进，引领群众改善生活；在全村党员中开展“党员先行、引动发展”活动；规划苏苏屯、永发屯“两个党员示范区”，建立产业引带、环境维护、为民服务“三个党员示范点”，实行党员“一带三”帮扶方式，彰显党员的先锋性，扩大党员的影响力。

三是筹划好一个扶贫产业。在脱贫攻坚中利用省拨50万元产业扶贫资金，沿着“一村一品、特色为先、效益至上、持续发展”的思路，据实确定村级产业发展方向，选好建好苏苏村具有适应性、永续性、效益性特质的产业，力争2018年9月使工作初见成效，为全村111户贫困户脱贫提供发展和支柱。

四是启动好一个公益项目。立足民生，在认真解决群众发展致富问题的同时，把群众关心的生活难题作为重中之重；千方百计建好村文化休闲主题广场，进行全村152户饮水改造、永发屯23条路面硬化，通过建好广场（2017年10月1日前竣工），让全村群众活动有场所、健身有场地、娱乐有空间，培育群众热爱生活、积极向上的精神。通过建好永发屯内道路（2017年11月前竣工），确保群众出行方便。通过建好饮用水工程（2017年11月前竣工），解决群众饮水安全问题。

五是解决好一些涉及全局的重点问题。重点解决好耕地矛盾问题，实行公正处理，合法、合规、合理处理群众诉求，认真解决村民上访等突发事件和重大事件，逐步理顺和扭转村民情绪。

六是完善好一套以“三会一课”为重点的村基层党建制度。进一步规范村级党内组织生活，完善规章制度，严格按照制度运行，防止随意性、娱乐性，严肃认真地执行上级党委一系列党建制度，结合苏苏村的具体情况，开展适应性的活动；认真开好民主生活会和组织生活会，于2017年6月末组织开展“庆七一、讲党课”活动，通过重温入党誓词和讲党课，提高村党支部的凝聚力和影响力，提高全体党员的战斗力和引带力；于2017年7月召开组织生活会，剖析问题，交流思想，围绕带领群众致富和建设美丽乡村、和谐乡村、环境乡村，想实招，定实策；于2017年12月开展党员献计献策活动，组织每名党员结合苏苏村实际，提出2~3条有利于村级党建开展、有利于贫困人口脱贫、有利于群众奔小康的建议；同时开展好党员评议活动，使党建制度成为党支部和全体党员行为的规范。

苏苏村“党员服务示范区”实施规划

为进一步提升党员服务群众的意识，号召全村党员秉承宗旨意识、增强组织观念、发挥引领作用、带头弘扬正气、促进和谐稳定，切实将党支部“把方向、定原则、管发展、抓落实、保脱贫、促和谐”的工作思路落实、落靠、落到位，苏苏村党支部决定在苏苏和永发两个自然屯分别设立“党员服务示范区”，特制定本规划。

一、开展“五比五看”竞赛

（一）比学习，看能力

以创建学习型党支部为目标，深化“两学一做”要求，每名党员在年度内读一本书或学一篇先进事迹文章，重点看党员参与党支部建设的自觉性和建言献策的实用性，使党员在学习中提高觉悟，提升素质，提炼能力。

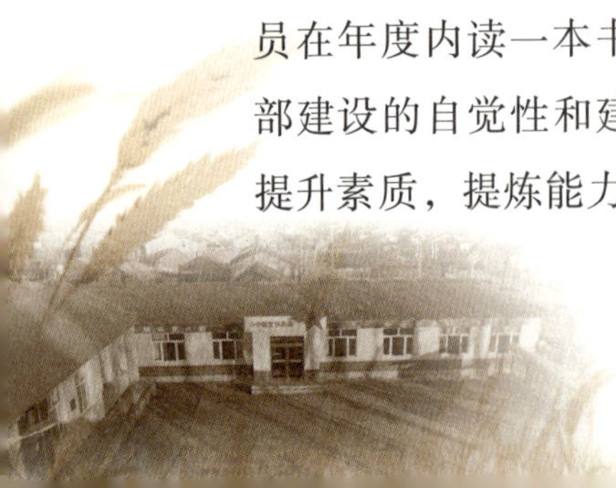

（二）比服务，看贡献

以创建服务型党支部为目标，按照“一带三”帮扶行动规划，认真开展服务群众活动，重点看帮扶对象转变结果和影响群众致富实效，在服务中提高影响力，提升公信力。

（三）比务实，看实绩

以创建务实型党支部为目标，每名党员要在引领发展、带头致富、协助脱贫等方面贡献力量，重点看党员自身富不富、带动能力强不强、引导作用好不好，使党员在务实中提高群众威信，提升引导能力。

（四）比创新，看贡献

以创建创新型党支部为目标，依据实事求是创新原则，每名党员在支部建设模式、产业发展模式、管理经营模式、村级治理模式等方面贡献智慧，重点看党员认识高不高、行动有没有、带头创新到不到位，使党员在创新中提高参与意识，提升践行能力。

（五）比廉政，看正气

以创建廉政型党支部为目标，每名党员要自觉遵守政治纪律、组织纪律、廉政纪律，村党支部重点看党员对八项规定遵守不遵守、对廉洁从业坚持不坚持、对抵制腐败行为坚定不坚定，使党员在廉政中提高修为，提升正气。

二、实行“互查互评”评比

村党支部每年组织对苏苏和永发两个“党员服务示范区”进行评比，对“五比五看”开展情况进行打分，满分为100分，五项“比看”各为20分。评比实行党支部成员打分和两个服务示范区各选择两名党员参加打分形式，要在两个党员服务示范区提供典型事例基础上进行综合汇总后实行打分制。村党支部每年度对先锋模范作用突出的党员进行表彰。

三、建立党员服务机制

村党支部要坚持“党员服务示范区”工作开展常态化、制度化。成立领导小组，村党支部全体成员为领导小组成员，村党支部书记为主要责任人，负责抓好“党员服务示范区”的推进和组织工作，村主任和永发屯屯长分别为两个示范区负责人，分别按照村党支部部署抓好各项工作落实。

苏苏村“十星级党员”评定方案

为切实加强全村党员队伍建设，提升党员的政治意识、大局意识、核心意识、看齐意识，充分发挥共产党员先锋模范作用，结合苏苏村党员队伍状况，特制定“十星级党员”评定方案。

一、“十星级党员”评定目的

针对当前农村党员存在的先锋模范作用不突出，在村民中的示范力和影响力不明显，党员意识和引领效力较为淡薄等实际情况，按照中央关于“两学一做”的总体要求，在全村党员中深入践行“三严三实”，倡导和鼓励党员“撸起袖子加油干”，切实把先锋模范作用体现在行动上，真正做到党要管党、党要治党，促使全村党员进一步释放参与改革与发展的能量，引领村民实现奔小康的目标，共同建设好、发展好苏苏村。

二、“十星级党员”评定内容

全村“十星级党员”评定的主要内容是：学习示范星、组织纪律星、遵规守法星、致富引领星、产业引带星、环境维护星、服务帮扶星、道德行为星、弘扬正气星、和谐构建星。

1.学习示范星

主要指学党章党规、学习近平总书记系列讲话情况及每年度读“一本先进事迹书”或农业生产知识书籍，且有心得体会（有心得体会材料或在党员会议中谈体会的记录）。

2.组织纪律星

主要指要遵守政治纪律和政治规矩，坚持党的原则，按时参加党支部召开的党员会议，积极参加全村各项重点活动。

3.遵规守法星

主要指严格遵守各项法律法规和制度，不碰“红线”，不踏“底线”，不违法乱纪。

4.致富引领星

主要指将发展作为第一要务，通过辛勤耕耘和勤奋劳动发家致富，鼓励提高耕地产出率和效益率，鼓励开展多种经营，千方百计提高家庭收入水平，带头过上好日子、富日子和强日子。

5.产业引带星

主要指党员家庭要具备一个主导产业或一个特殊产业（含庭院经济、大型机械、自办企业、自建仓储、规模养殖等），带领帮扶户规划产业、发展产业、扩大产业，指导所帮农户在产业发展上实现突破。

6.环境维护星

主要指自觉遵守村规民约和环境整治有关规定，积极参与全村环境治理，形成主动性，在植树种花、清沟除草、清扫路面、清运垃圾等方面当标兵、做表率，主动管理乱堆乱放、乱挖乱占、乱贴乱挂等有碍环境治理的现象。

7.服务帮扶星

主要指提高为村党支部服务、为村民服务的能力，主动建言献策，按照“一带三”帮扶模式，提升帮扶强度，看见帮扶效果。

8.道德行为星

主要指突出村风、民风、家风建设，遵守公共道德标准，遵守行为道德标准，遵守家庭美德标准，堂堂正正做人，清清白白生活，做“三风”建设的典范。

9.弘扬正气星

主要指善于化解矛盾，善于帮助解决纠纷，善于做村民和邻里的思想政治工作，帮助村党支部弘扬正能量，不说损坏集体利益的话，不做违反原则的事。

10.和谐构建星

主要指维护大局，维护正义，善于团结党内同志，遇事多做自我批评，党员之间相互开展批评，切实形成合力，与村党支部共同理顺村民的不正当诉求和情绪。

以上十项内容，每项为一个星，党员经过评定后得几个星即为几星党员，得十个星为“十星级党员”。

三、“十星级党员”评定方式

全村“十星级党员”评定实行年度综评制，采取党支部集体评定与党员互评相结合的方式。

一是由每名党员按照村党支部设置的十个星级进行自查自评，将自查自评结果提交党支部进行汇总。

二是村党支部召开党员会议进行党员互评，对党员会议互评结果进行复评，最终评定出星级党员。

三是村党支部按照评定结果，对排在前5名的星级党员进行表彰（含并列名次）。

四、“十星级党员”评定组织

“十星级党员”评定由村党支部负责组织实施。成立“十星级党员”评定领导小组，组长为齐更春，副组长为齐雁飞，成员为村党支部委员和史会军、刘佩彩及省县扶贫工作队队长。

苏苏村党员干部作风整顿实施方案

为深入落实县委、镇党委关于加强作风建设的总体部署，扎实贯彻《中共桦川县委关于深入推进全面从严治党的实施意见》，着力打造一支素质过硬、作风优良、敢于担当的党员干部队伍，根据苏苏村实际情况，在“两学一做”学习教育常态化、制度化进程中，认真开展村“两委”干部作风整顿，特制定本方案。

一、总体要求

以党的十八届六中全会精神、习近平总书记系列重要讲话精神为指导，按照《全县党员干部作风整顿实施方案》的总体精神，坚持推进“两学一做”学习教育常态化、制度化，坚持以观念转变促作风转变，坚持问题导向，认真解决不想为、不敢为、不会为、不能为的问题，力求做到作风细、作风严、作风实、作风硬，在推动“五新”桦川建设中做表率。

二、整顿重点

重点整顿“五个坏作风”：一是思想僵化、因循守旧的坏作风；二是粗枝大叶、标准不高的坏作风；三是效率低下、工作不落实的坏作风；四是担当精神不足，不负责、不碰硬的坏作风；五是不讲规矩、纪律松弛的坏作风。

（一）解决党员先锋模范作用不到位问题

整顿思想认识存在偏差、履行职责不尽心尽职、党员作用不突出等问题。

（二）解决脱贫攻坚工作不到位问题

整顿主动谋划少、服务贫困户意识差、扶贫动力不足等问题。

（三）解决服务群众意识不到位问题

整顿推诿村民合理诉求、联系群众不紧密、工作不在状态等问题。

（四）解决带领农民致富不到位等问题

整顿发展村级集体经济意识不强、接受新生事物意识不够、带领农民致富方法不多等问题。

（五）解决执行规章制度不到位问题

整顿不严格遵守制度和规定、“三会一课”流于形式、工作方法简单粗暴、热衷搞突击、搞抄袭等问题。

三、方法步骤

（一）学习教育

思想发动（2017年6月24日—7月15日）。深入学习党章党规、准则条例、习总书记系列重要讲话，提高党员干部对全面从严治党的认识，引导党员充分认识整顿作风的重要性和紧迫性。

（二）细查深剖

找准问题（2017年7月16日—8月31日）。通过召开民主生活会、组织生活会，按照“五查五看”的标准，自我查问题，互相点问题，聚焦查问题，深刻看问题。列出清单，建立台账。

（三）深入整改

建章立制（2017年9月1日—11月30日）。对存在的问题建立整改清单，明确整改方法、措施和时限，建立整改意见反馈制度，定期通报整改完成情况。11月30日前完成作风整顿总结报告。

（四）公开评议

检验成果（2017年12月1日—12月31日）。开展作风公开评议，通过组织考评、社会评价、专项测评等方式，检验作风整顿成果。根据测评要素，按照要求开展评议工作，确保作风整顿取得实效。

四、保障措施

村党支部将作风整顿作为一项政治任务，统筹安排作风整顿工作，高度重视，精心组织。

（一）强化领导

成立组织，制定方案。村“两委”班子成员按照职责分工，加强对作风整顿工作的指导。村党支部成立作风整顿领导小组，组长由村第一书记吕维彬同志担任，副组长由村党支部副书记齐更春同志担任，领导小组成员为齐雁飞、史会军、刘佩彩、范永权、任铁华、张国彪、王琦、刘天佐。

（二）明确责任

统筹协调，分步推进。紧紧围绕县委、镇党委不同阶段的中心工作，安排部署作风整顿工作。坚持统筹结合、齐头并进、重点突出的原则，村两委实行分工负责，合力推进，严格按照步骤分段抓好落实，做到事事有人管，时时有人抓，确保压实作风整顿责任。

（三）坚守制度

执行到位，确保实效。坚持把纪律规矩挺在前面，严格按照规章制度办事，对作风整顿的每个阶段、每个环节，均要对照制度、办法和要求，强化执行意识，不折不扣抓落实。

苏苏村爱心超市管理制度

一、爱心积分对象和商品兑现对象主要是建档立卡贫困户。

二、爱心超市的建设原则是激发贫困户自强自立、自我发展的内生动力，促进贫困户勤劳致富意愿，通过爱心积分鼓励贫困户增强“自我造血”能力。

三、实行双月积分评定，由村脱贫攻坚指挥部负责走访、调查和推荐定分，双月末召开脱贫攻坚指挥部会议集体讨论决定，向积分贫困户发放“爱心积分卡”。

四、建立商品来源、商品管理、商品兑现、商品清点账目和兑现记录，指定专人管理。

五、积分贫困户根据“爱心积分卡”兑现相应积分的商品。

六、严格按照积分标准兑现商品，不能优亲厚友，严禁将商品挪作他用，严禁变卖商品。

七、严禁兑现质量不合格产品和过期食品。

八、商品兑现实行公开制，接受群众监督。

九、不定期召开脱贫攻坚指挥部会议，研究爱心超市管理等问题。

致苏苏村建档立卡贫困户朋友一封信

为促进苏苏村贫困人口依靠勤劳致富，苏苏村建立了爱心超市，服务对象是全村建档立卡贫困户。实行“双月”积分制，每逢双月末驻村工作队入户逐项考核，召开村脱贫攻坚指挥部会议集体研究，公示后向获得积分贫困户发放积分卡，获得积分卡的贫困户凭积分卡到村爱心超市兑换物品。主要积分项和分值是：

一、熟悉政策

双月末入户考察贫困户享受政策掌握情况，对能把自己享受的政策全部答出者，双月按户积10分。

二、知晓帮扶

双月末入户考察贫困户能准确说出帮扶部门，准确说出帮扶责任人姓名、单位、职务和入户的频率，说出帮扶部门、驻村工作队和帮扶责任人提供的帮扶措施，双月按户积10分。

三、环境改善

双月末入户检查贫困户庭院和室内环境卫生，对窗明洁净、干净整洁的贫困户，双月按户积20分。

四、孝敬老人

每年末对有父母或其他长辈的贫困户进行考查，子女主动赡养老人，能够和老人一起居住，履行抚养义务，老人满意的，每年一次性积20分。

五、培育英才

每半年入户核查贫困户供养子女就学情况，保证学生正常读书，未发生因贫辍学的，每年一次性积15分。

六、自主创业

对于依靠自身力量，发展种植或养殖等项目，具有稳定脱贫增收渠道，耕种旱田30亩以上或水田15亩以上，从事养殖业养猪5头以上、家禽类50只或其他项目全年增收1 000元以上的，每年一次性积20分。

七、劳务就业

双月末进行实地入户统计确认，凡有每月打工20天以上或月务工收入1 000元以上的贫困家庭，双月积5分。

八、庭院增收

发展庭院种植业和养殖业实现家庭增收的贫困户，每年一次性积10分。

九、文体标兵

建档立卡贫困户家庭人口主动参加村里组织的健身舞步、秧歌队等活动者，每半年积10分。

希望全村建档立卡贫困户通过勤劳创造积分，实现自我动手、自我发展的目标。

省农发行驻苏苏村工作队

2018年6月6日

苏苏村党支部实施“五个升级”战略

农村基层党组织必须突出政治功能，提升领导力、组织力、战斗力。建好一个班子，选好一个领头人，带好一支党员队伍，塑造好一种发展模式，维护好一片稳定局面。这是村级党支部需要履行的责任和义务，苏苏村党支部正在向这个目标奋进，重点是实施“五个升级”。

支部能力升级。认真贯彻执行党的基本路线和各项方针政策，在“把方向、定原则,扛责任、管发展，抓落实、保脱贫，守规矩、树威信，建环境、促和谐”上体现党的优势，建设好务实、能干、扛事、过硬的领导班子，实行清脑、整顿、比学、实干、引领、创新“六项行动”。健全晋位升级机制，推动实现“五个更加”：政治信仰更加坚定、宗旨观念更加牢固、党内政治生活更加严格、作用发挥更加充分、支部组织活力更加显现。党支部凝聚力、向心力、战斗力显著增强。

党员作用升级。坚持“两学一做”常态化制度化，建立苏苏和永发两个“党员服务示范区”，开展“五比五看”竞赛：比学习，看能力；比服务，看贡献；比务实，看实绩；比创新，看成效；比廉政，看正气，实行互比互查互评。在党员中实行家庭挂牌党员户、戴着党徽走农户。实施党员星级评定，设立学习示范星、组织纪律星、遵规守法星、致富引领星、产业引带星、环境维护星、服务帮扶星、道德行为星、弘扬正气星、和谐构建星“十星级党员”评定标准。实行党员“一带三”帮扶模式，带领群众开展“帮思想纯正、帮家风转变、帮精神提振、帮矛盾化解”，党员先锋模范作用更加突出。

产业发展升级。紧扣“民富村强”“一村一品”发展思路，大力发展“两高一优”农业，引导村民开展高标准农田建设，建好水田，规划好旱田，谋划好庭院经济。推进“12515产业发展引动工程”，建好一个产业基地，采取“党支部+公司+合作社+农户”的新型农业合作模式，实行“党支部+家庭农场+产业+农户”的紧密型模式，探索“党支部+致富带头人+农户”的引领型模式，带动村民创收致富。依据适应性、永续性和效益性原则，创办立村集体企业，发展壮大集体经济。引导种植大户发展规模农业、设施农业、观光农业、特色农业和蔬菜产业。发挥临近县城地缘优势,推动大葱、大蒜和辣椒等庭院经济作物种植，扩大种植户数，确保农户增收。

环境生态升级。打造新农村建设示范点，全力建设“美丽乡村”。突出农业生态保护，利用紧靠松花江地理优势，发展生态农业产品，建设循环农业。加强环境综合治理，开展“环境优、家乡美、我奉献”持久性工程，打造“党员一条街”。认真实施亮化、美化、绿化、净化工程，发挥干部、党员、一般农户和环境保洁队四个作用，实行包街、包户制度，做到路面清、边沟清、庭院清，清理乱堆乱放、乱挖乱占、乱停乱靠、乱贴乱挂。推进精神文明、生态文明和环境文明协调发展。实现人格美、精神美、劳动美和环境美的“四美”目标。

民风文化升级。践行富强、民主、文明、和谐、自由、平等、公正、法制、爱国、敬业、诚信、友善的社会主义核心价值观。培育文明村风、淳朴民风、和谐家风，营造村风文明新气象。突出文化传承和文化建设，弘扬历史悠久、英雄辈出、勤劳苦干精神，深入推进文化惠民，依托党建中心和文化休闲广场等载体，开展“祖国好、家乡美”等特色文化活动。发挥苏苏村传统文化优势，丰富文化业态，组织手工赛、摄影展、广场舞、秧歌队、健身操、篮球队、乒乓球队开展丰富多彩的活动。倡导移风易俗行动，评选文明户、文明人。培育爱国爱家乡、正风构和谐的村风民风，形成风清、气正、心齐、劲足、绩优、家富、民乐的良好局面。

苏苏村党支部明确“五村”发展目标

农村经济发展必须立足村情实际，结合资源优势、地缘优势、市场优势，因村制宜确定产业发展方向，建设特色、生态、优质、品牌农业。选择有利于发展的经营模式，建好新兴经营主体，向科学化管理目标迈进，提升经营能力和水平。苏苏村党支部按照“五村”发展目标，不断探索发展新路径。

产业发展立村。发展以水稻为重点的高效农业，在良种良法和机械化作业上做文章，走质量兴农路子，提高水稻品质，发展质量型、规模型、效益型农业。发展以果蔬为重点的设施农业，做大做强果蔬产业园，在品种优化和规模化上做文章。发展以养殖大户和机械大户为重点的多种经营，扩大经营半径，组织村民进入大户产业群务工，在提升效益和多元化上做文章。

庭院经济强村。尊重、维护和支持农民庭院种植习惯，发展大葱、大蒜和辣椒等特色庭院经济，巩固种植优势，增加种植农户，培养庭院种植大户。发展庭院设施经济，借鉴棚室种植经验，组织农民种植高附加值蔬菜，建立定点销售网，利用电商平台，扩大销售渠道。发展庭院特色养殖业，支持合伙养殖特色品种，扩大养殖量。

能人带动兴村。大力推进“能人经济”，借助能人生产经营务工及技术优势，实行党员户带动、种植大户带动、养殖大户带动、机械大户带动、工程技术人员带动、外出务工人员带动，形成能人带动群。鼓励能人与农民结成致富对子，每年对致富带头人进行表彰，鼓励能人帮助老乡、奉献家乡、回报社会，实现共同富裕。

自主创业富村。结合苏苏村实际，适度适量实施土地流转，引导村民利用本村资源优势，借助临近县城地缘优势，经商兴办运输、建筑、加工等类型企业，通过实行土地入股、资金入股、设备入股、技术入股等合作方式，鼓励农民参股入股，发展股份制企业，真正实现剩余劳动力从土地中走出来。

民主管理治村。坚决实行村民自治，发挥村民代表作用，严格实施“一事一议”决策法和“四议两公开”工作法，坚持党务、村务、财务公开制度，推行村级事务阳光工程。实行依法治村、依规治村，把执行制度与村规民约结合起来，调动农民参与决策的积极性。提升以德治村能力，引导农民孝敬老人、诚实守信、勤俭持家，表彰好媳妇、好公婆、好邻居，促进家庭、邻里、干群关系融合。广泛听取党员和村民意见，提升建言献策能力，有效凝聚民智、汇集民力，实现治村法制化、程序化和规范化。

苏苏村谋划乡村振兴战略

在中国特色社会主义新时代，实施乡村振兴战略是全面建设社会主义现代化的重大举措，村级全面振兴是这个战略落地的根本点。

苏苏村有历史悠久的农耕文明，有土地肥沃的先天资源，有临近县城的地缘优势，有善于创造的农民群体，实现村级振兴有条件、有基础，也有潜力，关键在于有效引导、突破禁锢、真抓苦干、强化落实，促进乡村振兴战略落地生根。

力推产业兴旺。坚持绿色兴农、质量兴农、创意兴农，实施高标准农田建设，推进全村农业规模化、优质化、特色化、品牌化，实现农业由增产型向提质型、效益型转变。强力发展绿色有机水稻、果树蔬菜主导性产业，加力发展庭院经济补充性产业，着力发展资源加工类潜力性产业，适时发展家政服务等快捷性产业，构建“一二三产业融合发展体系”。因产业特性和市场需求，实行多种管理模式并存，发展新型农业经营主体，引带产业进步升级。实施“12515产业发展引动提升工程”，建好一个果蔬产业园，建强两个专业合作社，建壮专业家庭农场和建筑、运输、仓储类型公司，壮大专业致富带头人队伍，提高全村产业创新力和竞争力。有效凝聚民智、汇集民力，发展村级集体经济，建立村集体控股合作社，扩大集体积累，增强持续发展能力，实现村强民富目标。

力保生态宜居。坚持农业生态环境、农民生活环境、农村文化环境综合治理，向百姓富、生态美、环境优相统一的方向迈进。发展生态农业，建设循环农业，助力产业模式生态化、生产经营绿色化、秸秆利用资源化、农村环境清洁化。实施“生态好、环境优、家乡美、我奉献”环境提升工程，建好生态示范田，打造“党员一条街”，发挥干部、党员、村民代表、一般农户、环境保洁队五个作用，实行包街、包户、包环境制度，杜绝乱堆乱放、乱挖乱占、乱停乱靠、乱贴乱挂，做到路面清、边沟清、庭院清，全力建设农业生态示范村和农村建设示范点，形成人与自然和谐共生发展新格局。

力建乡风文明。坚持物质文明和精神文明统筹推进，培育文明村风、淳朴民风、和谐家风，培养塑造农民具备社会公德、家庭美德、个人品德意识，营造村风文明新气象。实施文化引导村风提升工程，深入抓好文化惠民，开展移风易俗行动，实施文化结对帮扶，突出文化传承和文化影响力，讲好苏苏历史故事，传播苏苏英雄故事，培养全村农民的民族情和自豪感。打牢“七个一”村风建设基础，打造一面社会主义核心价值观文化墙，建立一部村规民约，开好一次道德评议会，用好一个村民之家微信群，设立一个善行义举榜，组织一支志愿服务队，建设一支农民文艺活动队。依托党建中心和文化休闲广场，丰富文化业态，组织故事会、手工赛、广场舞、秧歌队和乒乓球队，评选文明户、文明人，表彰好公婆、好媳妇、好邻居，促进家庭、邻里、干群关系融合，营造爱党爱国爱家乡、正风正气构和谐的良好局面。

力助治理有效。坚持党对全村工作的领导，实行自治、法治、德治相结合。扎实抓好党建促进乡村振兴，突出政治功能，把村党组织建成坚强战斗堡垒。突出为民办事到户、为民解忧下沉。引导鼓励村民组成义务服务队、互助友爱组、技术宣讲团、信息交流群。坚持党务、村务、财务公开制度，实施村民自治提升阳光工程。依托村民、村民代表、村民监事等会议，实行民事民议、民事民管。建立依法治村、以德治村机制，构建调节有力、化解矛盾、引导向善、诚实守信、勤俭持家、孝老爱亲、平安稳定的新环境。

力促生活富裕。坚持抓发展、补短板、攻软肋、强弱项、增收入，围绕农民最关心、最直接、最现实的问题，采取瞄准性策略逐项攻关，一件事情抓出头，一个难题攻到底。实施引带致富提升工程，实行经济一品带多元、服务一项带多层、引领一户带群体、就业一人带全家的“四带模式”，聚焦农民收入来源，拓展农民增收路径。帮助低收入群体拓展致富路径，鼓励农民勤劳致富，根据特长“自身产氧”“自我造血”，实现共同富裕，倾心建设安居乐业的小康村。

苏苏村党支部绘制“夺旗争星”战略图

桦川县委、县政府为提升农村党支部组织力、凝聚力、战斗力和践行力，充分发挥党支部战斗堡垒作用和党员先锋模范作用，在全县开展“夺旗争星”活动。这是强化农村党支部领导作用、引领作用和奋进作用的有效途径和方法。苏苏村党支部按照“夺旗争星”总体部署，结合实际实行目标化管理，千方百计实施“夺旗争星”落地措施。

党建统领，夺旗争星。坚持“抓党建促扶贫、强党建促发展、管党建促环境”战略，推进苏苏村各项工作全面升级。一是确立指导思想。支部突出六大建设：思想建设、政治建设、组织建设、能力建设、纪律建设、作风建设；发挥党员两大作用：引领示范作用、先锋模范作用；抓住争创五大重点：重党建、促升级；抓发展、强产业；构环境、建家园；攻基础、补短板；创模式、走富路。二是确立总体原则。实行全体干部总动员、全体党员总动员、全体村民总动员；树立勇夺红旗、誓当标杆、勇做典范、力争十星的精神风貌；形成干部带头、党员引领、比学赶超、典型示范、全员奋进的争创氛围。三是确立奋斗目标。总体目标：党建统领强，产业发展优，环境生态美，村风民风正，群众生活富，文化传承好，集体经济壮。夺旗目标：保夺三面红旗，勇争五面红旗。争星目标：保争一名十星级党员，勇争两名十星级党员。

铸造工程，扛牢红旗。牢固树立“红旗”意识、“夺标”意识，通过不断前进、奋进达到先进的目标。一是实施脱贫攻坚红旗工程。坚持“六个精准”总原则，落实“五个一批”总要求，紧扣“两不愁、三保障”，实施思想扶贫、产业扶贫“两翼”并进，突出群众满意、政策知晓“两率”同升。重点推进政策宣传、危房改造、饮水安全、重病救治、产业带动五项具体措施落实落地落到户，实现脱贫致富目标。二是实施村级党建红旗工程。坚持“抓党建促扶贫、强党建促发展”之路，提升党建组织化程度，抓强班子，带好队伍，筑造堡垒，健全机制，从严制度，服务于民。深化“五型党支部”建设，创新“三会一课”方式，开展党员“大讲堂”活动。三是实施产业发展红旗工程。发展质量型、效益型、持续型、惠民型产业，组织发展绿色有机水稻、规模品牌果蔬、特色订单鹅业、“三辣”庭院经济、建筑运输产业、物流仓储配送，办好村级控股公司、专业合作社、家庭农场、村民小型合伙公司等新兴经营主体，带动农户增收致富。四是

实施环境提升红旗工程。打造环境生态、环境规划、环境清洁、环境硬化、环境绿化、环境美化、环境亮化、环境文化、环境管理“九项重点工程”建设，发动村民开展全民性环境整治，加力建设美丽村庄和美好家园。五是实施集体经济红旗工程。以苏苏蓝羽肉鹅养殖场和秸秆打包机、搂草机、运草车为基础，形成朝阳型、潜力型的村级集体产业和集体企业，逐步向农业生产股份合作制公司发展，为发展壮大村级集体经济奠定坚实的发展基础。

开展竞赛，勇争十星。认真组织全体党员参加“争星”活动，真正把党员的能量释放出来、作用发挥出来。一是开展践行承诺争星。组织党员开展承诺争星活动，树立争星意识，激发争星内在动力，组织定标尺，党员定目标。二是开展比学赶超争星。开展比学习、比能力、比服务、比贡献、比创新、比文明、比实绩活动，定期实行党员报告会，分享赶超成果。三是开展深化行动争星。开展“亮点行动”，通过亮点展示会等方式，组织党员自觉“晒亮点、找缺点、立起点、奔高点”，切实把争星化为实际行动。四是开展实行引带争星。党支部成员和村委会党员带头争星，当标杆，做表率，发挥引领作用，形成争创氛围。

致苏苏村村民一封信

苏苏村全体村民朋友们：

过去的一年已经结束，新的一年即将开启。在岁月流转、辞旧迎新之际，向苏苏村全体村民致以新年慰问！

全村开展脱贫攻坚战两年来，省农发行驻村工作队、县驻村联络队、包村单位县农发行、苏苏村“两委”得到了你们的理解、关心和支持，我们深切感受到了你们淳朴的品质、善良的品格、勤劳的精神和追求美好生活的强大愿望。你们每一个对幸福生活的祈愿、每一种对小康生活的期望，都是我们为你们全力做事的原动力，更加坚定了我们打好、打赢脱贫攻坚战的信心和决心。

这两年，经过全村上下的艰苦努力，党的精准扶贫政策已经在苏苏村落实、落地、落到户，对贫困人口脱贫致富的助力，对贫困村摆脱困境的助建，已经成了我们的责任和义务，全村脱贫攻坚战取得了丰硕成果。

这两年，省农发行驻村工作队、县驻村联络队、包扶单位县农发行、村“两委”同心同力，坚定实施“扶心、扶志、扶风气，扶业、扶才、扶精神”六扶策略，主要目标就是让全村百姓过上好日子、富日子、强日子和美日子。

这两年，我们把为村民办真事、办实事、办好事、办难事作为第一要务，竭尽所能为百姓做事，加快建设一批基础工程、民生工程、扶贫工程，全村出现大发展、大建设、大变化的喜人局面。

这两年，在政策允许的情况下，在黑龙江省农发行、桦川县公安

局和一些社会团体的资助下，苏苏村总共办成24件大事，改变了贫困村面貌，改善了贫困户生活，提升了村民的生活质量。

这24件大事是：

——省农发行投资6万元，建成300平方米、有7个功能室的村级党建中心，为党员、村民代表和全村百姓提供了阵地和平台，两年来莅临村级党建中心考察参观102批次5 800多人次，这是苏苏村的一大创举。

——将原来闲置的车库和空房子改建为280平方米的村委会办公室，省农发行为村委会配置了桌椅、会议桌、档案柜等办公设施，购置高质量的2台计算机和1台打印机，添置了节能灯管和门锁，村干部实行坐班制为民服务。

——在苏苏村建设用地紧缺的状态下，历经7次选址，省农发行投资6万元，新建1 360平方米的文化广场，安装健身器材19台套，社会主义核心价值观标牌彰显在村民面前，组织村民在春夏秋3个季节开展广场舞、篮球赛，丰富村民文化生活。

——硬化永发分屯路面23条4 360延长米，彻底改变了“晴天一身灰、雨天一脚泥”的状况，全村至此实现了路面硬化，为村民出行提供了便利条件，改善了村民生活环境。

——在县镇大力支持下，维修改造住房101户，从根本上消除了村民住房隐患，村民住上安全房，苏苏村是全县维修改造住房数量最多的行政村之一。

——为提升全村居民生活水平，苏苏村作为农村改厕试点村，实施了厕所革命试点，为37户村民新建室内水冲式厕所。

——饮水改造入户156户，历经两年时间，经过逐户排查，对全村没有吃上自来水的农户动员引入自来水，全村吃上安全水、放心水。

——更新改造线杆、电线、电表和变压器，每家每户电表在可控可观视线内，方便了居民用电，确保了居民用电安全。

——县农发行捐助资金5万多元，安装路灯28盏，其中永发屯安装25盏、苏苏屯安装3盏，修复苏苏屯路灯7盏，为村民照亮了生活的便捷路和致富的前进路。

——整修田间路17公里，对坑洼路、辙深路进行集中整治，为村民实施农业生产和粮食出地创造条件。

——安装村委会和卫生室供暖设施，为保证村委会、卫生室和蓝羽肉鹅养殖场正常办公，佳木斯市农发行援助33吨原煤。

——为开展全民健身运动，满足苏苏村部分村民打乒乓球的爱好，协调佳木斯市农发行支持，为村里提供“彩虹”乒乓球台。

——更新了所有的广播通信设备，向村民及时发布政策和通知精神。

——协调音响设备，组织村民开展广场舞和健身操活动，为所有参加广场舞的人提供了统一的服装。

——兴办黑龙江省苏苏蓝宇农业发展有限公司，这是桦川县第一个村办公司类企业，拓展集体经济来源。

——投资50万元，在3名致富带头人引导下，利用50天时间，高质量、快速地建成占地15 000平方米的蓝羽肉鹅养殖场，当年养殖肉鹅1 520只，纯收入5万元。

——坚定不移扶持专业合作社、家庭农场，民办公司发展壮大，苏苏东旺合作社、源顺合作社、不怕辣十亩田家庭农场3个经营主体成为带贫企业，顺德建筑工程公司、加奇物流公司、顺丰快递公司成为苏苏村标志性民办公司。

——省农发行投资42万元购买秸秆打包机、搂草机、运草车，不仅免费为农户秸秆打包出地，还为村集体增加了收入。

——省农发行投资5万元，新建64平方米机械存储库，为保养打包机等机械提供平台。

——协调5个单位捐助近万元物品，兴办爱心超市，双月对贫困户按照9个标准进行评定，鼓励贫困户增强内生动力、自我“造血”致富。

——省农发行投资1万多元，创建村史一条街，向村民展示苏苏村发展史和奋斗史。

——利用黑龙江省华康精谷农业有限公司捐助的4 000元资金，为苏苏屯常住农户配置小型垃圾箱。

——协调佳木斯市中心医院6位专家，为全体村民开展大型义诊，参加义诊村民达100余人。

——开展环境整治工程，实行春秋两季清理卫生行动，协调县环卫处等单位为全村清除垃圾，创造了整洁、宜居的生活环境。

我们身在苏苏村，就是要和你们一起风里来雨里去，就是要和你们一起迎风雪战严寒，就是要和你们一起生活、奋斗。

全村脱贫攻坚战已经进入关键期，我们将坚持“民字为本、实字为先、干字当头”，继续用真心、献真情、办真事为村民谋福祉，办好致富产业，引导群众自立，增加村民收入，完善基础建设，壮大集体经济，构建美好环境，把全村老百姓的事情真正做实做好。

希望全体村民增强集体荣誉感和自豪感，拿出苦干、实干、拼命干的顽强劲头，积极参与全村发展与建设，为建设美好家园，为奔向现代化的小康村而奋勇前行！

祝苏苏村全体村民在新的一年里安康、幸福、快乐！

省农发行驻村工作队

县驻村联络队

包村单位农发行桦川县支行

苏苏村党支部、苏苏村村委会

2018年12月31日

后 记

北国大地，漫天雪花悄悄飘落下来。夜已经很深，但我仍没有一丝的倦意。读着吕维彬的《黑土恋——第一书记驻村记》手稿，心潮起伏，感慨万千。作为全县105支驻村工作队中的一员，吕维彬同志的所思、所想、所做、所为，包括所写、所记，正是我们桦川县广大扶贫干部的共同经历。在他的身上，充分体现了团结拼搏、无私奉献、力求精准、大爱无疆的桦川扶贫精神。

桦川县位于黑龙江省东北部、三江平原腹地、松花江下游南岸，是黑龙江省20个国家级贫困县之一。辖9个乡镇，105个行政村，其中贫困村45个，农业人口158 827人，有贫困户5 931户，贫困人口12 701人。自党中央脱贫攻坚战号角吹响以来，桦川县紧紧围绕中央和省市战略部署，团结带领全县广大党员干部和人民群众，以一往无前的创新精神，以前所未有的工作干劲，以“功成不必在我”的精神境界、“功成必定有我”的历史担当，精准部署，精准施策，精准保障。经过坚持不懈地努力，桦川县45个贫困村全部出列，贫困人口下降到594户1 240人，贫困发生率降到0.78%，于2016年、2017年连续两年在黑龙江省脱贫攻坚成效考核中被评为“A”等次，为实现2018年脱贫摘帽的目标奠定了坚实的基础。

创新机制，构建上下贯通、人人参战的脱贫攻坚责任体系。打赢脱贫攻坚战，兑现党对人民的庄严承诺，责任重于泰山！几年来桦川县创新责任机制，采取“双轮驱动”的方式，构建三大责任体系，实现责任落实全覆盖；构建“中枢调度+专项推进”的双向指挥

体系，成立县、乡、村三级脱贫攻坚指挥部，组织县委全会，部署11个方面、46项具体扶贫任务；先后召开县委常委会、政府常务会、扶贫领导小组会等会议专题研究扶贫工作，形成了“任务书”“路线图”“工期表”；成立产业、教育、医疗、社会救助、就业创业、金融等12个扶贫专项推进组，制定专项方案，实现了工作部署、政策对接落地生根；构建“领导挂帅+部门联建”的双重包保体系，9名县级党政班子成员挂帅乡镇总指挥，31名处级干部每人包保3~4个行政村，全面督战所包乡村脱贫攻坚工作。120家单位对接所有行政村，帮助村里谋划村级产业、基础设施、改善环境等工作，构建“工作队驻村+干部结对”的双层帮扶体系。桦川县组建105支驻村工作队，实现所有行政村驻村全覆盖；组建105支驻村医疗队，家庭医生签约率100%，实现小病不出村、大病早发现；选派2 609名帮扶干部对接所有贫困户，干部帮扶动真情、解难事。通过健全责任体系，桦川县创新体制机制，层层压实责任，切实帮助广大群众解决了生产生活中的难题，群众对各项扶贫措施的知晓率和满意度不断提升。

创新模式，构建县乡村遍地开花、种养加有机结合的产业增收格局。桦川县立足实际，探索特色产业扶贫新模式，重点发展了光伏发电、畜牧养殖、优质果蔬、高效稻米和电商扶贫“五大扶贫主导产业”，实行“联结资源、联结企业、联结基地、联结市场、联结贫困户”的“五联”机制，实现了扶贫产业的良性发展。一是联结资源。桦川县紧抓国家支持发展光伏产业扶贫的有利契机，超前启动谋划建设了29.71兆瓦的光伏发电项目，依托丰富的太阳能资源，拓展贫困村、贫困户增收的空间。二是联结企业。桦川县采取“公司+合作社+基地+贫困户”抱团发展的模式，让产业与龙头企业合作社有机联结；与江西双胞胎集团和四川天兆集团强强联合，在桦川建设年出栏60万头生猪养殖项目，同时在9个乡镇建设了31个卫星代养场。2018年全县有53个龙头企业和合作社参与到扶贫产业中。三是联结基地。桦川县水稻面积130万亩，是黑龙江东部绿色大米、良种繁育、优质糯米生产基地。立足于稻米生产和加工优势，桦川县发展有机绿色稻米基地80万亩，依托丹东君奥集团在四马架镇、横头山镇等6个乡镇建设蓝莓、蓝靛果等原料基地1.8万亩。四是联结市场。桦川县依托“有机桦川”电商平台与贫困户组成联合体，打造“星火”大米品牌，引导贫困户采取“线上+线下”相结合的销售模式增加收入。2018年11月11日，县长姜宇峰走进央视财经频道《中国电商扶贫行动·扶贫县长秀秀秀》栏目直播间，讲述桦川电商扶贫故事，向全国的观众推介桦川“星火”大米的品质和营销情况，并与主持人现场品尝米饭、米饼、打糕等美食。五是联结贫困户。桦川县制定出台《桦川县支持乡村产业发展暂行办法》，鼓励各类企业、经营主体吸纳贫困户务工和参与生产经营，与贫困户签订带贫协议，通过“五联”机制挖掘出了本县资源、企业、基地、市场和贫困户发展产业的巨大潜力，找到了贫困地区实现富民强县的新路子。

创新载体，创设激发自我发展、自我脱贫的强劲氛围。桦川县从抓党建、塑思想入手，探索创新激发群众内生动力的有效载体，切实扭转贫困村不思进取、贫困户消极等靠的不力局面，力促贫困户由过去“晒太阳、蹲墙根，缩脖抱膀到天黑”向“感恩政策好，干活哈下腰，撇开等靠要，挣钱想道道”的实质性转变。一是打造“红旗村”。桦川县开展“夺旗争星”活动，在村级党组织中开展“脱贫攻坚红旗村”“基层党建红旗村”“产业发展红旗村”等“五面红旗”评选活动，在农村党员中开展争当“学习示范星”“组织纪律星”“遵规守法星”等十星级党员评定活动。目前已经有52个村确定了本村的“红旗村”争创目标，全县105个农村党支部3 460名党员普遍参加了“十星级”党员的评比活动。二是描绘“村史墙”。桦川县是典型的革命老区县，历史悠久，英雄辈出，是抗联英雄冷云、陈雷、李敏等生活战斗过的地方。在脱贫攻坚工作中，注重挖掘村史，关注忠孝美德和良

好家风，全县每村都建立起各具特色的村史长廊，讲述桦川人民在战争年代不屈不挠的斗争精神，展示改革开放特别是脱贫攻坚带来的巨大变化。驻村工作队和乡村干部主动担当讲解员，向全村群众介绍村史。目前，全县每村都有村史墙，每村都有宣讲员，全县参观群众超过3万多人次。三是建设“小超市”。为整合社会爱心企业的捐赠资源，全县105个行政村普遍建立了扶贫爱心超市，设立熟悉政策奖、知晓帮扶奖、环境改善奖等9个奖项，由驻村工作队每月对贫困户进行一次评定，贫困户凭借自身努力获得积分，兑换相应分值的物品，激发自身“自主、自强、自重”的信心。目前，全县各村爱心超市收到社会企业和帮扶部门捐赠的物品共折合人民币380余万元，超市共奖励贫困户8 600多人次，收到了显著的社会效益。

掩卷深思，夜不能寐。已近花甲之年的小说作家吕维彬同志克服困难，创新思路，扎根苏苏村，建设苏苏村，做出了不平凡的工作业绩。2018年他被评为“黑龙江省百名优秀驻村第一书记”“最美龙江人物”，受到省委的表彰和奖励。这是桦川扶贫人的骄傲和自豪。在桦川，有一大批像吕维彬同志这样在农村摸爬滚打、日夜奋战的扶贫工作者。正因为有了他们的默默付出，桦川县广大贫困群众脱贫目标才不再遥远。我们感谢奋战在脱贫攻坚战前沿的驻村扶贫干部，更感谢脱贫攻坚这个伟大的机遇，让我们有了展现爱国爱民情怀的历史舞台。

习近平总书记强调：“如期打赢脱贫攻坚战，这在中华民族几千年历史发展上，将是首次整体消除绝对贫困现象。让我们一起来完成这项对中华民族、对整个人类都具有重大意义的伟业。”

牢记总书记嘱托，我们奋力前行。撸起袖子加油干，一脚油门踩到底，脱贫攻坚的路上，我们意志更坚！

桦川县委常委　张雨喜

人名索引